Das neue

deutsche Zolltarifrecht.

Ein Leitfaden

von

Dr. Erich Trautvetter,
Rat der Senatskommission für das Zollwesen
in Hamburg.

Springer-Verlag Berlin Heidelberg GmbH 1905

ISBN 978-3-662-38862-4 ISBN 978-3-662-39788-6 (eBook)
DOI 10.1007/978-3-662-39788-6

Softcover reprint of the hardcover 2nd edition 1905

Vorwort.

Die unter Zugrundelegung des Zolltarifgesetzes vom 25. Dezember 1902 mit sieben europäischen Staaten angeknüpften Handelsvertragsverhandlungen sind zum Abschlusse gekommen. Der Tag ist nicht mehr fern, an dem die neuen Handelsverträge und der neue Zolltarif in Wirksamkeit treten und das in langjähriger mühevoller Arbeit Geschaffene anfängt, als Grundlage für die Zollbehandlung der in das deutsche Zollgebiet eingeführten Waren zu dienen. Die für das deutsche Wirtschaftsleben so bedeutsame Wandlung wird sich um so eher ohne Störungen vollziehen, je mehr sich nicht nur die Behörden und Beamten der Zollverwaltung, sondern auch die beteiligten Kreise der Kaufleute und Industriellen vorher mit dem Geiste und den Hauptzielen der Neugestaltung unseres Tarifwesens und mit den hauptsächlichsten Unterschieden des neuen und des alten Rechtszustandes bekannt machen. Möchte sich der vorliegende Leitfaden als geeignet erweisen, dieses Bekanntwerden zu erleichtern.

Hamburg, im März 1905.

Der Verfasser.

Inhaltsverzeichnis.

Erklärung der Abkürzungen.

a. a. O.	am angegebenen Orte.
Abs.	Absatz.
a. E.	am Ende.
Aktenst.	Aktenstück (des Reichstags).
Anl.	Anlagen oder Anlage.
Anm.	Anmerkung.
Appelt-Behrend	Appelt-Behrend, Kommentar zum deutschen Zolltarif, 4. Aufl., 1897.
Art.	Artikel.
AusfBest.	Ausführungsbestimmungen.
AWV.	Amtliches Warenverzeichnis.
Begr.	Begründung zum Entwurf des neuen Zolltarifgesetzes.
BGBl.	Bundes-Gesetzblatt.
BRBeschl.	Bundesratsbeschluß.
Drucks. d. BR.	Drucksachen des Bundesrats.
Entsch. i. Str.	Entscheidungen (des Reichsgerichts) in Strafsachen.
ff.	und folgende.
G.	Gesetz, wenn nichts anderes bemerkt, das Zolltarifgesetz vom 17. Juli 1879 (das alte), oder vom 25. Dezember 1902 (das neue).
Hand. Arch.	Deutsches Handels-Archiv.
Jahrb. d. Zollgesetzgebung	Jahrbücher der Zoll-Gesetzgebung und Verwaltung des deutschen Zoll- und Handelsvereins.
Hamb. GS.	Gesetzsammlung der freien und Hansestadt Hamburg.
Havenstein	Havenstein, Die Zollgesetzgebung des Reichs, Berlin 1892.
KommB.	Bericht der XVI. Kommission des Reichstags über den Entwurf eines Zolltarifgesetzes (Stenographische Berichte des Reichstags 1900/1903 Anl. 7, Aktenstück Nr. 704).
Laband	Laband, das Staatsrecht des deutschen Reichs 4. Auflage.
Löbe	Löbe, das deutsche Zollstrafrecht, 3. Auflage. 1900.
Pr. GS.	Preussische Gesetzsammlung.
Prot.	Protokolle (des Bundesrats).
RAnz.	Deutscher Reichsanzeiger.
RGBl.	Reichsgesetzblatt.
RG.	Reichsgericht.
StenB. d. RT.	Stenographische Berichte des Reichstags.
Vgl.	zu vergleichen.
VZG.	Vereinszollgesetz vom 1. Juli 1869.
RZBl.	Zentralblatt für das Deutsche Reich.
Ziff.	Ziffer.
ZV.	Zollverein.
ZollTG.	Zolltarifgesetz.

Einleitung.

Gegenstand der nachfolgenden Darstellung soll ein Teil des deutschen Zollrechts, das für sich allein in der Wissenschaft bisher noch nicht behandelte deutsche Zolltarifrecht sein. Der Zolltarif wird in vollem Umfange nur wirksam, wenn aus dem Auslande eingehende Waren in den freien Verkehr des Zollinlandes treten. Ausgeschlossen von der Betrachtung haben also zu bleiben alle zollrechtlichen Einrichtungen, die sich nicht auf den Übergang eingehender Waren in den freien Verkehr beziehen. Dies gilt beispielsweise von den Einfuhrverboten, weil verbotene Waren nicht zum freien Verkehr zugelassen werden, ferner von dem sog. aktiven Veredelungsverkehr, weil es sich bei diesem um ausländische Waren handelt, die zwar im Zollinlande veredelt werden, nach der Veredelung aber daselbst nicht verbleiben, sondern wieder in das Ausland zurückgehen sollen. Ausgeschlossen hat aber ferner auch zu bleiben die Behandlung solcher Fälle, in denen zwar aus dem Auslande kommende Waren in den freien Verkehr des Zollinlandes treten, die Frage aber, ob Zoll zu entrichten ist oder nicht, nach anderen Gesichtspunkten als nach Gattung, Menge oder Beschaffenheit der Waren zu entscheiden ist. Hierher gehört z. B. der Retourwarenverkehr, der sog. passive Veredelungsverkehr, d. h. der Wiedereingang im Auslande veredelter inländischer Waren zur Verwendung im Inlande.

Die Darstellung wird hiernach diejenigen Rechtsvorschriften umfassen, welche die Frage betreffen,

> ob, in welcher Höhe und unter welchen Modalitäten mit Rücksicht auf die Gattung, die Menge oder die Beschaffenheit eingehender Waren bei deren Übergang in den freien Verkehr des Zollgebietes Zoll erhoben wird.

Bei der Darstellung wird ferner, da auch für dieses Gebiet des Wissens die Geschichte die beste Führerin ist auf dem Wege zum Verständnis des Gewordenen und des Werdenden, besonderer Wert darauf gelegt werden, zu schildern, wie sich die nach Inkraftsetzung des neuen Tarifs zur Geltung gelangenden Grundsätze und Einrichtungen allmählich entwickelt haben. Vorzugsweise sollen dabei die wirtschaftlichen Erwägungen berücksichtigt werden, die für diese Entwicklung bestimmend gewesen sind.

Allgemeiner Teil.

Erster Abschnitt: Rechtsquellen.

Vorbemerkung.

Die gesetzlichen Quellen des deutschen Zollrechts sind:

1. Die Artikel 33—40 der Reichsverfassung,
2. das Vereinszollgesetz vom 1. Juli 1869,
3. einzelne zollrechtliche Vorschriften in Reichsgesetzen, welche überwiegend andere als zollrechtliche Fragen regeln,
4. das Zolltarifgesetz nebst dem Zolltarif,
5. die Handels- und Meistbegünstigungs-, sowie etwaige andere internationale Verträge,
6. die allgemeinen, gehörig bekannt gemachten Bundesratsbeschlüsse in Zollsachen, sowie Kaiserliche Verordnungen.

Vergegenwärtigt man sich die in der Einleitung mitgeteilte Begrenzung des Darstellungsgebiets, so erhellt, daß für das Zolltarifrecht nicht alle unter 1 bis 6 erwähnten Gesetze usw. in vollem Umfange als Quellen in Betracht kommen können.

Die zu 1 genannten Verfassungsartikel, welche den Abschnitt VI der Reichsverfassung mit der Überschrift „Zoll- und Handelswesen“ bilden, enthalten einige Grundsätze organisatorischer und finanzpolitischer Natur in bezug auf die im Reiche zur Hebung gelangenden Zölle und Verbrauchssteuern. Aus dem Gebiete des Zollrechts ist in dieser Beziehung namentlich hervorzuheben, daß Deutschland ein Zoll- und Handelsgebiet bildet, welches — von gewissen Ausnahmen abgesehen — von einer gemeinschaftlichen Zollgrenze umgeben ist, daß jeder Bundesstaat innerhalb seines Gebietes die Erhebung und Verwaltung der Zölle ausübt, daß der

Ertrag der Zölle in die Reichskasse fließt, von diesem Ertrage aber seitens der Bundesstaaten die Erhebungs- und Verwaltungskosten in einem bestimmt vorgeschriebenen Umfange in Abzug gebracht werden, endlich, daß der letzte, vor Gründung des Reiches geschlossene Zollvereinigungsvertrag vom 8. Juli 1867, soweit er nicht mit der Verfassung im Widerspruche steht, bis zu seiner vertragsgemäßen Abänderung in Kraft bleibt.

Jene Verfassungsbestimmungen bilden mithin keine Quelle für das Zolltarifrecht.

Das gleiche gilt von dem größten Teile des Inhalts des VZG. Das Gesetz behandelt, um es mit einem kurzen Worte auszudrücken, die Zollpflicht im allgemeinen. Es trifft Bestimmung über die Entstehung der Zollpflicht, über die zu ihrer Erfüllung verpflichtete Person, über die zur Sicherung ihrer Erfüllung dienenden Kontrollen, über die Fälle, in denen von ihrer Verwirklichung Abstand genommen wird, über die strafrechtlichen Folgen des Unternehmens, sich der Erfüllung der Zollpflicht zu entziehen. Besondere Vorschriften darüber, welche einzelnen Waren oder Warengattungen an sich zollpflichtig sind oder nicht, sind im VZG. nicht enthalten. Immerhin finden sich verschiedene Vorschriften, die für das Zolltarifrecht in dem oben umschriebenen Sinne eine zum Teil recht erhebliche Bedeutung haben. Ein näheres Eingehen auf diese Bestimmungen bleibt der späteren Darstellung vorbehalten[1]). Hier sei nur beispielsweise auf die §§ 9 (für die Tarifierung maßgebender Zeitpunkt), 11 (Änderungen des Tarifs), 12 (AWV. und Ausschließung des Rechtsweges in Tarifsachen) vorläufig hingewiesen.

Von Reichsgesetzen, aus welchen einzelne Vorschriften für das Zolltarifrecht in Frage kommen können (Ziff. 6), sind besonders zu erwähnen einige Verbrauchssteuergesetze, welche, wie z. B. das Salzabgaben- und das Zuckersteuergesetz, neben ihrem sonst rein steuerrechtlichen Inhalt auch Bestimmungen darüber treffen, zu welchen Zollsätzen ausländische Waren gleicher Art eingeführt werden dürfen.

Vorzugsweise für unser Rechtsgebiet kommen aber in Betracht von jenen Quellen des Zollrechts die oben unter Ziff. 4, 5, 6

---

[1]) Unten namentlich 47, 48, 49, 91ff., 98ff., 115ff., 122ff., 141ff., ferner Besonderer Teil, 3. Abschnitt I. 3.

erwähnten, das Zolltarifgesetz nebst dem Zolltarif, die Handels- pp. Verträge und gewisse Bundesratsbeschlüsse, sowie Kaiserliche Verordnungen.

I. Kaiserliche Verordnungen und Bundesratsbeschlüsse.

Kaiserliche Verordnungen kommen im Tarifrecht nur insofern in Betracht, als die Ermächtigung zu ihrem Erlaß durch gesetzliche Vorschrift besonders erteilt ist. Dies ist geschehen durch die tarifgesetzlichen Vorschriften über die Anordnung von Kampfzöllen[1]). Auf einer gleichartigen speziellen Ermächtigung, einer Delegation des Gesetzgebungsrechts, beruht auch ein Teil der als Quellen des Zolltarifrechts in Betracht kommenden Bundesratsbeschlüsse. Um von solchen Delegationen an den Bundesrat, wie sie sich in allen Zoll- und Steuergesetzen häufig finden, nur aus dem Gebiete des Tarifrechts einige wenige Beispiele zu nennen, seien erwähnt die Ermächtigung, die Zollfreiheit kleiner Warenmengen zu beschränken, die Gültigkeitsfrist für Einfuhrscheine, das Ausbeuteverhältnis für Kontenölmühlen festzusetzen[2]). Soweit in Ausführungsregulativen, die auf Grund solcher Ermächtigungen vom Bundesrat erlassen sind, Rechtsvorschriften zur Regelung der rechtlichen Beziehungen zwischen dem Zollfiskus und den Zollpflichtigen erlassen sind, haben diese dieselbe Wirksamkeit, als wenn sie in den formellen Gesetzen selbst enthalten wären. Soweit die Bundesratsbeschlüsse Ausführungsbestimmungen zu den Zollgesetzen enthalten, welche lediglich die Organisation und Tätigkeit der Zollbehörden regeln, sich also als reine Verwaltungsvorschriften darstellen, gründen sie sich auf Art. 7 Ziff. 2 der Reichsverfassung, wo dem Bundesrat die zur Ausführung der Reichsgesetze erforderlichen allgemeinen Verwaltungsvorschriften und Einrichtungen vorbehalten sind.

Alle allgemein gültigen BRBeschl. werden im RZBl. bekannt gemacht[3]).

---

[1]) Vgl. unten 53 ff.

[2]) Vgl. §§ 4, 7 des geltenden ZollTG. Wegen des AWV. vgl. unten 107 ff., ferner wegen der Zoll- u. Steuerverordnungen des BR. überhaupt Laband **4** 419 ff.

[3]) Die Staatsrechtslehrer bemängeln dies, soweit BRBeschl. der ersten Art in Frage stehen; diese müßten im RGBl. veröffentlicht werden. Laband **2** 100, 101 (Anm. 3).

Zu erwähnen ist noch, daß die zahlreichen, in den einzelnen Bundesstaaten zur Ausführung der Zollgesetze von den obersten Landesfinanz- und den Direktivbehörden erlassenen Vorschriften lediglich Verwaltungsvorschriften und an und für sich nicht geeignet sind, Recht zwischen dem Zollfiskus und den Zollpflichtigen zu schaffen. Ausnahmen gelten nur dann, wenn durch besondere Bestimmung der Gesetze oder der sie ergänzenden Verordnungen des Bundesrates den Landesbehörden die Regelung einzelner rechtlich bedeutsamer Fragen ausdrücklich überwiesen ist[1]).

II. Zolltarifgesetz und Zolltarif.

Ein Zolltarifgesetz gab es vor dem Jahre 1879 noch nicht. Weder die zu Zeiten des alten Zollvereins unter den Vereinsstaaten vereinbarten, noch die nach Zustandekommen des Zollvereinigungsvertrages von 1867 und in den ersten Jahren des Deutschen Reichs gültig gewesenen Tarife beschränkten sich lediglich auf eine Aufzählung der einzelnen Warengruppen und der für sie bestimmten Zollbeträge. Die Tarife zerfielen in mehrere Abteilungen. Nach Wegfall zweier, die Abgaben von der Durchfuhr und die Schiffahrtsabgaben auf Flüssen betreffenden Abschnitte der älteren Tarife zerfielen die Tarife von 1865, 1870 und 1873[2]) in drei Abteilungen. Die erste enthielt die „Bestimmungen über die Einfuhr" und gab zunächst unter der Überschrift „Vorbemerkungen" eine Reihe von Vorschriften, nach denen gewisse, besonders benannte, an sich zollpflichtige Warengattungen beim Vorliegen besonderer Voraussetzungen zollfrei bleiben sollten. Den „Vorbemerkungen" folgte der eigentliche Tarif, die Aufzählung der einzelnen Warengruppen mit der Angabe, ob sie vom Eingangszoll frei oder zu welchem Satze sie ihm unterworfen sein sollten. Die zweite Abteilung enthielt die „Bestimmungen über die Ausfuhr", die dritte endlich „Allgemeine Bestimmungen", namentlich über die Erhebung und Berechnung des Zolles.

Erst bei der grundsätzlichen Neugestaltung unseres Tarifwesens im Jahre 1879 trat auch in dieser formellen Beziehung eine Änderung ein. Die in den „Vorbemerkungen" zur ersten

---

[1]) Ein Beispiel aus dem Zolltarifrecht vgl. unten 148.

[2]) Jahrb. d. Zollgesetzgebung 1865 Beilage, 1870 Beilage, RGBl. 1873, 244.

Abteilung des Tarifs enthaltenen Vorschriften und die Bestimmungen der Abteilung III wurden, soweit sie nicht bereits im Vereinszollgesetz enthalten waren, oder ihre Regelung durch das Gesetz nicht mehr für zweckmäßig erachtet wurde, in ein besonderes ausführliches Tarifgesetz verarbeitet, dessen Anlage der eigentliche Tarif bildete[1]). Diese Verteilung des Stoffes ist seither maßgebend geblieben und auch durch das Gesetz vom 25. Dezember 1902 nicht berührt worden.

Während der Zolltarif naturgemäß sich in seinem ganzen Zusammenhange als eine Quelle des Zolltarifrechts darstellt, gilt dies von dem Zolltarifgesetz nicht im vollen Umfange. Das Gesetz enthält einzelne Vorschriften, die mit dem Tarifrecht wenig oder nichts zu tun haben.

1. Hierher gehört zunächst die Bestimmung im § 1 Abs. 2 ZollTG., nach welcher die Zollsätze für gewisse landwirtschaftliche Erzeugnisse, nämlich Roggen, Weizen und Spelz, Malzgerste und Hafer durch vertragsmäßige Abmachungen nicht unter bestimmt vorgeschriebene M i n d e s t s ä t z e herabgesetzt werden sollen. Die Vorschrift hat bekanntlich zu den am heißesten umstrittenen des neuen Gesetzes gehört. Sie bezweckt, den bei den Landwirten bestehenden Wunsch, gegen sie benachteiligende Zollherabsetzungen in Tarifverträgen tunlichst gesichert zu werden, zu berücksichtigen und zugleich für den Fall des Zustandekommens von Tarifverträgen einem Meinungsstreit darüber, inwiefern es zulässig gewesen sei, bestimmte Zollherabsetzungen zu vereinbaren, möglichst vorzubeugen. Die Begründung verhehlte sich nicht, daß einer solchen Bestimmung erhebliche Bedenken entgegenstehen. Insbesondere ist nicht zu verkennen, daß der Vorteil, der sich für eine Regierung bei Verhandlungen auf Grund eines Tarifs mit hohen Zollsätzen ergibt, wesentlich dadurch beeinträchtigt wird, daß die Unterhändler des anderen Teiles wissen, welches Maß von Zugeständnissen sie erzielen können. Hat auch die Regierung aus diesem Grunde im a l l g e m e i n e n davon abgesehen, den Umfang der in Tarifverträgen zuzugestehenden Zollermäßigungen von Anfang an durch die autonome Zollgesetzgebung zu bestimmen, so hat sie doch mit Rücksicht auf die weittragende Bedeutung, welche der Bemessung der Zölle für die

---

[1]) Vgl. StenB. d. RT. 1879, 5 Aktenst. 132, 786 unter II.

wichtigsten Getreidearten für das Wohl der Landwirtschaft und der Gesamtheit innewohnt, bei diesen Zöllen eine Ausnahme für zulässig erachtet[1]). Ihre Auffassung ist in fast allen Punkten durchgedrungen. Die von der Reichstagskommission beantragte Festsetzung von Mindestsätzen für eine Reihe von weiteren Positionen, insbesondere Viehzölle[2]) wurde bei der dritten Lesung im Plenum abgelehnt. Eine Änderung der Vorlage trat nur insofern ein, als statt des vorgeschlagenen Mindestsatzes von 3 M. für Gerste ein Mindestsatz von 4 M. für Malzgerste eingestellt, auf einen Mindestsatz für sonstige Gerste aber verzichtet wurde[3]). Die von der Kommission beantragten Erhöhungen der Mindestsätze für Roggen, Weizen und Spelz und Hafer wurden im Plenum gleichfalls abgelehnt.

Es muß an dieser Stelle noch hervorgehoben werden, daß die bei Bekanntwerden des Entwurfs verschiedentlich hervorgetretene Auffassung, unser Tarif habe durch die Festsetzung der Mindestsätze die Natur eines Doppeltarifs angenommen, unrichtig war. Unter Doppeltarif versteht man die Gestaltung eines Tarifs in der Weise, daß für jede oder die meisten Positionen zwei verschiedene Zollsätze, ein höherer und ein niederer, oder neben einem Zollsatz die Bestimmung, daß die Ware zollfrei sein solle, aufgenommen wird. Die Gesamtheit der höheren Sätze bezeichnet man als General- oder Maximaltarif, die Gesamtheit der niedrigeren als Minimaltarif. Die Sätze des Minimaltarifs werden nur gegenüber Waren aus Ländern angewendet, welche den Waren aus dem Lande, das den Doppeltarif hat, die von der Regierung dieses Landes gewünschten Vergünstigungen zuteil werden lassen.

Dies System bietet den Vorteil, daß die Regelung der Tarifverhältnisse in weit höherem Maße, als bei Abschluß von Tarifverträgen, der autonomen Entschließung vorbehalten bleibt. Dafür ist das System des Doppeltarifs nicht so, wie das System der Tarifverträge, geeignet, die Stetigkeit der Zollverhältnisse zu verbürgen. Denn wenn die Länder, welche für die Ausfuhrindustrie in Frage kommen, das gleiche Verfahren einschlagen, oder wenn

[1]) Begr. 18.

[2]) KommB. 4341, 4375.

[3]) StenB. d. RT. 1900/1903, **7** 5845 ff., 5885 ff., **8** 7177 ff.

ihnen die Sätze des Minimaltarifs zu hoch erscheinen, so liegt die Gefahr zollpolitischer Verwicklungen nahe. Dies hat das Beispiel Frankreichs, das im Jahre 1892 einen eminent schutzzöllnerisch gehaltenen Doppeltarif aufstellte, gezeigt. Von den infolge dieses Vorgehens entstandenen Schwierigkeiten mit anderen Staaten sind besonders interessant diejenigen mit der Schweiz. Da der Schweiz die Sätze des französischen Minimaltarifs zu hoch erschienen, um gegen dessen Zubilligung ihrerseits Zugeständnisse zu machen, entwickelte sich zwischen beiden Ländern ein Zollkrieg. Dieser war nur dadurch zu beseitigen, daß Frankreich den Wünschen der Schweiz durch Herabsetzung der Sätze seines Minimaltarifs in 30 Positionen mittels besonderen Gesetzes entgegenkam. Es zeigte sich also, daß an dem Grundgedanken des Doppeltarifs, den Tarif ausschließlich nach autonomen Entschließungen zu gestalten, nicht unter allen Umständen in der Praxis festgehalten werden kann[1]).

Es bedarf keiner näheren Darlegung, daß die im § 1 Abs. 2 enthaltene Vorschrift von dem französischen Doppeltarif durchaus verschieden ist. Die Regelung unseres Tarifwesens auf Grund des Doppeltarifs ist im Entwurf ausdrücklich unter Hinweis auf die überwiegenden Nachteile des Systems abgelehnt worden[2]). Die Bestimmung des Entwurfs des § 1 Abs. 2 dagegen ist, wie es der Staatssekretär des Innern in der Reichstagskommission ausdrückte[3]) „eine feierliche Erklärung der verbündeten Regierungen darüber, was sie bei dem Abschluß von Handelsverträgen — in bezug auf den erhöhten Schutz der Landwirtschaft durch höhere Getreidezölle — zu vertreten beabsichtigen und durchzusetzen hoffen“. Die auf dem Entwurf beruhende gesetzliche Vorschrift ist hiernach nur eine Instruktion für unsere Unterhändler, die, sobald mit den für die Getreideeinfuhr in Betracht kommenden Ländern Tarifverträge geschlossen sind, ihre Bedeutung verliert.

Wie jede gesetzliche Bestimmung kann übrigens auch die hier in Rede stehende wieder aufgehoben werden. Hätte sich die Hoffnung der Regierungen, die vier Mindestsätze durchzusetzen,

---

[1]) Vgl. Hand.Arch. 1892, **1** 310, 896, 897, 956ff., 1893, **1** 26, 1895, **1** 700ff.

[2]) Begr. 17.

[3]) KommB. 4341.

nicht oder nicht in vollem Umfange erfüllt, so würde durch Annahme eines entsprechend vereinbarten Handelsvertrages seitens des Bundesrats und des Reichstags, also durch ein neues Gesetz, die Vorschrift insoweit gegenstandslos geworden sein, als der neue Handelsvertrag unter die festgesetzten Mindestsätze heruntergegangen wäre.

2. Hat die hier behandelte Vorschrift zu dem Tarifrecht wenigstens insofern eine Beziehung, als sie zur Vorbereitung des endgültig anzuwendenden Tarifs dient, so stehen einige andere Bestimmungen des Gesetzes außer aller Beziehung zu dessen eigentlichem Inhalt.

a) Nach § 13 dürfen vom 1. April 1910 ab von Kommunen und Korporationen Abgaben auf Getreide, Hülsenfrüchte, Mehl und andere Mühlenfabrikate, auf Backwaren, Vieh, Fleisch, Fleischwaren und Fett nicht erhoben werden. Nur die Erhebung von Abgaben von dem zur Bierbereitung bestimmten Malze seitens der Kommunen soll auch ferner zulässig bleiben. Die Bestimmung beruht auf Anregungen der Reichstagskommission[1]) und bezweckte, eine weitere Belastung der ärmeren Klassen der Bevölkerung, als sie ohnehin möglicherweise durch den neuen Zolltarif veranlaßt werden kann, zu vermeiden. Es handelt sich also um eine vorwiegend sozialpolitische Maßregel. Gegen die Bestimmung sind nicht nur von der Minderheit der Kommission, sondern auch von den verbündeten Regierungen die erheblichsten Bedenken erhoben worden. In formeller Beziehung ist insbesondere darauf hingewiesen worden, daß es sich um einen unzulässigen Eingriff der Reichsgesetzgebung in einen den Einzelstaaten zustehenden Teil der Gesetzgebung, die Gemeindegesetzgebung, handle. Viel erheblicher waren aber die Bedenken materieller Art gegen diese Beschränkung des den Gemeinden durch den Zollvereinigungsvertrag vom 8. Juli 1867 vorbehaltenen Besteuerungsrechts. Es ist geltend gemacht worden, daß der Einfluß kommunaler Abgaben (Oktroi) auf die Preise der davon betroffenen Waren sehr unbestimmt und der Stand der Preise zuweilen in Gemeinden, die Oktroi erheben, niedriger sei, als in anderen, in denen das nicht geschieht. Sei aber hiernach die Notwendigkeit der ganzen Maßnahme zweifelhaft, so sei ander-

[1]) KommB. 4362 ff.

seits gewiß, daß die zur Deckung des Finanzbedarfs der betroffenen Gemeinden notwendige Erhöhung der direkten Steuern gerade die ärmsten, jetzt vielfach zu diesen überhaupt nicht herangezogenen Klassen besonders hart treffen müßte. Trotz aller dieser, wohl zweifellos zutreffenden Bedenken war die Bestimmung auch im Plenum nicht zu Falle zu bringen. Es gelang nur, den Beginn ihrer Wirksamkeit auf einen noch ziemlich fern liegenden Zeitpunkt, den 1. April 1910, hinauszuschieben. Von Bedeutung ist übrigens die Angelegenheit für die verschiedenen Teile des Reichs nicht in gleicher Weise, da nicht überall derartige Gemeindeabgaben erhoben werden. Der hamburgische Staat kommt garnicht in Betracht, aus Preußen, abgesehen von den östlich gelegenen Städten Posen, Gnesen, Potsdam und Breslau nur einige rheinische, einige hannöversche und zahlreiche hessen-nassauische Gemeinden. Vorzugsweise verbreitet ist das Oktroiwesen in Mittel- und Süddeutschland. Im Jahre 1900 sind nach einer der Reichstagskommission vorgelegten Nachweisung[1]) im ganzen Reiche in 1392 Gemeinden (davon 1172 in Bayern) rund 15600000 M. an solchen Abgaben erhoben worden.

b) Sozialpolitisch wie die eben erörterte, zugleich aber finanzpolitisch von Bedeutung ist die Vorschrift des § 15. Sie will einen Teil des Ertrages der Zölle auf Roggen, Weizen, gewisse Vieharten, Fleisch, Schweinespeck und Mehl zur Durchführung einer Witwen- und Waisenversorgung verwenden. Soweit der Reinertrag dieser Zölle auf den Kopf der Bevölkerung des Reichs den nach dem Durchschnitt der Jahre 1898 bis 1903 auf den Kopf der Bevölkerung entfallenden Nettozollertrag übersteigt, soll er dem angegebenen Zwecke dienen. Bis zum Erlasse eines die erstrebte Versicherung regelnden Gesetzes sollen die überschießenden Beträge für Reichsrechnung verzinslich angelegt, wenn aber das Gesetz bis zum 1. Januar 1910 nicht in Kraft tritt, von da ab die Zinsen der angesammelten Mehrerträge und die eingehenden Mehrerträge selbst den einzelnen Invalidenversicherungsanstalten zum Zwecke der Witwen- und Waisenversorgung überwiesen werden.

Dem Antrage[2]) auf Aufnahme einer solchen Bestimmung in das Gesetz lag die Absicht zugrunde, der als mögliche Folge der

---

[1]) Anl. 9 zum KommB. 4477 ff.

[2]) Vgl. KommB. 4368 ff.

Zollerhöhungen angesehenen Verteuerung notwendiger Lebensbedürfnisse ihre Schärfe durch Vervollständigung der den Interessen der ärmeren Bevölkerungsklassen dienenden Wohlfahrtseinrichtungen zu nehmen. Die verbündeten Regierungen setzten, trotz grundsätzlicher Geneigtheit zu einer weiteren Fortsetzung der sozialen Reform, auch diesem Antrage erhebliche Bedenken entgegen. Die Bedenken waren finanzieller Natur. Es wurde auf die Unmöglichkeit hingewiesen, den erhofften Überschuß aus jenen Zöllen seinem Umfange nach mit Sicherheit im voraus zu bestimmen und betont, daß das Reich sehr wohl in die Lage kommen könne, neben den Überschüssen noch anderweit zu beschaffende, garnicht zu schätzende Mittel für die Witwen- und Waisenversorgung aufwenden zu müssen. Dies sei aber um so weniger erwünscht, als schon die andauernde Steigerung der Reichsausgaben, der Schuldenlast des Reichs und der von den Einzelstaaten an das Reich zu leistenden Matrikularbeiträge die allgemeine Finanzlage im Reich und in den Einzelstaaten als sehr mißlich erscheinen lasse. Es war indessen nicht möglich, das Zolltarifgesetz ohne den Antrag zur Annahme im Reichstag zu bringen, und so ist er im § 15 Gesetz geworden.

c) Von großer finanzpolitischer Tragweite aber ohne jeden inneren Zusammenhang mit dem Zolltarifrecht war endlich der Schluß des letzten Paragraphen — 16 — des Gesetzes. Danach sollten die Vorschriften des § 8 des bisherigen Zolltarifgesetzes über die Überweisung eines Teiles des Ertrages der Zölle und der Tabaksteuer an die Bundesstaaten, abgesehen von der sich nach dem eben besprochenen § 15 ergebenden Änderung solange in Wirksamkeit bleiben, bis darüber durch besonderes Gesetz anderweit bestimmt wird. Es handelt sich hier um die sog. Franckensteinsche Klausel. Als sich bei der Beratung der Zolltarifvorlage von 1879 übersehen ließ, daß die Zolltarifreform zweifellos Mehreinnahmen liefern würde, welche genügten, die bisher von den Einzelstaaten geleisteten Matrikularbeiträge entbehrlich zu machen, entstand auf verschiedenen Seiten im Reichstag die Frage, wie das dem Reichstag durch Art. 69 der Reichsverfassung gewährleistete Recht, jährlich die Einnahmen zu bewilligen, aufrecht zu erhalten wäre[1]). Es wurden verschiedene Vorschläge

---

[1]) StenB. d. RT. 1879, **3** 2177 ff.

gemacht, welche diesem Zwecke dienen sollten. Der eine sei erwähnt, weil er tarifrechtlich nicht uninteressant ist. Er ging dahin, gewisse indirekte Abgaben, nämlich die Salzabgabe — Zoll und Steuer — und den Kaffeezoll, alljährlich im Reichshaushaltsetat festzusetzen. Eine solche Einrichtung, die Schaffung beweglicher Abgaben, hat allerdings in England, der Hochburg der Parlamentsrechte, für verschiedene Zölle, zuletzt noch für den Teezoll bestanden[1]), wäre aber für Deutschland etwas ganz Neues gewesen und hätte, wie nicht nachgewiesen zu werden braucht, den Handel mit den genannten Artikeln ganz außerordentlich erschwert. Zur Annahme gelangte der Antrag des bayerischen Abgeordneten Frhrn. zu Franckenstein. Er ging dahin, daß derjenige Ertrag der Zölle und der ebenfalls im Sommer 1879 reformierten Tabaksteuer, welcher die Summe von 130000000 M. in einem Jahre übersteigt, den einzelnen Bundesstaaten nach Maßgabe der Bevölkerung, mit welcher sie zu den Matrikularbeiträgen herangezogen werden, zu überweisen ist. Der Antrag bewirkte, daß das Einnahmebewilligungsrecht des Reichstags ungeschmälert blieb, denn er hatte nach wie vor jährlich die Matrikularbeiträge festzusetzen. Außerdem war dieser Antrag geeignet, scharf das Wesen des Reichs als eines Bundesstaates, im Gegensatz zum Einheitsstaat, hervorzukehren, insofern, als darauf verzichtet wurde, die Ausgaben des Reichs ausschließlich aus eigenen Einnahmen bestreiten zu lassen, was an und für sich nach Durchführung der Zoll- und Steuerreform von 1879 möglich gewesen wäre. Wegen dieser föderativen Tendenz ist der Antrag lebhaft bekämpft worden von denen, die die Matrikularumlagen gänzlich beseitigen und die Finanzwirtschaft des Reichs ganz auf eigene Einnahmen basieren wollten. Es braucht hier nicht untersucht zu werden, ob die Franckensteinsche Klausel grundsätzlich zu billigen war, oder nicht. Praktisch hatte sie zunächst den Erfolg, daß die Einzelstaaten zwar nach wie vor Matrikularbeiträge zu leisten hatten, dies aber nicht empfanden, weil sie die Mittel dazu aus den Überweisungen erhielten. Dies hat sich nun freilich bei den steigenden Ausgaben des Reichs und obwohl später auch noch andere Einnahmen aus indirekten Abgaben den Einzelstaaten überwiesen wurden, geändert. Die

---

[1]) StenB. d. RT. 1879, **3** 2178.

Spannung zwischen Matrikularbeiträgen und Überweisungen, d. h. das Überwiegen der ersteren über die letzteren wurde immer empfindlicher und nährte den Wunsch nach einer Reichsfinanzreform. Ein Versuch, eine solche anzubahnen, ist im Herbst 1903 unternommen[1]).

Der Entwurf der Regierungen hat allerdings bei den Beratungen im Reichstage nicht unwesentliche Abänderungen erfahren. Namentlich ist der § 3 des Entwurfs, welcher den Betrag der von den Bundesstaaten aufzubringenden Matrikularbeiträge regelmäßig auf den Betrag der von ihnen in den fünf Vorjahren durchschnittlich empfangenen Überweisungen beschränken wollte, nicht in das schließlich zustande gekommene Gesetz übergegangen[2]). Es ist hier nicht der Ort, auf Einzelheiten des Gesetzes einzugehen und die Frage näher zu prüfen, welche finanzpolitische Bedeutung dem neuen Gesetze beizumessen ist. Es genügt, hervorzuheben, daß die Franckensteinsche Klausel beseitigt ist. Eine Überweisung eines Teiles des Ertrages der Zölle und der Tabaksteuer findet nicht mehr statt. Der Schluß des § 16 des neuen Gesetzes ist hiernach, ehe dasselbe überhaupt in Kraft getreten, gegenstandslos geworden.

III. Handels- und andere internationale Verträge.

Nicht alle Handelsverträge sind auf die Gestaltung des heimischen Zolltarifs von Einfluß. Einzelne vereinbaren überhaupt keine Zugeständnisse in bezug auf die Zollbehandlung der fremden Erzeugnisse. Hierher gehört vor allem der Vertrag mit China vom 2. September 1861 nebst Zusatz-Konvention vom 31. März 1880 und der mit Siam vom 7. Februar 1862[3]). Durch diese Verträge wurden z. B. in den fremden Ländern den deutschen Schiffen Häfen geöffnet, den deutschen Untertanen Niederlassungsrechte gewährt. Dagegen werden Waren aus diesen Ländern bei der Einfuhr in das deutsche Zollgebiet ausnahmslos nach dem durch deutsche Gesetze unabhängig von Vertrags-

---

[1]) StenB. d. RT. 1903/1904 Aktenst. Nr. 14, ferner Nr. 408 (KommB.), Verhandlungen 15 ff., 39 ff.. 71 ff., 113 ff., 132 ff., 162 ff., 2749 ff., 2776 ff.

[2]) Vgl. G., betreffend Änderungen im Finanzwesen des Reichs vom 14. Mai 1904 (RGBl. 169).

[3]) Handels- und Schiffahrtsverträge 1851/1872, 37 ff., 607 ff.; 1872/1897, 1 84 ff. Vgl. auch Wiesinger in Hirth's Annalen 1901, 772 ff.

schlüssen festgestellten Zolltarif behandelt. Bei einer zweiten Gruppe der Verträge ist die Einwirkung auf unseren Tarif nicht von Anfang an begründet, sondern sie ist nur bedingt. Dies sind die sog. reinen Meistbegünstigungsverträge. In ihnen werden nicht für einzelne besonders genannte Waren Befreiungen oder Ermäßigungen des tarifmäßigen Zolles vereinbart, sondern die allgemeine Bestimmung, daß die Vergünstigungen, die von einem der kontrahierenden Staaten in bezug auf die Einfuhr von Erzeugnissen eines fremden Staates diesem letzteren zugestanden werden, ohne weiteres auch auf die Einfuhr gleichartiger Erzeugnisse aus dem anderen Staate Anwendung finden müssen. Diese Meistbegünstigungsklausel ist natürlich ohne alle Bedeutung, wenn keiner der beiden Staaten Vereinbarungen der gedachten Art mit anderen Staaten trifft. Geschieht dies aber auch seitens nur eines der beiden Kontrahenten, so kommen dem anderen alle Vergünstigungen gleichfalls zustatten, und zwar, wenn nicht das Gegenteil besonders vereinbart, ohne daß er seinerseits irgendwelche Gegenleistungen zu gewähren hat. Reine Meistbegünstigungsverträge hat Deutschland beispielsweise geschlossen mit der Türkei, mit verschiedenen mittel- und südamerikanischen Republiken, wie Argentinien[1]). Von besonderer Bedeutung ist, daß einzelnen Staaten, mit welchen förmliche Handelsverträge seitens des Reichs oder des alten Zollvereins überhaupt nicht geschlossen oder nach Aufhebung älterer Verträge neue Abschlüsse nicht erfolgt waren, durch besondere Akte die Meistbegünstigung zugestanden worden ist. In dieser Beziehung ist zu erörtern vor allem unser handelspolitisches Verhältnis zu Frankreich, zu den Vereinigten Staaten von Amerika und zu England.

Mit Frankreich ist im Art. 11 des Friedensvertrages vom 10. Mai 1871 vereinbart, daß, nachdem durch den Krieg die früheren, mit verschiedenen deutschen Staaten geschlossenen Handelsverträge aufgehoben wurden, die beiderseitigen Regie-

---

[1]) Handels- und Schiffahrtsverträge 1872/1897, **2** 1239 ff., 1851/1872, 1 ff. Der argentinische und der türkische Vertrag unterscheiden sich dadurch, daß in ersterem von beiden Seiten nur die Meistbegünstigung zugestanden ist, während in letzterem für die Einfuhr deutscher Erzeugnisse nach der Türkei noch ein besonderer Tarif vereinbart ist.

rungen „den Grundsatz der gegenseitigen Behandlung auf dem Fuße der meistbegünstigten Nation ihren Handelsbeziehungen zugrunde legen“, und daß diese Regel auch die Eingangs- und Ausgangsabgaben umfaßt. Nach einer besonderen Bestimmung sind zwar von dieser Regel Begünstigungen ausgenommen, welche einer der vertragenden Teile anderen Staaten als England, Belgien, Niederlande, Schweiz, Österreich und Rußland gewährt. Deutscherseits ist jedoch Frankreich durch BRBeschl. vom 20. Februar 1885 — § 115 d. Prot. — ohne Einschränkung den meistbegünstigten Staaten beigezählt worden. Es kommen mithin die Vergünstigungen, welche durch den Handelsvertrag mit Italien gewissen Erzeugnissen dieses Landes zugebilligt worden sind, ohne weiteres auch den entsprechenden französischen Erzeugnissen zu gute.

Unter den meistbegünstigten Staaten sind in dem erwähnten BRBeschl. auch die Vereinigten Staaten von Amerika aufgeführt. Mit diesen hat weder der Zollverein, noch das Deutsche Reich bisher einen Handelsvertrag abgeschlossen. Dagegen waren schon in der ersten Hälfte des vorigen Jahrhunderts von Amerika Handelsverträge wesentlich gleichen Inhalts mit einzelnen deutschen Seeuferstaaten geschlossen worden, namentlich mit Preußen der Vertrag vom 1. Mai 1828[1]). Sowohl deutscher- wie amerikanischerseits geht man davon aus, daß diese Verträge die Grundlage des handelspolitischen Verhältnisses zwischen dem Deutschen Reich und den Vereinigten Staaten bilden. Insbesondere sind die verbündeten Regierungen stets der Meinung gewesen, daß der die Meistbegünstigung vereinbarende Vertrag von 1828 durch die Gründung des Deutschen Reichs seine Geltung nicht verloren habe, daß er vielmehr, ebenso wie ähnliche von Schweden und Norwegen, sowie von Dänemark mit deutschen Einzelstaaten abgeschlossene ältere Verträge, mit Rechten und Pflichten in Anwendung der Art. 4 und 35 der Reichsverfassung auf das Reich übergegangen sei[2]). Infolge von Meinungsverschiedenheiten

---

[1]) Pr. GS. 1829, 25.

[2]) Vgl. hierüber und unser handelspolitisches Verhältnis zu Amerika im allgemeinen namentlich die Erklärungen des Staatssekretärs Frhr. v. Marschall StenB. d. RT. 1895/1897, 8 5706 ff., des Staatssekretärs v. Bülow StenB. d. RT. 1898/1900, 1 789 ff. und des Staatssekretärs Graf v. Posadowsky StenB. d. RT. 1900/1903, 8 7302, 7322, ferner BRBeschl. vom 30. Januar 1892, RZBl. 1892, 72 Anm.

zwischen beiden Ländern über den Umfang der Meistbegünstigung wurden indessen in einem am 10. Juli 1900[1]) unter Vorbehalt dreimonatlicher Kündigung abgeschlossenen Handelsabkommen Amerika die in den Handelsverträgen aus 1891 bis 1894 von Deutschland an Belgien, Italien, Österreich-Ungarn, Rumänien, Rußland, Schweiz und Serbien zugestandenen Zollsätze gegen Bindung einzelner amerikanischer Zölle zugesichert.

Mit England bestand bis vor einigen Jahren zu Recht der mit dem Zollverein unter dem 30. Mai 1865 geschlossene Handelsvertrag[2]). Im § 7 des Vertrages war dem Zollverein nicht nur für das englische Mutterland, sondern auch für sämtliche Kolonien und Besitzungen das Meistbegünstigungsrecht zugestanden. Die englische Regierung fühlte sich indessen nicht in der Lage, ihre unter eigener Verwaltung stehenden Kolonien in dieser Weise für die Dauer zu binden und kündigte infolgedessen den Vertrag auf den 1. Juli 1898. Auf beiden Seiten bestand jedoch die Absicht, zu einer neuen Verständigung zu gelangen. Um bis zum Zustandekommen einer solchen nicht, wie es der Staatssekretär Graf v. Posadowsky[3]) ausdrückte, ein „handelspolitisches Interregnum“ eintreten zu lassen, wurde eine gesetzliche Ermächtigung für den Bundesrat herbeigeführt, den Angehörigen und den Erzeugnissen des vereinigten Königreichs von Großbritannien und Irland sowie den Angehörigen und den Erzeugnissen britischer Kolonien und auswärtiger Besitzungen diejenigen Vorteile einzuräumen, die seitens des Reichs den Angehörigen oder den Erzeugnissen des meistbegünstigten Landes gewährt werden. Die auf Herbeiführung einer allgemeinen Neuregelung der Handelsbeziehungen zwischen beiden Reichen abzielenden Bestrebungen sind bisher nicht von Erfolg gewesen. Infolgedessen ist die erwähnte, zunächst nur für die Zeit bis Ende 1899 gewährte Ermächtigung wiederholt, zuletzt durch Gesetz vom 23. Dezember 1903[4]) bis zum 31. Dezember 1905 verlängert worden. Auf Grund der Ermächtigung hat der Bundesrat das britische Reich

[1]) RAnz. 1900, Nr. 184. Vgl. ferner v. Poschinger, Die deutschen Handels- pp. Verträge, Berlin 1892, 433. StenB. d. RT. 1890/1892, Anl. 5/6 Aktenst. 571 (Saratoga-Konvention), unten 19.

[2]) v. Poschinger a. a. O. 112.

[3]) StenB. d. RT. 1897/1898, 3 2007.

[4]) RGBl. 319.

als zu den meistbegünstigten Staaten zählend, behandelt. Ausgeschlossen hiervon war nur vorübergehend die Kolonie Barbados, weil sie ihrerseits eine Zeitlang Deutschland nicht auf dem Fuße der meistbegünstigten Nation behandelte. Ausgeschlossen ist noch heute Kanada, weil diese Kolonie dem englischen Mutterlande Vorzugszölle gewährt, von denen deutsche Waren ausgeschlossen bleiben. Die deutscherseits in Handelsverträgen anderen Staaten für ihre Erzeugnisse eingeräumten Zollfreiheiten und Zollermäßigungen kommen mithin den kanadischen Waren nicht zugute. Diese logische Folge des eigenen Verhaltens hat bekanntlich Kanada dazu geführt, seinerseits die deutsche Einfuhr durch besondere Zuschlagszölle zu treffen. Die dadurch nahegelegte Gefahr eines Zollkrieges ist durch die Mäßigung der deutschen Regierung bisher vermieden worden. Sie hat auch darauf verzichtet, andere Kolonien, die wie Südafrika und Neuseeland neuerdings ebenfalls Vorzugszölle für das Mutterland einführten, deswegen vom Genusse der Meistbegünstigung auszuschließen.

Es wird gegen eine derartige Mäßigung vom Standpunkt ruhiger, leidenschaftsloser Beurteilung gewiß nichts eingewendet werden können, wenn man sich vergegenwärtigt, daß ein zu schroffes Bestehen auf der an und für sich noch so begründeten Rechtsauffassung unter Umständen schwere, für den Handel beider Teile gleich verderbliche handelspolitische Konflikte nach sich ziehen kann. Immerhin bedarf es keiner Ausführung, daß Erfahrungen, wie sie Deutschland in bezug auf Kanada und die anderen genannten Kolonien gemacht hat, denjenigen Recht geben, welche die Regelung der Handelsbeziehungen Deutschlands insbesondere mit großen hoch entwickelten Staaten auf Grund der reinen Meistbegünstigung für unzweckmäßig halten. Eine solche Regelung kann, wie jene Erfahrungen lehren, zu einer Benachteiligung des deutschen Handels führen, wenn über den Umfang der sich aus der Meistbegünstigungsklausel ergebenden Pflichten nicht auf beiden Seiten gleiche Auffassungen herrschen. Dies äußert sich in unseren Beziehungen zum Britischen Reiche darin, daß auf britischer Seite, wenigstens zeitweise, die Ansicht vertreten ist, die Gewährung von Vorzugszöllen an das Mutterland seitens der Kolonien sei eine innere Reichsangelegenheit und gewähre fremden Staaten keinerlei Anrecht auf gleichartige Behandlung.

Eine Verschiedenheit der Auffassungen über die Tragweite der Klausel hat auch in bezug auf unser Verhältnis zu Amerika zu lebhaften Beschwerden der beteiligten deutschen Industrie- und Handelskreise und zu weitläufigen diplomatischen Verhandlungen geführt. Während, wie erwähnt, deutscherseits auf Grund des Vertrages von 1828 den amerikanischen Waren ausnahmslos die Meistbegünstigung zugestanden worden ist, hat man auf der anderen Seite behauptet — nach dem Wortlaut wohl zweifellos ohne Grund — die betreffende Bestimmung sei durch eine andere Vorschrift (Art. 9) des Vertrages dahin modifiziert worden, daß gewisse Vergünstigungen dem anderen Teile nicht ohne Gegenleistungen zugestanden zu werden brauchten. Auf dieser Auffassung beruhte z. B. die s. Zt. so viel erörterte Differenzierung unseres deutschen prämiierten Zuckers[1]).

In unserem Verhältnis zu Frankreich sind zwar bisher Meinungsverschiedenheiten über den Umfang der gegenseitig eingeräumten Meistbegünstigung nicht hervorgetreten. Gegen die bestehende Regelung dieses Verhältnisses sind aber aus dem Grunde vielfach Bedenken erhoben worden, weil sie unsere Zollpolitik gegenüber Frankreich für die Dauer festlegt. Denn während beispielsweise nach den früheren Darlegungen der Bundesrat rechtlich jederzeit in der Lage wäre, zu beschließen, daß das Britische Reich nicht mehr zu den meistbegünstigten Nationen gehören soll, ist die Vereinbarung des Art. 11 des Frankfurter Friedens unkündbar. Sie würde also — abgesehen vom Falle eines, die Verträge zerreißenden Krieges zwischen beiden Ländern — ohne neue Vereinbarung auch dann nicht aus der Welt geschafft werden können, wenn sich aus ihr Meinungsverschiedenheiten, wie mit England und Amerika, zum Nachteil des deutschen Handels auch mit Frankreich ergeben sollten.

Es wurde hervorgehoben, daß die Meistbegünstigungsklausel von Bedeutung für den Tarif des Landes, das die Klausel mit einem anderen Staate vereinbart hat, nur dann werden kann, wenn dieses Land einzelnen Staaten gegenüber Zollfreiheiten oder Zollermäßigungen vertragsmäßig zugesteht. Dies ist bekanntlich bei Deutschland in weitem Umfange der Fall. Mit einer ganzen Reihe von Staaten, namentlich Rußland, Österreich-

[1]) StenB. d. RT. 1898/1900, **1** 789, vgl. ferner oben 16, 17.

Ungarn, Italien, Schweiz, Belgien, sind Handelsverträge von einer dritten noch nicht besprochenen Art geschlossen, nämlich solche, welche nicht nur die allgemeine Meistbegünstigungsklausel enthalten, sondern daneben den Mitkontrahenten noch besondere, in einer Anlage zum Vertrage, dem Vertragstarif, zusammengestellte Tarifvorteile für Waren, an deren Einfuhr nach Deutschland sie vorzugsweise interessiert sind, gewähren. Dies sind die Tarifverträge.

Zweiter Abschnitt: Tarifpolitik.

Welche Entwicklung hat nun die deutsche Tarif- und Handelspolitik genommen, um zu dem System der Tarifverträge zu gelangen?

Die Politik des alten Zollvereins gipfelte, entsprechend den von Preußen bei Aufstellung seines Tarifs von 1818 befolgten Grundsätzen, in einem mäßigen Schutze der heimischen Gewerbstätigkeit in Verbindung mit reinen Finanzzöllen, d. h. Zöllen auf Waren, die im Inlande nicht erzeugt werden oder doch eines Schutzes nicht bedürfen. Beispielsweise enthielt der auf der ersten Generalkonferenz in Zollvereins-Angelegenheiten vereinbarte Zolltarif Zollsätze für mehr als 160 Warengattungen, während noch nicht 20 als zollfrei aufgeführt waren. Einem erheblichen Schwanken der bezeichneten handelspolitischen Auffassungen stand die Verfassung des Zollvereins entgegen. Nach Art. 5 des grundlegenden Zollvereinigungsvertrages vom 22. März 1833, durch welchen die Vereinigung des preußisch-kurhessischen und des bayerisch-württembergischen Vereins herbeigeführt wurde, konnten Änderungen des Vereinszolltarifs wie sonstige Änderungen der Zollgesetzgebung nur im Vertragswege mit Übereinstimmung aller Kontrahenten erzielt werden. Diese Bestimmung blieb auch späterhin bis zum Zustandekommen des Zollvereinigungsvertrages vom 8. Juli 1867 maßgebend. Vor diesem Vertrage also, der die Entscheidung von übereinstimmenden Mehrheitsbeschlüssen des Zollbundesrats und des Zollparlaments abhängig machte, war jeder einzelne Staat in der Lage, durch sein Veto eine von allen übrigen Vereinsstaaten beabsichtigte Änderung eines Tarifsatzes zu Falle zu bringen.

Unter diesen Umständen trat eine erste erhebliche Änderung des Tarifs nicht durch einen allgemeinen Wechsel der handelspolitischen Auffassungen auf seiten der Vereinsregierungen ein. Veranlassung zu einer solchen ersten Änderung war vielmehr der Abschluß eines Handelsvertrages mit Österreich. Die österreichische Regierung hatte seit Ende der vierziger Jahre des vorigen Jahrhunderts das Bestreben an den Tag gelegt, dem Zollverein beizutreten. Preußen widersetzte sich diesen Bestrebungen mit aller Energie, in der Überzeugung, daß die Erfüllung der österreichischen Wünsche die führende Stellung Preußens im Zollverein in Frage zu stellen geeignet sein würde. Da im Gegensatz hierzu andere Vereinsstaaten jenen Wünschen günstig gesinnt waren, so entwickelten sich jahrelange Verhandlungen und Streitigkeiten, in deren Verlauf Preußen die Zollvereinigungsverträge kündigte und der Zollverein dauernd zu zerfallen drohte. Schließlich entschloß sich Preußen, den österreichischen Bestrebungen durch Anerbieten eines Handelsvertrages entgegenzukommen. Am 19. Februar 1853 kam ein solcher Vertrag zwischen beiden Staaten zustande. Dieser Vertrag, dem am 4. April 1853 bei gleichzeitiger Erneuerung des Zollvereins die übrigen Vereinsstaaten beitraten, war für unseren Tarif von großer Bedeutung. Für verschiedene, bisher bei uns zollpflichtige Rohstoffe und Halbfabrikate war gegenseitig gänzliche Zollfreiheit, für manche Industrieerzeugnisse wesentliche Ermäßigung des Zolles zugestanden worden.

Auf dieser Bahn ging es nun weiter. Österreich hatte seine auf Zolleinigung gerichteten Bestrebungen keineswegs fallen gelassen, sondern den Handelsvertrag gewissermaßen nur als Abschlagszahlung betrachtet. Preußen wollte und konnte seinen früheren Widerstand gegen diese Absichten nicht fallen lassen. Um Österreich den Beitritt zu erschweren, ging man in Berlin auf Anregungen Frankreichs ein, in ein Handelsvertragsverhältnis zu treten. Frankreich, das sich bisher durch Zollschranken gegen das Ausland abgesperrt, schlug unter Napoleon III. eine freiere handelspolitische Richtung ein. Nachdem im Jahre 1859 ein Handelsvertrag mit England abgeschlossen war, der gegen gewisse Zugeständnisse Englands für die französischen Zölle auf englische Waren Höchstsätze bestimmte, bot der Kaiser dem Zollverein ebenfalls Vertragsverhandlungen an. Kamen sie zu einem

Ergebnis, so bedeutete das für den Zollverein einen weiteren Fortschritt auf dem Wege des Freihandels. Da aber dieser aus finanziellen Gründen und aus Rücksichten auf die heimische Industrie in Österreich viele Gegner hatte, mußte sich auf österreichischer Seite naturgemäß der Wunsch auf Eintritt in den Verein vermindern. Denn alle vor dem Eintritt dritten Staaten gewährten Erleichterungen mußte der beitretende Staat nachher gleichfalls zugestehen. Tatsächlich gelangte das Abkommen zwischen Preußen und Frankreich nach Genehmigung durch den preußischen Landtag zum Abschluß. Freilich wurde dieser Abschluß nicht nur von Österreich auf das lebhafteste bekämpft, sondern auch bei den Österreich zuneigenden Zollvereinsstaaten erhob sich heftiger Widerspruch. Wiederum wurden preußischerseits die Zollvereinigungsverträge gekündigt, und wiederum schien das Ende des Zollvereins nahe. Allein im Herbst 1864 war sein Fortbestand, mit gleichzeitiger Annahme des französischen Handelsvertrages, gesichert.

Der Handelsvertrag, in welchem namentlich die Meistbegünstigung beiderseits zugestanden war, bewirkte, daß die zahlreichen, Österreich zugestandenen Vergünstigungen auch den französischen Waren zu gute kamen, Was aber Österreich anbetrifft, so führte der Wunsch, die durch die fehlgeschlagenen Absichten auf Beitritt zum Verein und durch das französische Abkommen geschaffenen unerfreulichen Verhältnisse zu beseitigen, zum Abschluß eines neuen Handelsvertrages mit diesem Staate im April 1865. Sein wichtiges Ergebnis in tarifarischer Beziehung war die Beseitigung der deutschen Zölle auf Getreide, auf Mehl und auf Vieh. Nach Beendigung des Krieges von 1866 wurde im Prager Frieden vereinbart, daß der Vertrag von 1865 einstweilen widerruflich in Geltung bleiben, aber baldmöglichst im Sinne größerer Erleichterung für Handel und Verkehr revidiert werden sollte. Im März 1868 erfolgte dann auch der Abschluß eines neuen Vertrages. Die früher bedungene Zollfreiheit für Getreide und Vieh wurde bis zum Jahre 1877 festgelegt und weiterhin deutscherseits eine Ermäßigung des Weinzolls zugestanden.

Der dauernde Mitgenuß aller von Deutschland verschiedenen europäischen Staaten bisher zugestandenen und künftig zuzugestehenden Tarifvergünstigungen wurde schließlich Frankreich durch die bereits[1]) erwähnte unkündbare Meistbegünstigungsklausel des Frankfurter Friedens gesichert. Fürst Bismarck hatte ursprünglich gewünscht, den Handelsvertrag von 1862 fortbestehen zu lassen. Dem widersetzten sich aber die französischen Unterhändler mit aller Entschiedenheit, da die freihändlerischen Neigungen Napoleons III., denen der Vertrag seine Entstehung verdankte, keineswegs Gemeingut aller gebildeten Franzosen geworden waren, und man es insbesondere nach dem unglücklichen Kriege und der Verkleinerung des Staatsgebietes für erforderlich ansah, schon zur Ermöglichung der Kriegskostenzahlung die Einnahmen durch Erhöhung der Zölle zu steigern. Fürst Bismarck erachtete es unter diesen Umständen nicht für angezeigt[2]), dem besiegten Gegner die Fortsetzung des alten Vertrages als Friedensbedingung vorzuschreiben; er nahm, wohl mit Recht, an, daß ein solches Vorgehen als eine so schwere Verletzung des französischen Nationalgefühls aufgefaßt worden wäre, daß der baldige Ausbruch eines neuen Krieges hätte befürchtet werden müssen. Die französischerseits vorgeschlagene Meistbegünstigungsklausel sicherte den deutschen Handel wenigstens davor, seine Waren bei der Einfuhr nach Frankreich mit höheren Zöllen belegt zu sehen, als die gleichen Erzeugnisse anderer Länder.

Mit anderen Staaten geschlossene Verträge haben hiernach vom Anfang der 50er Jahre an auf die Gestaltung des Zolltarifs wesentlichen Einfluß, und zwar im Sinne einer immer größeren Verringerung der Zollschranken ausgeübt. Es wurde auch hervorgehoben, daß auf das Zustandekommen dieser Verträge Erwägungen der hohen Politik mehr oder weniger bedeutsam eingewirkt haben. Seit der Inkraftsetzung des letzten Zollvereinigungsvertrages von 1867 und der Gründung des Deutschen Reichs, also seit Wegfall des Vetorechts jedes Vereinsstaates gegen Änderungen des Tarifs, schlug aber die deutsche Tarifpolitik, auch soweit derartige Einwirkungen von außen nicht in Frage kamen, entschieden freihändlerische Wege ein. Innerhalb der Regierung war vor allem Staatsminister Dr. Delbrück, der verdienstvolle Präsident des Reichskanzleramts, von der Überzeugung durchdrungen, daß der Freihandel in wirtschaftlicher

---

[1]) Oben 19.

[2]) Vgl. seine Rede vom 12. Mai 1871, StenB. d. RT. 1871, 1 670.

Beziehung das Heil Deutschlands bedeute. Der Kanzler selbso, der in jener Zeit bekanntlich durch andere Aufgaben voll in Anspruch genommen war, ließ seinem Mitarbeiter bei Behandlung der Zollfragen in weitem Maße freie Hand. Noch mehr aber, als in den Kreisen der Regierungen, überwog die Auffassung von der Richtigkeit des Freihandels im Parlament. Und während wir beispielsweise jetzt gewöhnt sind, in den parlamentarischen Kämpfen über Wirtschaftsfragen die Landwirte des Ostens unter den Vertretern der entschiedensten Schutzzollpolitik zu finden, lehrt uns ein Blick in die 30—35 Jahre zurückliegenden Parlamentsverhandlungen, daß die Vertreter derselben Kreise mit Eifer die Sache des Freihandels verfochten.

Nach Vorlegung des früher erwähnten Vertrages mit Österreich i. J. 1868 legten die Regierungen einen Gesetzentwurf vor, der, unabhängig von den Vereinbarungen des Vertrages, noch zahlreiche Zollfreiheiten und Zollermäßigungen in Vorschlag brachte[1]). Als Zweck der Tarifreform wurde bezeichnet, „den Verkehr und die Gewerbsamkeit durch Aufhebung der Eingangsabgaben für Gegenstände der großen Handels- und Hilfsmittel der Fabrikation zu fördern, den Bezug notwendiger Lebensmittel zu erleichtern und den Zolltarif durch Beseitigung der Zölle für finanziell und wirtschaftlich unerhebliche Gegenstände zu vereinfachen“. Um die Mittel für die Tarifreform zu beschaffen, d. h. den sich bei Verwirklichung der Vorschläge des Entwurfs und infolge der Inkraftsetzung des österreichischen Handelsvertrages ergebenden erheblichen Einnahmeausfall auszugleichen, war neben einer Reform der Tabaksteuer die Einführung eines Zolles auf Mineralöl vorgeschlagen. Jetzt zeigte sich aber, in welchem Maße bereits die freihändlerischen Überzeugungen im Zollparlament herrschend geworden waren. Die Vorlage bedeutete, wie die wörtlich hervorgehobene Stelle der Begründung erkennen läßt, einen entschiedenen Bruch mit den Grundsätzen des Schutzzolls: die Frage, welche Wirkung die erleichterte Einfuhr zahlreicher fremdländischer Erzeugnisse auf die inländischen, gleichartige Waren erzeugenden Betriebe haben könnte, war in der Begründung überhaupt nicht erörtert. Die dem Freihandel geneigte Parlamentsmehrheit ging aber soweit, selbst reine Finanzzölle,

---

[1]) Aktenst. Nr. 20 zu den StenB. d. Zollparl. 1868.

wie den vorgeschlagenen Petroleumzoll, für verderblich zu halten. Die Einigung über den Vorschlag erfolgte nicht; die Vorlage wurde zurückgezogen. Ebensowenig führte ein zweiter Versuch der Regierungen zum Ziele. Erst als in einer dritten Vorlage (1870) bei gleichzeitiger Einschränkung der vorgeschlagenen Zollermäßigungen usw. auf den Petroleumzoll verzichtet und zur Ausgleichung des Einnahmeausfalls lediglich die Erhöhung eines anderen reinen Finanzzolles, desjenigen auf Kaffee, beantragt wurde, gelang es, kurz vor dem Ausbruch des Krieges mit Frankreich, die Tarifreform zur Annahme zu bringen[1]).

Der Reichstag des Deutschen Reichs, der nach siegreicher Beendigung des Feldzuges an die Stelle des Zollparlaments trat, war in seiner Mehrheit nicht weniger freihändlerisch gesinnt, als sein Vorgänger. Förderlich für diese Auffassungen war der gewaltige Aufschwung des wirtschaftlichen Lebens in Deutschland, insbesondere der deutschen Industrie, der sich in jenen Tagen bemerkbar machte. Dieser Aufschwung verstärkte die Überzeugung, daß unser Vaterland wirtschaftlich genügend stark sei, um ohne Rücksicht auf die Zollmaßnahmen anderer Staaten die eigene Zollpolitik mehr und mehr im Sinne gesteigerter Freiheit fortentwickeln zu können. Ihren höchsten Triumph erzielte die freihändlerische Richtung in der Beseitigung der Eisenzölle.

Im Jahre 1873 wurde diese Maßnahme zunächst aus dem Reichstage[2]) selbst heraus, und zwar wiederum vorwiegend von den Vertretern der östlichen Landwirtschaft, angeregt. Der pommersche Abgeordnete v. Behr, der den betreffenden Antrag an erster Stelle unterzeichnete, verwahrte sich zu Beginn einer Rede besonders dagegen, daß er die Notwendigkeit der Aufhebung der Eisenzölle beweisen wollte. Axiome, so führte er aus, brauchte man nicht zu beweisen. Da aber der Satz „das Eisen muß zollfrei sein" zu einem Axiom geworden, so sei es Sache der Gegner, nachzuweisen, daß Eisen zollpflichtig bleiben müsse. Die Stimme der Gegner verhallte ungehört, und es ist, als für die damalige Stimmung besonders bezeichnend, hervorzuheben, daß einer der bedeutendsten unter den Gegnern, der bekannte westdeutsche

[1]) StenB. d. Zollparl. 1868, 290 ff., 313 ff., 353 ff., 373 ff., 378, ferner StenB. d. Zollparl. 1869, Aktenst. Nr. 9, 52 ff., 83 ff., 119 ff., 215 ff., insbes. 220.

[2]) StenB. d. RT. 1873, **3** Aktenst. 88, **2** 832 ff., 844 ff., 1052 ff.

Großindustrielle Stumm, sich keineswegs grundsätzlich gegen Freihandel erklärte, sondern nur verlangte, daß Deutschland nicht einseitig seine Zollschranken niederreißen möge, während andere Staaten die ihrigen bestehen ließen.

Bald nach der Debatte ging dem Reichstage eine Zolltarifvorlage der Regierungen zu[1]), in der außer anderen Zollfreiheiten und Zollermäßigungen, insbesondere der Zollfreiheit für Maschinen, die Beseitigung des Zolles für Roheisen vorgesehen war. Staatsminister Dr. Delbrück begründete letzteren Vorschlag hauptsächlich durch den Hinweis auf das Interesse der Landwirtschaft. Er führte aus, daß die unter dem Abzug der ländlichen Bevölkerung nach den großen Städten leidende Landwirtschaft mehr und mehr auf die Verwendung von Maschinen hingewiesen werde. Käme man aber dazu, aus diesem Grunde den Bezug solcher Maschinen durch Zollfreilassung zu erleichtern, so sei es nicht angängig, daneben das Roheisen zollpflichtig zu belassen.

Wie zu erwarten war, fand die Vorlage bei der Reichstagsmehrheit Beifall. Sie wurde im wesentlichen Gesetz, nur trat auf Anregung einiger vorsichtigerer Männer, unter denen besonders der spätere preußische Finanzminister Miquel zu nennen ist, für eine Reihe von Artikeln, namentlich verschiedene Eisenwaren und Maschinen, zunächst nur eine Ermäßigung des Zolles ein, während der Eintritt der Zollfreiheit auf den 1. Januar 1877 hinausgeschoben wurde[2]).

Doch diesem glänzenden Siege des Freihandels sollten nicht viele mehr folgen. Fast unmittelbar nach Annahme der Tarifvorlage trat an die Stelle großen wirtschaftlichen Aufschwunges der tiefste Niedergang, es erfolgte der berüchtigte „Krach“, der Zusammenbruch zahlreicher industrieller Unternehmungen. Dieser Umschwung und die sich an ihn anschließende Erkenntnis der Schwierigkeit, den durch die Überproduktion der Gründerjahre und das massenhafte Zuströmen fremder Erzeugnisse überlasteten heimischen Markt durch Ausfuhr nach dem vielfach durch Zollschranken geschützten Auslande zu entlasten, gaben Anlaß, die

---

[1]) StenB. d. RT. 1873, **4** Aktenst. 192, vgl. ferner **2** 1266 ff., 1284 ff., 1385 ff.

[2]) Vgl. die in der vorigen Anm. aufgeführten Verhandlungen, ferner namentlich die Aktenst. 201, 202, 207, 212 im Bd. 4, RGBl. 1873, 241.

Richtigkeit der bisher befolgten Grundsätze in Zweifel zu ziehen. Zunächst traten die Eisenindustriellen mit dem Wunsche hervor, den Termin für die Aufhebung der Zölle auf Eisenwaren hinausgeschoben zu sehen. Die bezüglichen Petitionen wurden allerdings vom Reichstag durch Übergang zur Tagesordnung erledigt[1]). Die Eisenindustriellen ließen jedoch ihre Bestrebungen nicht fallen, verbanden sich vielmehr mit verschiedenen anderen Gruppen von Industriellen, die die Fortsetzung der Freihandelspolitik dem heimischen Gewerbe für nachteilig hielten, zu dem noch heute bestehenden Zentralverband deutscher Industrieller, der für den Schutz des vaterländischen Gewerbfleißes bei fernerer Gestaltung der Handelspolitik mit Energie und Sachkenntnis eintrat. Da der Verband im Jahre 1876 in einer an den Reichskanzler gerichteten Eingabe beantragte, die Beseitigung der Eisenzölle rückgängig zu machen, und in gleicher Richtung sich auch andere Petitionen bewegten, erachtete es Fürst Bismarck für bedenklich, die für den 1. Januar 1877 in Aussicht genommene Aufhebung der Zölle auf Eisenwaren in Wirksamkeit treten zu lassen. Der Kanzler, der infolge des Ausscheidens seines langjährigen Mitarbeiters Delbrück aus seiner Stellung genötigt war, seine Aufmerksamkeit den wirtschaftlichen Fragen in erhöhtem Maße zuzuwenden, und infolge des Abflauens der kirchenpolitischen Kämpfe freiere Hand bekam, übernahm nun auf diesem Gebiete die Führung.

Geeignet, den Kanzler mit Zweifeln an der Richtigkeit der bisherigen Politik zn erfüllen, waren außer jenen Petitionen noch einige andere, im Laufe der nächsten Zeit zu machende Wahrnehmungen. Zunächst ergab sich eine Schädigung für Deutschlands Handel und Gewerbe durch gewisse zollpolitische Maßnahmen der Nachbarreiche, indem Rußland die Bezahlung aller Zölle in Gold vorschrieb und Frankreich bei der Ausfuhr von Eisenwaren Prämien in Form der sog. titres d'acquit à caution gewährte. Ferner stellte sich bei Eröffnung der Verhandlungen mit Österreich über Abschluß eines neuen Handelsvertrages die Schwierigkeit heraus, unter Zugrundelegung des geltenden Tarifs zu einem für Deutschland befriedigenden Ergebnis zu kommen, da dieser Tarif infolge der mehrfachen im freihändlerischen Sinne

[1]) StenB. d. RT. 1875/1876, **3** Aktenst. 59, **1** 443 ff., 469.

durchgeführten Reformen fast keine Positionen mehr enthielt, deren Abschwächung den deutschen Unterhändlern als Ausgleich für Zugeständnisse von der anderen Seite hätte dienen können. Endlich aber mußte die Wahrnehmung, daß die Ausgaben des Reichs fortdauernd stiegen, die Einnahmen aber abnahmen, den Wunsch nahelegen, dem Reiche erhöhte eigene Einnahmen nicht nur durch Reform indirekter Verbrauchssteuern, sondern auch durch Zollerhöhungen zu erschließen, um ein den Finanzen der Einzelstaaten nachteiliges übermäßiges Anschwellen der Matrikularbeiträge zu verhüten.

Eine Wendung trat aber tatsächlich noch nicht sofort ein, da nicht nur der Reichstag seine freihändlerisch gesinnte Mehrheit behielt, sondern auch innerhalb der Regierung die Notwendigkeit einer Abkehr von den bisherigen Grundsätzen keineswegs allseitig anerkannt wurde. So schlug nicht nur der zweimalige Versuch, Ausgleichszölle auf solche Waren einzuführen, die im Auslande eine Ausfuhrprämie genossen, fehl[1]), sondern die für den 1. Januar 1877 beschlossenen Zollbefreiungen traten tatsächlich in Wirksamkeit, vor allem, weil der preußische Finanzminister Camphausen der Hinausschiebung des Inkrafttretens der Zollfreiheit für Eisenwaren den entschiedensten Widerspruch entgegensetzte. Vom genannten Tage an waren hiernach von insgesamt etwa 230 Warengruppen, die der Tarif aufführte, etwa 90 zollfrei, während, wie erwähnt, in dem auf der ersten Generalkonferenz vereinbarten Tarif sich unter etwa 180 Warengruppen nur 20 zollfreie fanden.

Der Kanzler hielt aber an seiner Überzeugung von der Notwendigkeit einer Tarifreform fest. Durch gelegentliche Artikel in der Presse, Schreiben an Minister, Herbeiführung von Ermittlungen über die Lage einzelner Industrien, namentlich der Eisenindustrie, bereitete er ihre Ausführung vor. Auch in den Interessentenkreisen wurde die Stimmung mehr und mehr reformfreundlich. Vor allem ist hervorzuheben, daß noch im Jahre 1877, also nur einige Monate nach Eintritt der wesentlich auf Betreiben der Landwirtschaft erfolgten Beseitigung der Eisenzölle, die Landwirte sich behufs Herbeiführung industrieller Schutzzölle mit den Industriellen verbanden und auch die Wiedereinführung

[1]) StenB. d. RT. 1876, **3** Aktenst. 95, 1877, **3** Aktenst. 123.

eines Getreidezolles von 1 M. für 1 dz, der allerdings nicht als Schutzzoll, sondern mehr als Finanzzoll oder als statistische Gebühr gedacht war, befürworteten[1]). Als dann unter dem Eindruck der Attentate auf Kaiser Wilhelm I. ein Reichstag von gänzlich anderer Zusammensetzung gewählt wurde, in dem sich eine aus Mitgliedern verschiedener Parteien zusammengesetzte, der Reform geneigte feste Mehrheit fand, schritt der Kanzler zur Tat. In einem an den Bundesrat gerichteten Schreiben, das schon im Entwurf allen Einzelstaaten mitgeteilt war, wurde die Notwendigkeit näher begründet. Der Bundesrat beschloß die Einsetzung einer Kommission mit der Aufgabe, die Revision des Zolltarifs vorzubereiten und die erforderlichen Anträge bei dem Bundesrat zu stellen. In einem weiteren Schreiben an den Bundesrat legte der Reichskanzler die Gesichtspunkte dar, die ihm für die Revision als leitende vorschwebten. Während einer Zeit von nur drei Monaten arbeitete die Kommission einen Tarifentwurf aus. Er wurde vom Bundesrat angenommen und mit eingehender Begründung dem Reichstage zur Beschlußfassung vorgelegt[2]).

Die Begründung wies in ihrem allgemeinen Teile darauf hin, daß der Tarif, den das Reich vom Zollverein überkommen habe, unter den veränderten Verhältnissen weder in finanzieller noch in volkswirtschaftlicher Beziehung den berechtigten Anforderungen entspreche. In ersterer Beziehung wurde auf das dem Zollverein als solchem fehlende Bedürfnis des Reichs an eigenen Einnahmen hingewiesen. In volkswirtschaftlicher Beziehung wurde betont, infolge der vielfach notwendigen Rücksichtnahme auf die Wünsche des Auslandes hätte der Tarif sich so gestaltet, daß der einheimische Markt um so weniger gesichert sei, als das Ausland sich seinerseits mit Zollschranken umgeben habe. Eine Reihe von heimischen Gewerben sei des Schutzes dringend bedürftig. Um aber nicht einzelne Zweige vor anderen zu

[1]) Vgl. in letzterer Beziehung Drucks. d. BR. Nr. 32, 75, 118, 104, 119, Prot. §§ 345, 398 für 1878; ferner zu dieser Vorbereitung der Reform und zu dem ganzen Abschnitt „Die Handelspolitik des Deutschen Reichs vom Frankfurter Frieden bis zur Gegenwart", Berlin 1899, 248 ff., 273.

[2]) Drucks. d. BR. Nr. 123, 136, 140, Prot. §§ 520, 551, 569, 577 für 1878, StenB. d. RT. 1879, 5 Aktenst. 132, 132 A.

begünstigen, müßten alle Gewerbszweige gleichmäßig geschützt werden [1]).

Nach lebhaften parlamentarischen Kämpfen wurden der neue Zolltarif und das, wie früher erwähnt, bei dieser Gelegenheit zum ersten Male formulierte Zolltarifgesetz am 16. Juli 1879 verkündet [2]).

Die Reform verschaffte Deutschland nun auch die Möglichkeit, mit Aussicht auf günstigen Abschluß an Handelsvertragsverhandlungen heranzutreten; die erhöhten Zölle gaben die Freiheit, durch Herabsetzungen einiger Zugeständnisse von der anderen Seite zu erkaufen. Zunächst kamen jedoch nur einige Verträge von minderer Wichtigkeit — mit Italien, Spanien, Griechenland [3]) — zustande, die nur wenige Zollermäßigungen für vereinzelte Warengruppen bedingten. Mit unseren großen Nachbarstaaten Österreich und Rußland war im ersten Jahrzehnt nach Durchführung der Tarifreform noch zu keinem Abschlusse zu gelangen. Im Gegenteil gaben Zollerhöhungen, die zunächst Österreich, nachdem seine Versuche, ohne nennenswerte Zugeständnisse einen vorteilhaften Vertrag zu schließen, fehlgeschlagen waren, und später auch Rußland vornahmen, Anlaß zu weiteren Verstärkungen des Zollschutzes in den Jahren 1885 und 1887 [4]). Vor allem führten diese abändernden Gesetze eine wesentliche Erhöhung unserer Getreidezölle herbei, welche zuletzt für Roggen und Weizen die Höhe von 5 M. für 1 dz erreichten. Diese entschiedene Haltung der deutschen Zollpolitik verfehlte ihre Wirkung auf die genannten, an der Getreideeinfuhr nach Deutschland sehr stark interessierten Nachbarn nicht. In Österreich wurde der Wunsch nach Abschluß eines Handelsvertrages mehr und mehr rege. Auch in Deutschland mehrte sich die Neigung, die Handelsbeziehungen zu anderen Ländern auf der Grundlage von Verträgen festgelegt zu sehen, welche die beiderseitigen Tarife vor Schwankungen, die den Exporthandel beunruhigen und schädigen können, sichern. So wurden denn zunächst mit Österreich, dann mit Italien, Belgien und der Schweiz

---

[1]) StenB. d. RT. 1879, **5** Aktenst. 132 A, 784 ff.

[2]) StenB. d. RT. 1879, **2**, **3**; RGBl. 1879, 207, ferner oben 7.

[3]) RGBl. 1883, 109, 307; RGBl. 1885, 23.

[4]) Vgl. Die Handelspolitik des Deutschen Reichs 302.

mit Serbien, Rumänien und zuletzt, nachdem die gegenseitige Spannung sich noch in einem Zollkriege Luft gemacht hatte, mit Rußland, jene wichtigen, noch heute geltenden Verträge geschlossen, die eine so große Bedeutung für die Gestaltung unseres Tarifs gewonnen haben[1]).

Der oben hervorgehobene Vorteil größerer Stetigkeit der Handelsbeziehungen unter den durch Tarifverträge verbundenen Ländern bedarf keiner näheren Darlegung. Es läßt sich aber nicht verkennen, daß dieser Vorteil der Tarifverträge vorzugsweise einerseits der für den Export arbeitenden Industrie, anderseits dem Handel und Verkehr zugute kommt, während sie für die deutsche Landwirtschaft, die vorzugsweise auf den Absatz ihrer Produkte im Inlande angewiesen ist, weniger fühlbar werden. Die Ungleichheit tritt um so mehr hervor, wenn Zugeständnisse, die deutscherseits bei den Vertragsverhandlungen gemacht werden, in einer Verminderung des Zollschutzes für landwirtschaftliche Erzeugnisse bestehen. Dies ist nun bekanntlich in der Tat bei den Vertragsverhandlungen zu Anfang des vorigen Jahrzehnts in erheblichem Umfange der Fall gewesen, Durch die Bindung insbesondere des Roggen- und des Weizenzolles auf einen erheblich niedrigeren Satz als den im Jahre 1887 festgesetzten von 5 M. gegenüber Österreich und Rußland, eine Bindung, die dank der Meistbegünstigung auch anderen, Getreide exportierenden Ländern, wie den Vereinigten Staaten und Argentinien, zugute kam, ist der heimischen Landwirtschaft Schaden zugefügt worden.

Allerdings wäre ja die Ansicht falsch, daß die Preisbildung für den inländischen Getreidemarkt lediglich von der Höhe der Zölle abhängig sei. Dies lehrt ein Blick auf die Statistik[2]). Wie erwähnt, waren Roggen und Weizen von der Mitte der 60er Jahre bis zur Bismarckschen Tarifreform zollfrei. Sie unterlagen dann zunächst einem Zolle von 1 M. und wurden weiterhin nacheinander zu 3 M., 5 M. und 3,50 M. zollpflichtig. Demgegenüber ist aber beispielsweise der durchschnittliche Preis von Weizen in der Preußischen Monarchie niemals höher gewesen, als in den Jahren

---

[1]) RGBl. 1892 3, 96, 241, 195; 1893 269; 1894 1, 153; ferner vgl. Die Handelspolitik des Deutschen Reichs 303 ff.

[2]) Begr. 44.

1871 bis 1875, also innerhalb der zollfreien Periode: er betrug damals 235,2 M. für die Tonne. Den tiefsten Stand erreichte der Weizenpreis 1894 mit 135 M., obgleich damals der Zoll 3,50 M. betrug, und in den Jahren 1881 bis 1885, trotz der geringen Zollhöhe von 1 M. der Durchschnittspreis sich noch auf 189,6 M. gehalten hatte.

Der eigentliche Grund für das Fallen der Getreidepreise im Laufe des letzten Menschenalters liegt vielmehr in der Erschließung immer neuer überseeischer Produktionsgebiete, in der durch niedrige Bodenpreise und wenig kostspielige Bestellung bedingten Geringfügigkeit der Produktionskosten in jenen Gebieten und in der durch die großartige Entwicklung des Verkehrswesens geschaffenen Möglichkeit, die Erzeugnisse der überseeischen Landwirtschaft mit verhältnismäßig geringen Kosten nach Europa zu schaffen. Diese Verhältnisse drücken auf den Weltmarktpreis[1]). Zwischen dem Weltmarkt- und dem Inlandspreise besteht aber, wie die Begründung an der Hand der Statistik für die Jahre 1885/1899 nachweist[2]), das Verhältnis, daß der letztere ungefähr um den Betrag des Zolles höher ist, als der erstere. Kann also auch durch Zollerhöhung ein Getreidepreis, wie ihn unsere Landwirte bald nach dem großen Kriege hatten, nicht wieder zurückgezaubert werden, so ist doch die Annahme gerechtfertigt, daß eine Erhöhung der Zölle auch eine Steigerung des Inlandspreises zur Folge haben würde. Die Erhöhung würde also geeignet sein, eine Schädigung, die die durch die frühere Zollermäßigung bedingte Herabminderung der Preise dem deutschen Körnerbau brachte, zu beseitigen.

Die Begründung ist davon ausgegangen[3]), daß der Landwirtschaft in dieser Weise entgegengekommen werden müsse, in der Erwägung, daß deren Lage außer durch die überseeische Konkurrenz auch durch den Rückgang der ländlichen Bevölkerung und die dadurch bedingte Schwierigkeit, die erforderlichen Arbeitskräfte zu mäßigen Preisen zu gewinnen, ungünstig beeinflußt worden ist. Es wird gehofft, daß die erwartete Preisbesserung fördernd auf die Entwicklung der Landwirtschaft wirken und da-

---

[1]) Begr. 43.

[2]) Begr. 52.

[3]) Begr. 44—53.

zu beitragen werde, auch bei weiterer Bevölkerungszunahme eine stärkere Heranziehung des Auslandes zur Versorgung Deutschlands mit Brotgetreide, als sie jetzt stattfindet, zu vermeiden.

Zu einer allgemeinen Verstärkung des Zollschutzes der Industrie lag, da diese sich unter der Herrschaft der Handelsverträge vortrefflich entwickelt hatte, kein Anlaß vor. Der Entwurf faßte in dieser Richtung Zollerhöhungen nur insoweit ins Auge, als es sich um gewisse alteingeführte Gewerbe handelte, deren Arbeitsbedingungen das Erstarken des ausländischen Wettbewerbs beeinträchtigt hatte, oder deren gesteigerte Leistungsfähigkeit in der Herstellung besserer Erzeugnisse nunmehr die bisherige Erleichterung des Bezuges aus dem Auslande entbehrlich machte, und als erst in neuerer Zeit entstandene oder zu Bedeutung gelangte Gewerbszweige in Frage stehen[1]),

Bei der Festsetzung aller Zölle, sowohl der auf landwirtschaftliche, als der auf industrielle Erzeugnisse gelegten, des Entwurfs ist dann der Gesichtspunkt maßgebend gewesen, in dem Tarif eine möglichst geeignete Grundlage für Tarifverhandlungen zu schaffen[2]). Zu diesem Zwecke mußten die Zollsätze allgemein so bemessen werden, daß nicht ihre übertriebene Höhe den Abschluß von Tarifverträgen unmöglich machte, anderseits zur Erreichung von Zugeständnissen eine Ermäßigung einzelner Sätze eintreten könnte, ohne den Schutz der heimischen Erwerbstätigkeit zu gefährden.

Nach dem Gesagten verfolgte der Entwurf unseres neuen Gesetzes drei Hauptziele, nämlich

1. Verstärkung des Schutzes der Landwirtschaft,
2. Erhaltung und, soweit in einzelnen Fällen besonderer Anlaß vorliegt, Verstärkung des Schutzes der Industrie,
3, Vorbereitung langfristiger Tarifverträge.

Wie bekannt, haben diese Ziele keineswegs auf allen Seiten gleichmäßige Anerkennung gefunden.

Die alte Streitfrage, ob Freihandel oder Schutzzoll dem Wohle eines Volkes förderlich sei, wurde neu erörtert. Daß eine Notlage der deutschen Landwirtschaft überhaupt oder wenigstens in der von dem Entwurf angenommenen Allgemeinheit und Größe

---

[1]) Begr. 15.

[2]) Begr. 16.

bestehe, wurde bestritten. Entgegen der Annahme der verbündeten Regierungen, daß die vorgeschlagenen Getreidezollerhöhungen höchstens nur eine geringe Steigerung der Brotpreise zur Folge haben und diese im Interesse des Gemeinwohls in Kauf zu nehmen sein würde, wurde mit dem Schlagwort der „Brotverteuerung" operiert. Anderseits erachteten die Landwirte extremerer Richtung das Zustandekommen der Verträge für minder wichtig und den für die landwirtschaftlichen Erzeugnisse in Aussicht genommenen Schutz für nicht genügend.

Es ist nicht die Aufgabe dieser Darlegung, das Für und Wider dieser und anderer bei den Erörterungen geäußerter Ansichten gegeneinander abzuwägen. Das ausgesprochene Bestreben des Fürsten Bismarck bei Vorbereitung der Reform von 1879 war, „die Behandlung der Zollfragen nicht nach den Auffassungen und Geboten von Lehrmeinungen, sondern nach den Anforderungen der tatsächlichen Lage der Dinge und nach den wirklichen Bedürfnissen des Volks zu gestalten"[1]). Wer die eingehenden, durch sorgsam gesammeltes Zahlenmaterial gestützten Ausführungen der Begründung unseres neuen Gesetzes unbefangen studiert, wird nicht umhin können, anzuerkennen, daß auch bei Vorbereitung des neusten Gesetzgebungswerks auf dem Gebiete des Tarifrechts jene bewährten Grundsätze maßgebend gewesen sind. Dafür, daß damit das Richtige getroffen wurde, spricht, daß die Vorlage von der überwiegenden Mehrheit der Volksvertretung angenommen ist. Noch mehr aber spricht dafür, daß auf Grund des so vereinbarten Tarifs der Abschluß von Tarifverträgen, in welchen die vier Mindestzollsätze für Getreide festgehalten wurden[2]), mit sieben europäischen Staaten zustande kommen konnte. Hoffen wir, daß die auf diese Weise gegenüber wichtigen Einfuhrländern, und zwar wiederum unter dem Beifall der großen Mehrheit des Reichstags, erfolgte Festlegung der deutschen Tarifpolitik für lange Jahre unserem Vaterlande zum Heile gereichen und es gelingen möge, auch gegenüber anderen wichtigen Einfuhrländern, deren handelspolitische Beziehungen zu Deutschland der Klarheit ermangeln, solche Klarheit im Vertragswege zu schaffen.

---

[1]) Die Handelspolitik des Deutschen Reichs 274.

[2]) Vgl. StenB. d. RT. 1903/1905, Aktenst. 543, Denkschrift, 1 ff., insbesondere 3.

Dritter Abschnitt: Der Zolltarif.

Vorbemerkung:

Unter dem Zolltarif (Tarif) wird hier und im folgenden nicht die Anlage zum Zolltarifgesetz schlechthin, sondern die in dieser Anlage enthaltene, nach bestimmten Grundsätzen geordnete Zusammenstellung von Waren oder Warengruppen mit der für jede einzelne getroffenen zwingenden Vorschrift verstanden, ob sie zollfrei oder ob und in welcher Höhe sie zollpflichtig ist. Diese zwingende Vorschrift ist der Tarifsatz. Nicht zum Zolltarif in diesem engsten Sinne gehören die, äußerlich dem Tarif eingefügten Bestimmungen, nach welchen einzelne nach dem Tarifsatz zollpflichtige Waren unter bestimmten Voraussetzungen (z. B. wenn sie für Bewohner des Grenzbezirks eingehen) keinem oder einem ermäßigten Zolle unterliegen. Dagegen werden als zum Zolltarif gehörig angesehen auch solche Änderungen der Tarifsätze, welche durch Kampfzoll-Verordnungen oder internationale Verträge herbeigeführt sind.

I. Die äußere Anordnung des Zolltarifs.

Der Zolltarif vom 25. Dezember 1902 beruht im wesentlichen auf den endgültigen Beschlüssen der Reichstagskommission. Nur in einzelnen Punkten sind deren Beschlüsse im Plenum abgeändert worden[1]). In bezug auf den allgemeinen Aufbau des Tarifs hat die Kommission an den Vorschlägen der verbündeten Regierungen nichts geändert. Diese Vorschläge selbst aber bedeuteten ein völliges Abweichen von der bisher herrschend gewesenen Anordnung des deutschen Zolltarifs.

Nach dem Vorgange des preußischen Tarifs von 1818 zerfiel der Tarif des Zollvereins für die Jahre 1837, 38, 39[2]) in 43 lediglich nach der Buchstabenfolge geordnete Warengruppen, deren erste „Abfälle" und deren letzte „Zinn und Zinnwaren" umfaßte. Innerhalb der einzelnen Abschnitte fanden sich dann eine mehr oder weniger große Anzahl von Unterabteilungen. An diesem Schema ist bis heute festgehalten worden. Auch die für den Geist und den Inhalt unseres Tarifs so bedeutsame Reform von

---

1) § 1 d. G.

2) Prot. der 1. General-Konferenz, besonderes Prot. I.

1879 ließ die Form, obgleich die Frage ihrer ferneren Beibehaltung schon damals Gegenstand der Erwägung wurde[1]), unberührt. Nur die Zahl der Unterabteilungen vergrößerte sich im Laufe der Zeit, sodaß sich schließlich die heutige Gesamtzahl von 387 Tarifstellen ergab. Im neuen Tarif hat man diese Anordnung vollständig aufgegeben, und zwar aus folgenden Gründen[2]).

Die unausgesetzte Vervollkommnung der Industrie und die durch sie veranlaßte andauernde Steigerung der Zahl der Waren, sowie die ebenfalls mit der Entwicklung zusammenhängende Verschiebung in den Preisen hatte bewirkt, daß in den Gruppen des alten Tarifs vielfach Waren zusammengedrängt waren, die eigentlich nicht zusammen gehörten. Dies mußte zur Folge haben, daß manche wertvolle Waren zu niedrig, anderseits billige Waren zu hoch belastet waren. Die Begründung weist beispielsweise auf die Tarifierung der Eisenwaren hin, die jetzt in ganz grobe, grobe und feine geschieden werden. Ob eine Ware dieser oder jener von diesen drei Gruppen zugewiesen wird, ist, wie die Begründung hervorhebt, jetzt wesentlich nach der Art der Bearbeitung der Oberfläche zu beurteilen, obgleich diese keineswegs immer einen richtigen Maßstab für die auf die Herstellung des Stückes selbst aufgewendete Arbeit gibt. Ebensowenig wie dem Arbeitswert ist dem Materialwert überall genügend Rechnung getragen, so nicht dem etwa dreimal höheren Werte des Stahlgusses gegenüber dem nicht schmiedbaren Eisenguß[3]).

Die Zusammenfassung vieler verschiedenartiger Waren unter einzelnen Tarifgruppen hatte aber noch den weiteren Nachteil, daß über die Tragweite von Zugeständnissen, welche bei den Handelsvertragsverhandlungen vom Anfang des vorigen Jahrzehnts deutscherseits gemacht worden waren, nach Inkrafttreten der Verträge mehrfach Meinungsverschiedenheiten entstanden.

Die Beseitigung dieser Mängel wäre nun an und für sich unter Aufrechterhaltung der bisherigen allgemeinen Anordnung des Tarifs, durch größere Spezialisierung der einzelnen Abschnitte,

---

[1]) StenB. d. RT. 1879, 5 Aktenst. 132 A, 788. — In den von 1865 bis zur Bismarckschen Reform gültigen Tarifen war übrigens noch eine 44. Position eingereiht „Artikel, welche unter keiner der vorstehenden Nummern begriffen sind — frei“.

[2]) Begr. 7 ff.

[3]) Begr. 7, 450.

wohl denkbar gewesen. Der Entwurf hat dies jedoch nicht für angängig erachtet. Man wird den Verfassern darin Recht geben müssen, wenn man sich vergegenwärtigt, wie unübersichtlich der Tarif, in dessen Abschnitten die einzelnen Unterabteilungen schon jetzt vielfach durch lateinische Buchstaben, arabische Ziffern und griechische Buchstaben voneinander geschieden sind, geworden sein würde. Auch die Erwägung ist mitbestimmend gewesen, daß die Tarife mancher anderen, auch einiger für unsere Handelsverträge in Betracht kommenden Staaten eine größere Spezialisierung unter gleichzeitiger systematischer Anordnung aufweisen. Unter sich sind die fremden Tarife natürlich auch in ihrer äußeren Erscheinung außerordentlich verschieden. Um nur einige zu nennen, so ist der Tarif der Schweiz[1]) dem bisherigen deutschen Tarif insofern ähnlich, als er in eine Anzahl lediglich nach dem Alphabet geordneter Warengruppen geteilt ist. Der belgische Tarif[2]) ist dadurch bemerkenswert, daß er jede Ordnung, auch die nach der Buchstabenfolge, bei Aufzählung der 70 verschiedenen Tarifnummern vermeidet und beispielsweise unter Ziffer 1 bis 6 Stärke, lebende Tiere, Waffen, Butter und Margarine, Bier und andere gegorene, nicht besonders genannte Getränke, und Holz aufeinander folgen läßt. Dagegen zeigen z. B. die Tarife der Vereinigten Staaten von Amerika[3]), Österreich-Ungarn[4]), Rußland[5]), Rumänien[6]), Frankreich[7]) und Italien[8]) eine Anordnung, sei es nach dem Verwendungszweck der Waren (zu menschlichen Nahrungs- und Genußmitteln, zur Bekleidung usw.) oder nach ihrem naturkundlichen Zusammenhange. Dies letztere ist besonders scharf im französischen Tarif durchgeführt, der auch noch dadurch bemerkenswert ist, daß er die Rohstoffe streng von den Fabrikaten scheidet. Er zerfällt nämlich in vier Hauptabschnitte, welche umfassen die Stoffe aus dem Tierreich, die vegetabilischen Stoffe, die Mineralstoffe und die Fabrikate. Die Mehrzahl der genannten Tarife vereinigen dann die nach den bezeichneten Gesichtspunkten geordneten Waren zu größeren Gruppen, nur der russische Tarif verzichtet ganz hierauf und führt

[1]) Hand. Arch. 1891, **1** 604.
[2]) Ebenda 1900, **1** 1112.
[3]) Ebenda 1894, **1** 748.
[4]) Ebenda 1893, **1** 579.
[5]) Ebenda 1894, **1** 481.
[6]) Ebenda 1894, **1** 563.
[7]) Ebenda 1892, **1** 313.
[8]) Ebenda 1896, **1** 242.

die einzelnen Positionen lediglich unter fortlaufender Nummer auf. Bei der großen Mannigfaltigkeit der in Betracht kommenden Waren ist natürlich die vollkommen logische Durchführung der ins Auge gefaßten Gruppierung nicht überall gleichmäßig gelungen. In dem sonst sorgfältig gearbeiteten rumänischen Tarif ist in dem letzten Abschnitt mit der Überschrift „Verschiedene Erzeugnisse, Zusammensetzungen und Fabrikate, welche nicht in den anderen Klassen einbegriffen sind“ unter den Tarifnummern 532 bis 576 eine große Anzahl von Waren verschiedenster Art aufgezählt, deren Einordnung in die vorhergehenden 24 Abschnitte nicht gelungen ist. Man findet da neben vielen anderen Dingen z. B. gewöhnlichen Tischlerleim, Weintrester, Bernsteinwaren, Sonnenschirme, Bürsten, Schießpulver und Musikinstrumente[1]).

Keinem der bezeichneten Vorbilder ist unser Tarif genau nachgebildet, wenn auch anscheinend der russische, der französische und der rumänische Tarif auf die Gestaltung des unsrigen den meisten Einfluß ausgeübt haben. Der Tarif sucht die Gruppierung der Waren nach dem wirtschaftlichen Zusammenhange herzustellen. Dies geschieht dadurch, daß, soweit möglich, die Erzeugnisse von Gewerben, welche, weil sie gleiche oder ähnliche Rohstoffe hervorbringen oder verarbeiten, oder aus solchen Rohstoffen hergestellte Halbfabrikate weiter verarbeiten, als verwandt anzusehen sind, zusammengefaßt werden. Die Rohstoffe selbst sind in den auf die angegebene Weise entstandenen Gruppen im allgemeinen nicht aufgeführt. Vielmehr erscheinen die vegetabilischen und animalischen Rohstoffe im ersten, die mineralischen und fossilen Rohstoffe im zweiten Abschnitt des im ganzen 19 Abschnitte umfassenden Tarifs. Von diesen beiden ersten Abschnitten enthalten nach ihren Überschriften der erste Abschnitt die „Erzeugnisse der Land- und Forstwirtschaft und andere tierische und pflanzliche Erzeugnisse“, der zweite die „mineralischen und fossilen Rohstoffe und die Mineralöle“. Wenn also die übrigen Abschnitte — 3 bis 19 — ein Bild einzelner Industrien durch Aufführung aller ihrer Erzeugnisse von den einfachsten bis zu den feinsten liefern, so würde man doch die Roh-

---

[1]) In den vorstehend genannten Staaten sind inzwischen teilweise ebenfalls neue Tarife festgestellt oder entworfen worden. Vgl. StenB. d. RT. 1903/1905, Aktenst. 543 D. 29, E. 7, G. 6.

stoffe in diesen Abschnitten gewöhnlich vergeblich suchen. Anderseits behandeln der erste und der zweite Abschnitt auch nicht ausschließlich Rohstoffe. Im zweiten erscheinen auch die Erzeugnisse und die Rückstände von der Reinigung und sonstigen Bearbeitung von Mineralölen. Im ersten aber wird die Verarbeitung der Erzeugnisse des Pflanzen- und des Tierreichs insoweit behandelt, als sie auf Herstellung von Nahrungs- und Genußmitteln gerichtet ist, oder, auch wo dies nicht der Fall, im Anschluß an landwirtschaftliche oder forstwirtschaftliche Betriebe stattfindet. Die „Nahrungs- und Genußmittel", welche die Überschrift des ersten Abschnitts außer den erwähnten Rohstoffen aufführt, sind daher hier insofern zu suchen, als sie aus Erzeugnissen des Tier- oder des Pflanzenreichs hergestellt sind. Ein wichtiges Nahrungsmittel, das Salz, hat deshalb seine Stelle nicht im ersten, sondern als Rohstoff der chemischen Industrie im vierten Abschnitt gefunden. Die Getreide- und die Ölmüllerei, die Stärke-, Zucker- und Branntweinfabrikation, sowie der Weinbau sind vollständig im ersten Abschnitt berücksichtigt, da sie Nahrungs- und Genußmittel herstellen. Dagegen sind z. B. die Erzeugnisse der Holzbearbeitung hier nur soweit aufgeführt, als sie im Anschluß an landwirtschaftliche oder forstwirtschaftliche Betriebe, in Nebenbetrieben zu diesen Hauptbetrieben (Sägemüllerei, Köhlerei) hergestellt werden. Während also in der Längsrichtung gesägtes Nutzholz (Bretter, Bohlen) hier erscheint, findet sich solches Holz, falls es gehobelt oder sonst weiter bearbeitet ist, unter den Erzeugnissen der eigentlichen Holzwarenindustrie an anderer Stelle. Ebenso sind die Produkte der Bearbeitung pflanzlicher Flecht- und Spinnstoffe anderen Abschnitten zugewiesen.

Über den Inhalt der Abschnitte 3 bis 19 ist folgendes zu sagen:

Was im Abschnitt 3 behandelt wird, findet seinen erschöpfenden Ausdruck in der Überschrift „zubereitetes Wachs, feste Fettsäuren, Paraffin und ähnliche Kerzenstoffe, Lichte, Wachswaren, Seifen und andere unter Verwendung von Fetten, Ölen oder Wachs hergestellte Waren".

Abschnitt 4 („Chemische und pharmazeutische Erzeugnisse, Farben und Farbwaren") behandelt außer den chemischen Grundstoffen, Salzen, Säuren und sonstigen anderweit nicht genannten

Verbindungen chemischer Grundstoffe, namentlich die Farben und Farbwaren, die Firnisse, Lacke und Kitte, die Parfümerien und kosmetischen Mittel, die künstlichen Düngemittel, Sprengstoffe, Schießbedarf und Zündwaren.

Der sehr umfangreiche (Tarifnummer 391 bis 543) 5. Abschnitt umfaßt u. a. den Hauptteil der Bekleidungsindustrie, indem er die „tierischen und pflanzlichen Spinnstoffe und Waren daraus, Menschenhaare, zugerichtete Schmuckfedern, Fächer und Hüte" behandelt.

Was von der menschlichen Bekleidung im Abschnitt 5 nicht enthalten ist — namentlich Schuhe, Stiefel, Pelze — liefern von vereinzelten, anderswo untergebrachten Artikeln (zB. Papierwäsche) abgesehen, die Abschnitte 6 — No. 544—569 — und 7 — No. 570 — 586 —, indem ersterer „Leder und Lederwaren, Kürschnerwaren, Waren aus Därmen", letzterer die „Kautschukwaren" aufführt. Zu den Worten „Waren aus Därmen" ist zu bemerken, daß ein wichtiger hierher gehöriger Artikel, die Darmsaiten, an anderer Stelle im Zusammenhange mit den musikalischen Instrumenten aufgeführt ist.

Abschnitt 8 enthält die Geflechte und Flechtwaren aus pflanzlichen Stoffen, soweit sie nicht aus Gespinnstfasern hergestellt sind (Nr. 587—594). Hier sind also vorwiegend die Geflechte aus Holzspan, Stroh, Bast, Schilf usw. und die daraus weiter hergestellten Waren zu suchen, jedoch mit Ausnahme der, wie erwähnt, bereits im 5. Abschnitt berücksichtigten Hüte.

Auf den nur die Tarifnummern 595—600 umfassenden Abschnitt 9 („Besen, Bürsten, Pinsel und Siebwaren") folgen dann im Abschnitt 10 — 601—648 — die „Waren aus tierischen oder pflanzlichen Schnitz- oder Formerstoffen". Hier werden an erster Stelle die „Waren aus tierischen Schnitzstoffen" behandelt, wobei zu bemerken ist, daß die Waren aus Nachahmungen der betreffenden Schnitzstoffe — zB. Elfenbeinimitation, Wachsperlen — hier gleichfalls ihren Platz gefunden haben. Die zweite, die Überschrift „Holzwaren" tragende Unterabteilung umfaßt hauptsächlich die Erzeugnisse der Bau- und Möbeltischlerei, die dritte die „Korkwaren". In der vierten und letzten — „Waren aus anderen pflanzlichen Schnitzstoffen als Holz und Kork oder aus anderweitig nicht genannten Formerstoffen" — finden wir beispielsweise Waren aus spanischem Rohr, aus Zelluloid oder, wie der Tarif sagt, Zellhorn, Steinnuß usw.

An den Abschnitt 11 — „Papier, Pappe und Waren daraus“ — welcher in den Tarifnummern 649—673 die Papierindustrie einschließlich der Papierwäscheindustrie umfaßt, reiht sich logisch im 12. Abschnitt — 674—677 — die Behandlung der „Bücher, Bilder und Gemälde“.

Die die Erzeugnisse des Pflanzen- und des Tierreichs verarbeitenden Gewerbe sind nunmehr im wesentlichen erschöpft. Die Rohstoffe, welche zur Herstellung der in den übrigen sieben Abschnitten aufgeführten Waren in der Hauptsache dienen, liefert das Mineralreich.

Zunächst behandelt Abschnitt 13 die „Waren aus Steinen oder anderen mineralischen Stoffen (mit Ausnahme der Tonwaren) sowie aus fossilen Stoffen.“ Hier — No. 678—712 — werden alle aus Steinen und Erden hergestellten Waren von den bearbeiteten Edelsteinen, wertvollen Meerschaumarbeiten und Asbestwaren bis herab zu gewöhnlichen Pflastersteinen zusammengefaßt. Dagegen fehlen und sind an anderer Stelle zu finden außer den Tonwaren auch die Metallwaren, obgleich auch diese aus „anderen mineralischen Stoffen“ — wie es in der Überschrift heißt — hergestellt werden. Die „Tonwaren“, und zwar ebenfalls in allen Abstufungen, vom Mauerstein bis zum feinsten Porzellan, erscheinen im Abschnitt 14 — 713—734 —, dann im 15. Abschnitt — 735—768 — „Glas- und Glaswaren“.

Der Rest des Tarifs gehört der Metallindustrie.

Im Abschnitt 16 — Nr. 769—776 — werden „edle Metalle und Waren“ daraus behandelt, also Gold, dem Platin und ähnliche Metalle gleichgestellt sind, und Silber. Viel umfangreicher ist natürlich der Abschnitt 17 mit der Überschrift „Unedle Metalle und Waren daraus“. Er behandelt von No. 777—891 der Reihe nach Eisen und Eisenlegierungen, Aluminium und Aluminiumlegierungen, Blei und Bleilegierungen, Zink und Zinklegierungen, Zinn und Zinnlegierungen, Nickel und Nickellegierungen, Kupfer und Kupferlegierungen und in einem letzten Unterabschnitt Waren aus unedlen Metallen oder aus Legierungen unedler Metalle, die nicht unter die vorhergenannten Unterabteilungen fallen.“ Hier sind zusammengefaßt namentlich vergoldete oder versilberte oder solche Waren aus unedlen Metallen, die durch besondere

Bearbeitung oder Verbindung mit anderen Stoffen Schmuck-, Zier- oder sonstige Luxusgegenstände geworden sind. Außerdem erscheinen hier gewisse Instrumente (zB. Kompasse, Schrittzähler, Präzisionswagen) und kleinere Maschinen (zB. Elektrisier-, Schreibmaschinen).

Die eigentliche Maschinenindustrie hat jedoch ihren Platz im Abschnitt 18 erhalten, wo von No. 892—925 „Maschinen, elektrotechnische Erzeugnisse und Fahrzeuge" behandelt werden. Während also im Abschnitt 17, wie die Überschrift andeutet, außer den unedlen Metallen im allgemeinen auch die aus diesen hergestellten Erzeugnisse aufgeführt worden sind, hat man drei Gruppen dieser Erzeugnisse, ihrer ganz besonderen Bedeutung entsprechend, für sich zusammengefaßt. Die Unterabteilung A des Abschnitts 18 umfaßt außer den wenigen am Schlusse des Abschnitts 17 einzeln genannten und den in der Unterabteilung B aufgeführten elektrotechnischen Erzeugnissen sämtliche Maschinen. Ganz abweichend von dem alten Tarif, der die Maschinen nur in die zwei Hauptgruppen „Lokomotiven, Lokomobilen" und „andere" scheidet, hat jedoch eine weitgehende Spezialisierung Platz gegriffen. Sehr zahlreiche Maschinen sind namentlich aufgeführt und unter sich wieder nach ihrer Bestimmung (z. B. Antriebsmaschinen, Maschinen für die Textilindustrie, landwirtschaftliche Maschinen) geordnet und gruppiert. Als vom Standpunkt des gewöhnlichen Sprachgebrauchs etwas auffallend sei hier erwähnt, daß auch Feuerspritzen aller Art und Pumpen für Menschen- oder Tierbetrieb ohne Einschränkung den Maschinen zugezählt werden. Die Begründung[1]) bemerkt hierzu, daß alle zur Förderung von Flüssigkeiten dienenden Pumpen technologisch als Maschinen anzusehen seien. Neben der größeren Spezialisierung ist als weitere bedeutsame Neuerung hervorzuheben, daß die Maschinenteile nur dann, wenn dies ausnahmsweise besonders bestimmt, den fertigen Maschinen gleich, sonst aber nach ihrer tarifarischen Beschaffenheit beim Eingange, in der Regel also nach Abschnitt 17 zu behandeln sind. Dies kommt allerdings im Text des neuen Tarifs ebensowenig unmittelbar zum Ausdruck, wie im Text des alten Tarifs die Maschinenteile den Maschinen selbst gleichgestellt sind. Die Absicht, diese, durch das Amtliche

---

[1]) Begr. 523.

Warenverzeichnis zum alten Tarif begründete gleiche Behandlung künftig aufzugeben, ist aber durch die Begründung des Tarifentwurfs unzweideutig zum Ausdruck gebracht. Es ist dabei besonders darauf hingewiesen, daß die Verzollung der Maschinenteile nach den Sätzen für die fertigen Maschinen schon durch die Staffelung der Maschinenzölle nach dem Reingewicht der Maschinen vielfach ausgeschlossen ist[1]).

Neu ist auch die Zusammenfassung der elektrotechnischen Erzeugnisse in einer Unterabteilung. Es ist jedoch zu bemerken, daß, und zwar ohne ersichtlichen zwingenden Grund, die Zusammenfassung keine ganz vollständige ist. So sind die Porzellan-Isolatoren hier nicht erwähnt, weil sie nicht Erzeugnisse der Elektrotechnik selbst bilden, sondern von ihr nur für ihre Zwecke verarbeitet werden, ebensowenig die isolierten Drähte, weil sie im letzten Unterabschnitt des Abschnitts 17 unter der Gruppe, welche Draht aus unedlen Metallen in Verbindung mit Gespinnstfäden behandelt, mit begriffen sind[2]).

Die letzte Unterabteilung C enthält Wagen aller Art, Fahrräder und Schiffe einschließlich der Schwimmdocks und Pontons.

Der allein noch verbleibende Abschnitt 19 behandelt in vier Unterabteilungen „Feuerwaffen, Uhren, Tonwerkzeuge, Kinderspielzeug". Bei der Bedeutung der in Frage stehenden Industrien empfahl sich die Vereinigung ihrer Erzeugnisse zu besonderen Gruppen ohne Zweifel, schon im Interesse der besseren Übersicht des Tarifs. Ebensowenig lassen sich gegen die Unterbringung dieser Gruppen im Tarifsystem Bedenken geltend machen. Denn Feuerwaffen und Uhren sind überwiegend als Erzeugnisse der Metallindustrie anzusehen; daß aber musikalische Instrumente und Kinderspielzeug, obwohl sie zum sehr großen Teil aus anderen Stoffen, als Metallen hergestellt werden, ihren Platz ebensowohl hier, wie unter den Holzwaren oder den Kautschukwaren erhalten konnten, wird keiner näheren Begründung bedürfen.

Blickt man an der Hand der vorstehend gegebenen kurzen Übersicht über die einzelnen Abschnitte noch einmal auf den Tarif als Ganzes zurück, so lassen sich als Ziele, die bei dem

---

[1]) Begr. 446, 516. Vgl. ferner wegen dieser Staffelung unten 81, 82.

[2]) Vgl. Begr. 526, 530.

äußeren Aufbau des Tarifs offenbar im allgemeinen im Auge behalten worden sind, vorzugsweise die folgenden erkennen:

1. Ordnung der Waren im allgemeinen nach der Zugehörigkeit der zu ihrer Herstellung verwendeten Rohstoffe einerseits zum Pflanzen- oder Tierreiche, anderseits zum Mineralreiche,
2. Trennung der Rohstoffe von den Halb- und Ganzfabrikaten,
3. mit der sich aus Ziffer 2 ergebenden Maßgabe möglichste Zusammenfassung der von den wichtigeren Zweigen der Industrie weiterverarbeiteten und hergestellten Waren,
4. möglichste Spezialisierung.

Es muß anerkannt werden, daß diese Ziele im wesentlichen erreicht worden sind und sich unser neuer Tarif als ein wohlabgerundetes Ganzes, logisch und mit peinlicher Sorgfalt aufgebaut, darstellt. Was insbesondere die Spezialisierung anbetrifft, so deutet schon die stattliche Anzahl von 946 Tarifstellen darauf hin, wie weit das Erstrebte erreicht ist. Zur Vergleichung sei angeführt, daß von den früher erwähnten fremden Einfuhrtarifen der russische 226, der österreichisch-ungarische 356, der italienische 370, der rumänische 576, der französische 654 und der nordamerikanische 690 Nummern umfaßt[1]).

Ist der Tarif nach seinem Aufbau und seiner Gliederung in der Gestalt, wie er an den Reichstag gelangte, als wohl gelungen zu betrachten, so fällt das Verdienst in erster Linie den bei der Ausarbeitung beteiligten Zentralbehörden, daneben aber, soweit die der Entwicklung der einzelnen Gewerbszweige entsprechende Spezialisierung und die Abwägung der einzustellenden Zollsätze in Betracht kommen, dem „Wirtschaftlichen Ausschuß zur Vorbereitung und Begutachtung handelspolitischer Maßnahmen“ zu[2]). Es war dies eine im Jahre 1897 vom Reichskanzler berufene Vereiniguug, bei deren Zusammensetzung hervorragende Vertreter der drei großen Erwerbsstände — Landwirtschaft, Industrie und

---

[1]) Übrigens ist mit der deutschen Ziffer der Weltrekord noch keineswegs erreicht. Der Tarif von Peru (Hand. Arch. 1900, **1** 811) umfaßt in nur 9 Gruppen nicht weniger als 4111 Tarifstellen!

[2]) Begr. 5.

Handel — gleichmäßig berücksichtigt waren. Sie hat in mehrjähriger Arbeit, namentlich durch Vernehmung von mehr als 2000 Sachverständigen und sonstige Erhebungen nicht nur einen die regelmäßige amtliche Statistik ergänzenden Einblick in das wirtschaftliche Leben Deutschlands, sondern auch ein Urteil darüber ermöglicht, welches Interesse die inländische Gütererzeugung, der inländische Verbrauch, der Binnen- und der Außenhandel an der formellen und inhaltlichen Gestaltung des Tarifs haben. Die Ergebnisse der Verhandlungen des wirtschaftlichen Ausschusses sind amtlich festgestellt und gedruckt und bilden eine Fundgrube für Material zur Beantwortung einschlägiger Fragen. Sie sind jedoch wegen ihrer erheblichen handelspolitischen Bedeutung nicht für geeignet erachtet worden, im Zusammenhange der Öffentlichkeit übergeben zu werden.

Mit Bezug auf die Überschrift des letzten Abschnitts des Tarifs, wo neben anderen Waren auch „Tonwerkzeuge" aufgeführt sind, ist schließlich hier noch folgendes zu bemerken. Unter Hinweis auf das Bürgerliche Gesetzbuch, welches den Beweis erbracht habe, daß unsere früher mit einer großen Anzahl von Fremdwörtern durchsetzte Gesetzessprache sich leicht den Forderungen nach Sprachreinheit anpassen läßt[1]), ist das Bestreben bei Ausarbeitnng des Entwurfs dahin gegangen, entbehrliche Fremdwörter auszuscheiden. Grundsätzlich wird dieses Bestreben der allseitigen Anerkennung gewiß sein dürfen. Auch viele einzelne in diesem Bestreben vorgenommene Verdeutschungen sind mit ungeteilter Freude zu begrüßen. Daß z. B. das Wort „Quinquaillerien", das in der Überschrift des Titels 20 des alten Tarifs vorkommt, im neuen verschwunden ist, daß für die Worte „animalisch" und „vegetabilisch" die gut deutschen Worte „tierisch" und „pflanzlich" eingestellt sind, wird niemand bemängeln. Ob aber bei Entscheidung der Frage, welche Fremdwörter entbehrlich sind, in allen Fällen das Richtige getroffen wurde, kann doch bezweifelt werden. Neben dem gut eingebürgerten Worte „Musikinstrumente" muten die „Tonwerkzeuge" vorläufig doch noch etwas fremdartig an, namentlich die die Zithern und Harfen umfassende Unterabteilung der „Zupftonwerkzeuge", von denen Tarifnummer 941 handelt. Dies gilt um so mehr, als in den

---

[1]) Begr. 19, 20.

Nummern 939 und 940 die ebenfalls ursprünglich fremden, aber bei uns heimisch gewordenen Ausdrücke „Klaviere“, „Klaviermechaniken“ und „Klaviaturen“ stehen geblieben sind. In den Nummern 535 ff. sind ferner die Hüte statt in „garnierte“ und „ungarnierte“ in „ausgerüstete“ und „unausgerüstete“ geschieden, doch sind die bisher gebräuchlichen Bezeichnungen den neuen in Klammern beigefügt. Durch diese Verdeutschungen dürfte der Endzweck einer Verdeutschung der Gesetzessprache, eine Übereinstimmung der letzteren mit der Sprache des täglichen Lebens herbeizuführen, kaum erreicht werden. Es ist nicht anzunehmen, daß die neuen Ausdrücke die bis jetzt allgemein üblich gewesenen verdrängen werden. Nicht unzweifelhaft erscheint dies auch bei den neuen Bezeichnungen „Rohgewicht“ und „Reingewicht“, da die Ausdrücke „Bruttogewicht“ und „Nettogewicht“ seit langer Zeit im gesamten kaufmännischen Leben, auch in den vielleicht überwiegenden Zweigen desselben, die mit den Zollgesetzen selten oder nie unmittelbar zu tun haben, gang und gäbe geworden sind.

II. Die leitenden Grundsätze des Zolltarifs.

1. Einfuhrtarif.

Unser Tarif ist ein reiner Einfuhrtarif; er bestimmt Zölle nur für die Einfuhr von Waren. Durchfuhrzölle sind zwar an sich nicht ungeeignet, dem heimischen Gewerbe Vorteil zu bringen. Sie können außerdem aus finanzpolitischen Gründen als Einnahmequelle vorgeschlagen werden. Diesen Zwecken zu dienen, wären sie aber in einem großen Teile der Welt jetzt durchaus nicht mehr geeignet. Denn bei der heutigen Entwicklung des Verkehrswesens würde das Land, welches die Durchfuhr mit Abgaben belastete, in der Regel umgangen werden können, so daß die gewünschte Förderung heimischer Wirtschaftsinteressen oder Steigerung der Staatseinnahmen nicht erzielt, dagegen die Einnahmen der heimischen Verkehrsanstalten geschmälert werden würden. Infolgedessen werden Durchfuhrzölle in keinem Kulturstaate erhoben. In Deutschland sind sie auch nach Gründung des Zollvereins noch Jahrzehnte hindurch in Geltung geblieben. Für alle nicht auch von Eingangs- oder Ausgangszöllen freien Waren war ein allgemeiner Satz der Durchgangsabgabe festgesetzt. Für eine Reihe von Straßen und. von Waren bestanden jedoch ermäßigte Sätze. Sie dienten dazu, die einzelnen Staaten dagegen zu schützen, daß sich ein für ihre Gebiete bereits bestehender Durchgangsverkehr auf das Gebiet anderer Vereinsstaaten zöge. Mehr und mehr drohte aber dem Zollvereine die Gefahr, den Transitverkehr an das nicht zum Vereine gehörige, Durchgangsabgaben überhaupt nicht erhebende Ausland zu verlieren. So wurde zunächst auf der 9. Generalkonferenz eine Ermäßigung des allgemeinen Satzes und später im Anschluß an Verhandlungen, die dieserhalb auf der 13. und der 14. Generalkonferenz stattgehabt hatten[1]), durch besondere Vereinbarung die gänzliche Beseitigung der Durchgangsabgaben vom 1. März 1861 ab beschlossen. Der Grundsatz, daß von der Durchfuhr Abgaben nicht erhoben werden, kam dann im letzten Zollvereinigungsvertrag vom 8. Juli 1867 (Art. 3 § 1 Abs. 2) und demnächst im § 6 des Vereinszollgesetzes besonders zum Ausdruck. Das neue Zolltarifgesetz hat hieran ebensowenig etwas geändert wie das alte.

Ausgangszölle werden noch in vielen Staaten erhoben. Beispielsweise enthalten solche die Tarife von Österreich-Ungarn, Rußland, Rumänien und Italien. Sie werden in der Regel auf heimische Rohstoffe, welche von heimischen Industrien verarbeitet werden, gelegt und dienen dann dazu, im Interesse dieser Industrien den Abfluß der Rohstoffe nach dem Auslande und damit deren Verteuerung für die inländischen Abnehmer zu verhüten oder zu erschweren. Die Tarife des Zollvereins kannten ebenfalls für verschiedene Waren Ausgangszölle, doch nahm deren Zahl mehr und mehr ab. Der zuletzt allein verbliebene, im Interesse der heimischen Papierfabrikation eingeführte Lumpen-Ausfuhrzoll fiel bei der letzten im freihändlerischen Sinne durchgeführten Tarifreform vom Jahre 1873[2]). Seitdem sind neue Ausfuhrzölle in Deutschland nicht eingeführt und auch im neuen Tarif sind solche nicht vorgesehen. Es gilt noch heute die Bestimmung des § 5 VZG., daß bei der Ausfuhr die Zollfreiheit als Regel gilt und der Zolltarif die Ausnahmen ergibt.

---

[1]) Hauptprot. der 13. General-Konferenz 23 ff., Tarifprot. der 14. General-Konferenz 31 ff., ferner Hoffmann, Deutsches Zollrecht, 1 351.

[2]) StenB. d. RT. 1873, 4 Aktenst. Nr. 192, 975, RGBl. 1873. 241.

2. Gleichmäßige Wirkung des Tarifs.

Der vorstehend formulierte Grundsatz hat das Besondere, daß er weder allgemein, noch in allen seinen einzelnen Äußerungen und Konsequenzen im Tarif oder im Zolltarifgesetz ausdrücklich ausgesprochen ist. Der Grundsatz bedeutet nämlich, daß beim Übergang von Waren in den freien Verkehr des Zollgebiets der Tarif mit den in ihm für die einzelnen Waren oder Warengruppen bezeichneten Merkmalen zur Anwendung kommt ohne Rücksicht darauf,

1. in welchem Zustande der Erhaltung die Waren eingehen, insbesondere, ob sie neu oder gebraucht sind,
2. welchen Zwecken die Waren im Zollinlande dienen sollen,
3. wer der ausländische Absender und der inländische Empfänger der Waren ist,
4. zu welcher Zeit der Eingang erfolgt,
5. auf welchen Verkehrswegen die Waren eingehen, und
6. aus welchen Staaten sie kommen.

Man würde diese einzelnen Anwendungen des Grundsatzes im Tarif und im Tarifgesetz vergeblich suchen. Daß es für die Tarifierung unerheblich ist, ob die Waren neu oder gebraucht sind, ist in der Vorbemerkung 3 unter h des geltenden AWV. vorgeschrieben. Eine Anwendung des Satzes, daß das Herkunftsland ohne Einfluß ist, findet sich im VZG. insofern ausgesprochen, als nach § 4 die Zollpflichtigkeit der nach dem Tarif einem Zolle unterliegenden Waren ohne Rücksicht auf die etwaige Abstammung der Gegenstände aus dem freien Verkehr des Zollgebiets eintritt. Im übrigen ist die tatsächliche Anerkennung des mitgeteilten Grundsatzes in seinen einzelnen Anwendungen bei Aufstellung des Tarifs nur daraus zu entnehmen, daß der Tarif oder das Tarifgesetz nicht oder nur ausnahmsweise das Gegenteil bestimmen. Nichtsdestoweniger ist dieser ungeschriebene Grundsatz, abgesehen davon, daß er allgemein die Gewähr gibt für eine möglichst einfache und gleichmäßige Zollabfertigung, auch für die Entscheidung einzelner zweifelhafter Fälle zum Teil von erheblicher praktischer Bedeutung. In dieser Beziehung ist namentlich die Unerheblichkeit der Bestimmung der Ware für besondere Verwendungszwecke hervorzuheben. Es findet sich in Beschwerden über Tarifentscheidungen zuweilen die Behauptung, daß der geforderte Zoll im Verhältnis zu der Verwendung, welche die Ware im Zollinlande finden soll, zu hoch sei. Diese Behauptung kann, falls nicht ausdrücklich Ausnahmen zugelassen sind, niemals Berücksichtigung finden. Es kommt für die Zuweisung der Waren zu den einzelnen Tarifstellen lediglich darauf an, welche Beschaffenheit die Waren in dem Augenblicke haben, wo der Tarif anzuwenden ist. Dabei ist, um auch dies nochmals besonders zu betonen, das Wort „Beschaffenheit" nicht etwa im Sinne von „Erhaltung", sondern im Sinne des Vorhandenseins der nach dem Tarif für die Zuweisung zu den einzelnen Stellen vorgeschriebenen Merkmale zu verstehen.

Wie bereits angedeutet, schließt der Grundsatz das Vorhandensein von Ausnahmen und erleichternden Bestimmungen nicht aus. Zunächst seien kurz erwähnt einige solche erleichternde Vorschriften, die, weil sie nicht für bestimmte Waren, sondern für Waren aller Art gelten, nicht in das Gebiet des Tarifrechts, sondern in das des allgemeinen Zollrechts fallen. Hierher gehören die durch BRBeschl. zugelassene zollfreie Ablassung von Geschenken fremder Staatsoberhäupter, von Waren, die für beim Deutschen Reiche beglaubigte Botschafter und Gesandte usw. eingehen. Ferner ist hier zu erwähnen, daß in dem vorhin erwähnten § 4 VZG. die Einschränkung gebraucht ist „mit den im gegenwärtigen Gesetz (§§ 111—118) bestimmten Ausnahmen". Es handelt sich hier um die unter gewissen Voraussetzungen eintretende Zollfreilassung von Waren, die aus dem Inlande durch das Ausland nach dem Inlande gesandt, die auf ausländische Messen und Märkte, zu ausländischen Ausstellungen, in ausländische Veredelungsbetriebe geschickt werden und zurückkommen, um Retourwaren, Waren des kleinen Grenzverkehrs, inländische Strandgüter und sonstige aus dem freien Inlandsverkehr stammende und aus dem Auslande zurückkommende Gegenstände, für deren Zollfreilassung überwiegende Gründe der Billigkeit sprechen. Wenn der § 4 die hier aufgeführten Fälle als Ausnahmen von dem Grundsatze nennt, daß die Zollpflichtigkeit der eingehenden, nach dem Tarif einem Zolle unterliegenden Waren ohne Rücksicht auf deren inländische Abstammung eintritt, so erscheint, beiläufig bemerkt, diese Ausdrucksweise als nicht ganz genau. Denn die Zollpflichtigkeit der Waren tritt auch in jenen Fällen ein, es wird nur von deren Verwirklichung unter bestimmten Voraussetzungen abgesehen. Wenn jemand zollinländische Waren auf einen ausländischen Markt nimmt und die nicht verkauften bei der Rücknahme ohne Anmeldung über die Grenze bringt, so begeht er eine Zolldefraudation. Dies wäre nicht möglich, wenn eine Zollpflichtigkeit der Waren, wie man nach dem Wortlaut der Bestimmung annehmen könnte, nicht einträte[1]).

Aber auch das Tarifrecht selbst enthält Bestimmungen, welche sich als Ausnahmen von dem Grundsatz der gleichmäßigen Wirkung des Tarifs darstellen. Diese Ausnahmen beruhen teils auf autonomen Entschließungen der deutschen gesetzgebenden Gewalten, teils auf internationalen Vereinbarungen. Soweit die Vorschriften bestimmten Waren, wenn sie gebraucht, oder für besondere Zwecke bestimmt, oder für gewisse Empfänger (z. B. Grenzbewohner) eingegangen sind, unter gewissen Bedingungen Erleichterungen gegenüber den eigentlichen Tarifsätzen zugestehen, sind sie bei der zusammenfassenden Darstellung der Zollbefreiungen und Zollbegünstigungen des Tarifrechts zu berücksichtigen. Dagegen sind die Vorschriften hier, unter den leitenden Grundsätzen des Tarifs, insoweit zu behandeln, als sie selbst ein Teil des Zolltarifs in dem oben[2]) bezeichneten Sinne, also selbst zwingende Tarifsätze geworden sind. Es sind die Bestimmungen, die je nach der Zeit des Eingangs, je nach dem Verkehrswege, je nach dem Herkunftslande für gewisse Waren verschiedene Tarifsätze vorschreiben.

Lediglich historische Bedeutung haben nach Inkrafttreten des neuen Tarifs die Vorschriften, die eine unterschiedliche Behandlung von Waren mit Rücksicht auf den Eingangsweg bestimmen[3]). Der alte Tarif sieht eine solche für einige wenige Artikel, Salz und gewisse Steine und Steinwaren vor. Für diese Artikel ist, wenn sie seewärts eingehen, Zollfreiheit oder wenigstens Verzollung zu einem niedrigeren Satze, wenn sie auf anderen Wegen eingehen, Zollpflichtigkeit oder ein höherer Zollsatz festgesetzt. Die verschiedene Behandlung des Salzes beruhte

---

[1]) Vgl. Entsch. d. Ober-Tribunals vom 20. Dez. 1877 in Oppenhoff, Rechtsprechung **18** 814, Entsch. d. RG. vom 2. Juli 1883 in Entsch. i. Str. **9** 42.

[2]) Oben 35 (Vorbemerkung).

[3]) Begr. 9.

auf der Tarifreform von 1879. Sie war bestimmt, dem gefährlichen Wettbewerb zu begegnen, den die Erzeugnisse der französischen Salinen dem in Elsaß-Lothringen gewonnenen Salze bereiteten[1]). Wegen der Steine und Steinwaren wurden entsprechende Bestimmungen gelegentlich der Tarifnovelle von 1885 getroffen. Es wurden im Interesse der beteiligten heimischen Gewerbe Zollerhöhungen für Waren der Tarifnummer 33 — Steine und Steinwaren — für erforderlich erachtet. Durch die Maßregel wären aber die nördlichen und nordwestlichen Teile des Reichs, die mit ihrem Bedarf an hierher gehörigen Waren (z. B. Dachschiefer und gesägte Blöcke) fast ausschließlich auf den Bezug aus dem Auslande, namentlich Schweden und Norwegen angewiesen sind, besonders hart getroffen worden. Insbesondere erschien eine Vermeidung dieser Härte wünschenswert insoweit, als es sich um Waren handelte, die in Deutschland zu Arbeiten gemeinnütziger Art, wie Hafen- und Molenbauten, Chaussierungen usw. verwendet wurden[2]). Die Vergünstigungen sind nicht sämtlich bis jetzt wirksam geblieben. Diejenige für den Dachschiefer ist dadurch, daß durch den alten Handelsvertrag mit Österreich-Ungarn aller Dachschiefer dem bisher nur dem seewärts eingehenden zugestandenen ermäßigten Satze von 0,50 M. für 1 dz unterworfen wurde, gegenstandslos geworden.

Der neue Tarif hat mit der Begünstigung der seewärtigen Einfuhr, die nicht selten in der Abfertigungspraxis zu Zweifeln Anlaß gab, weil der Begriff „seewärts" nicht immer einwandsfrei festzustellen war, gänzlich aufgeräumt. Abgesehen von dem Streben, den Tarif einfacher und folgerichtiger zu gestalten, war für die veränderte Stellungnahme, soweit das Salz in Frage kam, die Erwägung maßgebend, daß, nachdem die nordwestdeutschen Salinen ihren Absatz mehr und mehr auf die vorgelagerten Küstengebiete ausgedehnt hatten, eine Erschwerung der Versorgung dieser Gebiete mit Salz und eine Steigerung des Kleinhandelspreises von einer höheren Zollbelastung des englischen Salzes nicht mehr zu befürchten war. Dem Bedarf des deutschen Küsten-

[1]) Vgl. das Nähere in dieser Beziehung in dem Aufsatz d. Verf. über die Salzabgabe, Zeitschrift für Zollwesen und Reichssteuern 1903, 170.

[2]) StenB. d. RT. 1882/1883 Anl., 5 Aktenst. Nr. 8, 106, 1884/1885 Anl., 5 Aktenst. Nr. 156, 569.

gebiets und der norddeutschen Tiefebene an ausländischen Steinen usw. war nach Auffassung der Begründung schon dadurch Rechnung getragen, daß neben den rohen und den bloß behauenen Steinen auch noch die an nicht mehr als drei Seiten mit der Säge bearbeiteten Blöcke zollfrei gelassen werden. Man ging davon aus, daß ein Bedürfnis für die Einfuhr des in jenen Gegenden benötigten Steinmaterials in gebrauchsfertigem Zustande nicht anzuerkennen sei, da sich die Zurichtung der rohen oder roh vorgearbeiteten Steine ebenso vorteilhaft im Inlande wie im Auslande vornehmen lasse. Für die Beseitigung dieser Vergünstigung sprach endlich auch, daß diejenigen auf den Bezug fremder Steine angewiesenen deutschen Besteller, denen der Rhein als Zufahrtstraße für die Waren diente, der Vergünstigung nicht teilhaftig werden, weil die vorliegenden Seeplätze nicht auf deutschem Gebiete liegen und deshalb die Einfuhr solcher Waren über die Zollgrenze nicht als seewärtige angesehen werden kann, eine Ungleichmäßigkeit, die vielfach Anlaß zu berechtigten Klagen gegeben hat[1]).

Die Vorschrift, daß einzelne Waren zu gewissen Jahreszeiten anders behandelt werden, als zu anderen, ist umgekehrt, während sie dem alten Tarifrecht fremd war, in den neuen Tarif erst aufgenommen worden. Auf die Erwägungen, die dazu geführt haben, solche sog. Saisonzölle — sie kommen vor bei Kartoffeln und einzelnen Obstsorten — zu schaffen, wird weiter unten bei Darlegung der für die Gestaltung des Tarifs im einzelnen bestimmend gewesenen Gesichtspunkte einzugehen sein[2]).

Ausführlicher sind dagegen hier die Fälle zu behandeln, in denen die Tarifierung der Waren je nach ihrer Herkunft verschieden ist. Der Grundsatz, daß auch die Herkunft der Waren im allgemeinen ohne Einfluß auf die Tarifierung bleibt, gilt nicht für alle Tarife. Insbesondere ist hier das in Frankreich ausgebildete System der sog. surtaxe d'entrepôt, des Zollzuschlages für Zwischenlagerung, zu erwähnen. Der französische Tarif enthält im Anschluß an den Einfuhr- und den Ausfuhrtarif in zwei weiteren Abschnitten Zuschlagszölle einerseits auf Erzeugnisse außereuropäischen Ursprungs, welche von europäischen Ländern

---

[1]) Begr. 9, 163, 184, 185, 399, 400, vgl. auch StenB. d. RT. 1903/1905, Aktenst. 543, Denkschrift Anl. III, 41 und Anm.

[2]) Unten 70, 71.

aus eingeführt, anderseits auf Erzeugnisse europäischen Ursprungs, wenn sie nicht aus den Erzeugungsländern eingeführt sind. Die Zuschlagszölle ersterer Art sind für etwa 30 Waren und Warengruppen ihrer Höhe nach besonders geregelt, einige wenige Waren sind von dem Zuschlage freigelassen, alle übrigen außereuropäischen hierher gehörigen Waren unterliegen dagegen einem Einheitssatze des Zuschlagszolles von 3,60 Fr. für 1 dz. Von europäischen nicht unmittelbar aus den Erzeugungsländern eingeführten Waren sind etwa dreißig einzelne Waren usw. einem für jede besonders festgesetzten Zuschlagszoll unterworfen[1]).

Zweck der Zuschlagszölle ist, im Interesse der heimischen Schiffahrt und Eisenbahnen die unmittelbare Einfuhr fremder, im Inlande zu verbrauchender oder zu verarbeitender Erzeugnisse zu fördern und zugleich einer Verteuerung solcher Erzeugnisse im Interesse der heimischen Verbraucher oder Industrien vorzubeugen. Diesen unleugbaren Vorzügen steht indessen das Bedenken gegenüber, daß die Zollabfertigung unter der Herrschaft der surtaxe d'entrepôt wegen der Notwendigkeit, in zahlreichen Fällen die Herkunft der vorgeführten Waren festzustellen, sehr viel umständlicher und schwieriger werden muß, als sie ohne diese Einrichtung ist. Vielleicht hat diese Erkenntnis den Grund abgegeben, in Deutschland bisher von einer derartigen Regelung abzusehen. Bei Schaffung des neuen Tarifs hat man darauf verzichtet, eine Änderung des bestehenden erprobten Zustandes eintreten zu lassen[2]).

Ohne Ausnahmen ist indessen die Regel, daß die Herkunft der Waren ohne Einfluß ist, auch im neuen Tarif nicht geblieben. Der § 1 d. G. deutet auf das Vorhandensein solcher Ausnahmen durch die Worte hin, daß bei der Einfuhr Zölle nach Maßgabe des Tarifs erhoben werden sollen, „soweit nicht für die Einfuhr aus bestimmten Ländern andere Vorschriften gelten". Unter diesen Ausnahmen ist an erster Stelle das im § 10 d. G. behandelte Retorsionsrecht, das Recht der Kampfzölle, hervorzuheben.

Bis zur Tarifreform von 1879 waren Kampfzölle dem deutschen Tarifrecht unbekannt. Es ist bereits früher erwähnt,

---

[1]) Hand. Arch. 1892, 1 367, 368.

[2]) Begr. 9.

daß einige Jahre vorher, als an maßgebender Stelle Zweifel an der Richtigkeit des Freihandelsprinzips sich geltend machten, zweimal versucht worden ist, zur Beseitigung von Nachteilen, die sich für gewisse heimische Gewerbe durch Gewährung von Exportprämien in Nachbarländern ergaben, Ausgleichszölle auf die so begünstigten Waren zu legen, und daß diese Versuche zu keinem Ergebnis führten[1]). Der erste Entwurf beabsichtigte, die Festsetzung der Ausgleichszölle für bestimmt bezeichnete Waren im Bedarfsfalle durch Kaiserliche Verordnung herbeizuführen, während im zweiten Entwurf auch die einzelnen Sätze bereits genau vorgesehen waren.

Der Tarifentwurf von 1879 sah von den Ausgleichszöllen ganz ab, wohl deshalb, weil die Wiedereinführung der Eisenzölle geeignet schien, den Klagen der deutschen Eisenindustriellen über die in dieser Beziehung vorzugsweise in Betracht kommenden französischen Ausfuhrprämien für Eisen abzuhelfen. Dagegen wurde unter Hinweis auf Vorgänge in anderen Staaten beantragt[2]) und demnächst auch zum Gesetz erhoben die Vorschrift, daß Waren, welche aus Staaten kommen, die deutsche Schiffe oder Waren deutscher Herkunft ungünstiger behandeln, als diejenigen anderer Staaten, soweit nicht Vertragsbestimmungen entgegenstehen, mit einem Zuschlage bis zu 50 % der tarifmäßigen Eingangsabgabe belegt werden können[3]). Der Erlaß der Anordnungen wurde Kaiserlicher, nach erfolgter Zustimmung des Bundesrats zu erlassender Verordnung vorbehalten. Auf Wunsch des Reichstags wurde die Vorschrift noch, wie dies neuerdings häufig der Fall, dahin ergänzt, daß die Verordnung dem Reichstag sofort oder, wenn er nicht versammelt, bei seinem nächsten Zusammentritt vorzulegen und außer Kraft zu setzen ist, wenn der Reichstag seine Zustimmung nicht erteilt.

Die so gefaßte Vorschrift wies eine Lücke insofern auf, als es nicht möglich war, zum Nachteil von Staaten, die man durch solche Kampfmaßregeln treffen wollte, auch tarifmäßig zollfreie Waren mit einem Zolle zu belegen. Diese Lücke wurde infolge der Initiative des Reichstags beseitigt. Gelegentlich der

---

[1]) Vgl. oben 28.

[2]) StenB. d. RT. 1879, 5 Aktenst. Nr. 132 A, 787.

[3]) § 6 G. vom 15. Juli 1879.

Erörterungen über den Zollkrieg mit Spanien wurde im Reichstage ein Gesetzentwurf beschlossen, der auf eine Verstärkung der dem Kaiser und dem Bundesrat durch § 6 beigelegten Befugnisse abzielte und in der beschlossenen Fassung auch die Zustimmung des Bundesrats fand[1]). Die Verstärkung bestand darin, daß

1. tarifmäßig zollfreie Waren der Entrichtung eines Zolles in Höhe bis zu 20% des Wertes unterworfen und
2. der Zuschlag für zollpflichtige Waren nicht nur bis zu 50, sondern bis zu 100% der tarifmäßigen Eingangsabgabe gesteigert werden kann.

Der Entwurf zum neuen Tarifgesetz, der die Bestimmungen so, wie vorstehend angegeben, vervollständigt vorfand, ging auf Grund der bei den früheren Zollkriegen gemachten Erfahrungen und im Hinblick auf die Verschärfung des Wettbewerbs auf allen Gebieten des Handels und Verkehrs von der Auffassung aus, daß nicht nur die Beibehaltung derartiger Abwehr- und Vergeltungsmaßregeln, sondern auch ihre weitere Verbesserung für den Fall fernerer Zollkriege geboten sei. Als solche Verbesserungen wurden vorgeschlagen

a) die Möglichkeit, an Stelle der Steigerung des Zollzuschlages für zollpflichtige Waren bis zum doppelten Betrage des tarifmäßigen Satzes einen Zuschlag bis zur vollen Höhe des Wertes der Waren festzusetzen,
b) die Belastung tarifmäßig zollfreier Waren über 20% hinaus bis zur Hälfte des Wertes[2]).

Die neuen Vorschläge fanden die Billigung des Reichstags. Er ging sogar noch über die Wünsche der Regierungen hinaus, indem er den Bundesrat mit Befugnissen auch für den Fall ausrüstete, daß fremde Staaten unsere Einfuhr ungünstiger behandeln, als ihre Ausfuhr bei uns behandelt wird, ohne daß jedoch dabei eine Differenzierung deutscher Waren gegenüber denjenigen anderer Staaten stattfindet. Es sollte die Möglichkeit gegeben werden, Waren aus solchen Ländern zollrechtlich ebenso zu behandeln, wie daselbst deutsche Waren behandelt werden. Man wollte, wie dies bei der Kommissionsberatung von einer Seite

---

[1]) StenB. d. RT. 1894/1895, **1** 563, **5** 1827, 2028, Anl. **1** Aktenst. Nr. 170, **2** Aktenst. Nr. 175, 279, Prot. d. BR. 1895, §§ 281, 306.

[2]) Begr. 31.

ausgedrückt wurde, Kampfmittel schaffen gegenüber Staaten, „die alle übrigen gleichmäßig schlecht behandeln“[1]). Der Reichstag nahm hiermit, wenn darauf auch im Kommissionsbericht nicht hingedeutet ist, einen Gedanken wieder auf — in etwas veränderter Form —, der bereits in dem Bismarckschen Reformentwurf von 1879 zum Ausdruck gelangt war[2]), die Zustimmung des Reichstags aber nicht erlangt hatte. Es war damals ein Zuschlag bis zum Doppelten der tarifmäßigen Eingangsabgabe auch gegenüber Waren aus solchen Staaten vorgesehen, „welche deutsche Erzeugnisse mit einem erheblich höheren Einfuhrzoll belasten, als solcher von ausländischen Erzeugnissen bei der Einfuhr in das deutsche Zollgebiet erhoben wird“. Ob die Vorschrift in der vom Reichstag nunmehr beschlossenen und sodann Gesetz gewordenen Fassung häufig praktisch werden wird, muß abgewartet werden. Seitens der Regierungsvertreter wurde schon bei der Kommissionsberatung darauf hingewiesen[3]), wie schwierig es für die Abfertigungspraxis werden und zu welchen Ungleichheiten es führen müßte, wenn gewisse Waren bei der Einfuhr aus gewissen Ländern nach einem, dem unserigen ganz fremden Tarifsystem behandelt würden.

Als Ergebnis der vorstehend dargelegten historischen Entwicklung ist somit festzustellen, daß nach dem neuen Gesetz das Retorsionsrecht folgendermaßen geregelt ist.

Nach erfolgter Zustimmung des Bundesrats und vorbehaltlich der baldmöglichst herbeizuführenden Zustimmung des Reichstags können durch Kaiserliche Verordnung festgesetzt werden:

1. gegenüber Waren aus Ländern, welche deutsche Schiffe oder Waren ungünstiger als diejenigen anderer Länder behandeln

   für zollpflichtige Waren Zollzuschläge

   entweder bis zum Doppelten des tarifmäßigen Zolles, oder bis zum vollen Werte der Ware,

   für zollfreie Waren Zölle, deren Höhe die Hälfte des Wertes erreichen darf;

[1]) KommB. 4351 ff.

[2]) StenB. d. RT. 1879, 5 758, 785.

[3]) KommB. 4353.

2. gegenüber allen Ländern, auch wenn sie deutsche Waren oder Schiffe nicht ungünstiger, als diejenigen anderer Länder behandeln, soweit nicht Vertragsbestimmungen entgegenstehen,

die Unterwerfung der aus den betreffenden Ländern herstammenden Waren unter dieselben Zölle und Zollabfertigungsvorschriften, die im Ursprungslande auf deutsche Waren Anwendung finden.

Es ist hervorzuheben, daß die Klausel „soweit nicht Vertragsbestimmungen entgegenstehen" nicht bei den unter 1, wohl aber bei den unter 2 erwähnten Vorschriften erscheint. Dies hat seinen guten Grund. Wenn ein Staat, mit dem wir in einem Vertragsverhältnisse stehen, trotzdem deutsche Waaren gegenüber anderen differenzieren sollte, so wäre er vertragsbrüchig, und es wäre nicht angängig, deutscherseits nur wegen des formell fortbestehenden Vertragsverhältnisses auf Vergeltungsmaßregeln zu verzichten. Werden aber Zollmaßregeln, die ein Vertragsstaat nicht allein gegenüber Deutschland, sondern gegenüber allen Ländern in Wirksamkeit setzt, für Deutschland nachteilig, so kann die deutsche Regierung, wenn anders sie nicht ihrerseits vertragsbrüchig werden will, zu Abwehrmaßregeln handelspolitischer Natur selbstredend nur insoweit greifen, als der Vertrag dies zuläßt. Die Fassung des neuen Gesetzes ist in dieser Beziehung folgerichtiger als die des bisherigen. Denn obwohl letzteres nur die Maßnahmen gegen eine Differenzierung deutscher Waren behandelte, enthielt es den Vorbehalt entgegenstehender Vertragsbestimmungen.

Von auswärtigen Staaten, deren Gesetze ähnliche Vorschriften enthalten, seien Österreich-Ungarn und Frankreich erwähnt[1]). In Österreich-Ungarn ist für den Fall der Differenzierung heimischer Waren für zollpflichtige Güter ein Zollzuschlag von 30 v. H., für zollfreie ein im Verordnungswege zu bestimmender Zoll von 15 v. H. des Handelswertes der Waren vorgesehen. Sehr weite Grenzen zieht das französische Tarifgesetz dem Ermessen der Regierung bei Ergreifung von Kampfmaßregeln. Sie wird ermächtigt, auf Waren derjenigen Länder, welche französische Waren mit Zuschlägen oder mit dem Einfuhrverbot belegen, im ganzen oder zum Teil Zuschläge oder Einfuhrverbote in An-

[1]) Hand. Arch. 1892, 1 310 Art. 8, ferner Begr. 31.

wendung zu bringen. Ähnlich, wie dies bei uns vorgeschrieben, muß auch in Frankreich alsbald die Zustimmung der Kammern zu den getroffenen Maßnahmen eingeholt werden.

Neben der auf autonomen Entschließungen beruhenden Durchbrechung der Regel der gleichmäßigen Behandlung aller Herkünfte gibt es auch Ausnahmen, die auf Verträgen mit anderen Staaten beruhen.

Hier ist zunächst die besondere Behandlung zu erwähnen, welche infolge vertragsmäßiger Abmachungen mit anderen Staaten der Zucker erfährt.

Durch Art. 3 des am 5. März 1902 vom Deutschen Reich mit verschiedenen fremden Staaten geschlossenen Vertrages über die Behandlung des Zuckers, der Brüsseler Konvention, ist der Überzoll, der Unterschied zwischen dem Betrage des Zolles, dem der ausländische Zucker unterliegt, und dem Betrage der Steuer, die von dem einheimischen Zucker zu entrichten ist, seiner Höhe nach begrenzt worden. Er darf bei raffiniertem und solchem Zucker, der diesem gleichgestellt werden kann, höchstens 4,80 M., bei anderem Zucker höchstens 4,40 M, betragen. Da die deutsche Zuckersteuer jetzt 14,00 M. beträgt, darf somit ausländischer Zucker, soweit die Konvention Anwendung findet, an Zoll höchstens 14 + 4,40 oder 4,80 = 18,40 M. oder 18,80 M. entrichten. Durch eine aus Anlaß der Konvention in das deutsche Zuckersteuergesetz aufgenommene neue gesetzliche Bestimmung (§ 80 Abs. 3) ist für die Dauer der Konvention gesichert, daß der Zuckerzoll in jenem zulässigen Höchstbetrag auch tatsächlich erhoben wird.

Auf Grund einer weiteren Bestimmung des Brüsseler Vertrages (Art. 4), nach der die beteiligten Staaten verpflichtet sind, Zucker aus Ländern, welche für die Erzeugung oder die Ausfuhr Prämien bewilligen, bei der Einfuhr in ihr Gebiet mit einem besonderen Zolle zu belegen, sind vom Reichskanzler die Zuschlagszölle bekannt gemacht worden, die von Zucker aus den einzelnen hierher gehörigen sog. Prämienländern erhoben werden müssen[1]), Ihr Betrag entspricht den Beschlüssen der gemäß Art. 7 des Vertrages gebildeten ständigen Kommission in Brüssel.

Infolge dieser Entwicklung der Gesetzgebung haben wir nun nebeneinander drei Sätze des Zuckerzolls:

---

[1]) RZBl. 1903, 629.

1. den autonomen Satz des Tarifs — alter No. 25x, neuer No. 176 — 40 M für 1 dz,
2. den infolge der Konvention ermäßigten Satz von 18,40 oder 18,80 M. für 1 dz,
3. die Zuschlagszölle für Prämienzucker.

Es sind Zweifel darüber entstanden, gegenüber welchen Herkünften der Satz zu 1 und gegenüber welchen die Sätze zu 2 anzuwenden wären und ob die Zuschläge (zu 3) dem Satz zu 1 oder den Sätzen zu 2 hinzuzutreten hätten. Von der Ansicht ausgehend, daß in der Regel ein Vertrag Recht nur unter seinen Teilnehmern schafft, wurde die Meinung vertreten, daß die Sätze zu 2 nur gegenüber den am Vertrage beteiligten, der Satz zu 1 den übrigen Ländern gegenüber anzuwenden und letzterem Satze auch die besonderen unter 3 erwähnten Zölle zuzuschlagen wären. Es ist jedoch über die Ansicht Einverständnis erzielt worden, daß aller fremde Zucker grundsätzlich den ermäßigten Sätzen zu 2 unterliegt und gegebenenfalls nur diese Sätze um die für Prämienzucker vorgeschriebenen Zuschlagsätze zu steigern sind. Man ging bei dieser Stellungnahme aus einerseits von dem Wortlaut des Artikels 3 der Konvention, welcher den Überzoll allgemein für „ausländischen" Zucker bindet, anderseits von dem Zweck, den die Begrenzung des Überzolls verfolgte. Er bestand darin, den in Deutschland und Österreich bestehenden Vereinigungen der Zuckerindustriellen, den Zuckerkartellen, welche unter dem Schutze hoher Zölle den Inlandspreis hochgehalten hatten, um auf dem Weltmarkt billig liefern zu können, entgegen zu wirken, um der Überproduktion und dem auf dem Weltmarktpreis ruhenden Druck abzuhelfen[1]). Die ermäßigten Sätze gelten daher ohne Rücksicht darauf, ob wir mit den Ursprungsländern im Meistbegünstigungs-Verhältnis stehen oder nicht.

Was anderseits die Zölle auf Prämienzucker anbetrifft, so gelten sie auch gegenüber solchen Prämienländern, welche, wie Rußland, in Deutschland Meistbegünstigung genießen. Deutschland hat sich somit diesen Ländern gegenüber auf den Standpunkt gestellt, daß die Meistbegünstigungsklausel innerhalb des Geltungsgebiets der Konvention infolge der in dieser übernommenen internationalen Verpflichtungen unwirksam geworden

[1]) Denkschrift zur Brüsseler Konvention, Drucks. d. BR. Nr. 55 für 1902, 25/26.

ist. In dem neuen Zusatzvertrage mit Rußland ist dieser Standpunkt anerkannt worden. Rußland hat in einem Protokoll der deutschen Regierung das Recht zugestanden, innerhalb der von der ständigen Kommission in Brüssel gezogenen Grenzen und während der Dauer der Brüsseler Konvention und Deutschlands Teilnahme an ihr von dem zum inneren Verbrauch in Deutschland bestimmten russischen Zucker Zuschlagszoll zu erheben[1]).

Die Geltung des autonomen Satzes von 40 M. ist infolge der dem Art. 3 gegebenen Auslegung nur noch eine sehr beschränkte. Er kommt nur noch auf Zuckerstoffe zur Anwendung, für welche entweder ein Ursprungsnachweis nicht geführt werden kann, von denen also nicht feststeht, ob sie aus Prämienländern stammen, oder auf welche die Konvention keine Anwendung findet, wie zB. Melasse und andere Zuckerabläufe[2]).

Von erheblich größerer und umfassenderer Bedeutung für unsern Tarif sind aber die Tarifverträge. In diesen kommt eine Bindung der Zölle, eine Beschränkung des Rechts der deutschen gesetzgebenden Gewalt, diese Zölle selbständig festzusetzen, insofern vor, als

1. von bestimmten Waren, sofern sie Erzeugnisse der Vertragsländer sind, nicht höhere Zölle erhoben werden dürfen, als sie der zur Zeit des Vertragsschlusses geltende Tarif vorschreibt oder
2. von anderen Waren unter der gleichen Voraussetzung niedrigere Zölle, als die tarifmäßigen, erhoben werden, oder tarifmäßig zollpflichtige Waren zollfrei bleiben müssen.

Als ein Beispiel einer Bindung ersterer Art sei erwähnt, daß nach dem neuen Handelsvertrage mit Belgien[3]) Pflüge für Kraftbetrieb auch mit zugehörigen Kraftmaschinen, sowie Mähmaschinen,

[1]) StenB. d. RT. 1903/1905, Aktenst. 543, Denkschrift 16.

[2]) Vgl. die in der vor. Anm. erwähnte Drucks. 33, Amtliche Nachrichten des Hamburgischen Generalzolldirektors 1903, 303. Daß Zucker, dessen Ursprung nicht nachgewiesen wird, dem Satze von 40 M. unterliegt, folgt aus der Fassung des Artikels „Zucker" im AWV. unter 1a und 2a. Daselbst ist die Anwendung der ermäßigten Sätze u. a. auch vom Nachweis des Ursprungs abhängig gemacht, während „im übrigen", d. h. z. B. wenn der Nachweis nicht erbracht wird, der autonome Satz Anwendung findet, sofern es sich nicht um Prämienzucker handelt.

[3]) StenB. d. RT. 1903/1905, Aktenst. 543 B 72.

wenn sie belgische Gewerbserzeugnisse sind, keinem höheren Zoll als 4 M. für 1 dz unterworfen werden dürfen. Da auch der autonome deutsche Tarif (Nummer 905) die bezeichneten Waren ausdrücklich diesem Satze unterwirft, hat die Vertragsbestimmung nur die Bedeutung, daß sie künftige Erhöhungen des autonomen Satzes zum Nachteil der belgischen Erzeugnisse ausschließt. Für die zu erörternde Frage kommen nur die zu 2 erwähnten Bindungen in Betracht. Es würde zu weit führen, alle Waren zu nennen, die auf Grund der Handelsverträge Zollermäßigung oder Zollfreiheit genießen. Welche Waren überhaupt in dieser Weise begünstigt sind, das lehren der Text des Tarifs und das AWV., wo durch besonderen Druck und das Wort „vertragsmäßig" die erforderlichen Hinweise gegeben sind. Welche Begünstigungen aber die einzelnen Staaten sich ausbedungen haben, lassen die Verträge und die ihnen als Anlagen beigegebenen Vertragstarife ersehen[1]). Sie betreffen die Waren, an deren erleichterter Einfuhr nach Deutschland die einzelnen Länder nach ihren Produktionsverhältnissen besonders interessiert sind. So kommen beispielsweise für den österreichisch-ungarischen und den russischen Vertragstarif Getreide und Holz, für den italienischen Südfrüchte und Wein, für den schweizerischen Spinnstoffe besonders in Betracht.

Die wichtigere Frage, wann im einzelnen Falle die Vertragssätze anzuwenden sind, ist der Erörterung an anderer Stelle, bei Behandlung der Tarifanwendung, im Zusammenhang mit den Ursprungszeugnissen, vorbehalten.

Die vertragsmäßigen Sätze und Zollfreiheiten kommen nicht allein fremden, mit uns durch Tarif- oder Meistbegünstigungsverträge verbundenen Staaten zu gute. Es gibt Teile deutschen Gebietes, die trotz dieser ihrer Eigenschaft nicht innerhalb der deutschen Zollinie gelegen sind und deren Erzeugnisse daher, wenn sie nach Überschreitung dieser Linie in den freien Verkehr treten, der Behandlung nach dem deutschen Tarif unterworfen sind. Es handelt sich hier um

---

[1]) Vgl. für die Vergangenheit und Gegenwart z. B. die Verträge mit Österreich-Ungarn, Italien, Schweiz, Belgien, Rußland RGBl. 1892, 3 ff., 97 ff., 195 ff., 241 ff.; 1894, 153; für die Zukunft StenB. d. RT. 1903/1905, Aktenst. 543: A. 24 ff., B. 40 ff., C. 99 ff., D. 11 ff., E. 11 ff., F. 25 ff., G. 13 ff.

1. die deutschen Kolonien und Schutzgebiete,
2. die deutschen Zollausschlüsse.

Das Reich besitzt gegenwärtig an überseeischen Besitzungen die folgenden: das ostafrikanische Schutzgebiet, die Schutzgebiete Kamerun und Togo, das südwestafrikanische Schutzgebiet, das Schutzgebiet Neuguinea, die Verwaltung der Karolinen, Palau und Marianen, die Schutzgebiete Samoa und Kiautschou.

Die Zollausschlüsse, die ihre gesetzliche Grundlage in dem § 16 Abs. 1 VZG. und den Artikeln 33 oder 34 der Reichsverfassung finden, sind bekanntlich Teile des Reichsgebiets, die aus besonderen Gründen außerhalb der Zollgrenze liegen und daher zollrechtlich als Ausland gelten. Gegenwärtig gehören hierher einige badische Gemeinden und die Insel Helgoland, die lediglich ihrer geographischen Lage wegen nicht in die Zollinie eingeschlossen sind, ferner die Freihafengebiete von Hamburg, Cuxhaven, Bremerhaven, Geestemünde, Emden und Bremen[1]).

Für die Einfuhr von Erzeugnissen von Zollausschlüssen in das Zollgebiet kommt fast ausschließlich das Freihafengebiet Hamburg in Betracht, da nur in diesem die unbeschränkte Anlegung von industriellen Großbetrieben gestattet ist[2]), Für die übrigen Freihäfen sind von privaten industriellen Betrieben nur der Bau und die Reparatur, oder auch nur die Reparatur und Ausrüstung von Seeschiffen zugelassen. Man wird im allgemeinen sagen dürfen, daß die Waren, die aus den erwähnten Gebieten eingehen, nicht bloß formell und zolltechnisch, weil sie eben über die Zollgrenze kommen, sondern auch wirtschaftlich für uns ausländische Waren sind. Denn ihre Gewinnung und Erzeugung findet insofern unter anderen Bedingungen, als innerhalb des Zollgebiets statt, als die Einfuhr in jene Gebiete von außen her entweder überhaupt keinen Zöllen oder doch solchen unterliegt, die durchaus abweichend von den bei uns geltenden normiert sind. Man braucht nur an zwei Fabrikanten von Likören zu denken, von denen der eine im hamburgischen Freihafengebiete unverzollten, der andere in der Zollstadt Hamburg verzollten oder mit der Inlandssteuer belasteten Branntwein verwendet. Anderseits muß

---

[1]) Vgl. Behr, Zollausschlüsse und freie Niederlagen, Zeitschrift für Zollwesen und Reichssteuern I 195, ferner BRBeschl. vom 17. April 1902 und 13. Januar 1904 §§ 253, 32 d. Prot.

[2]) Vgl. Ziff. 1 Abs. 3 des hamburgischen Zollanschlußvertrages v. 25. Mai 1881.

aber zugegeben werden, daß es für die Regel unbillig wäre, diese fremden Waren, deren Herstellung innerhalb der Hoheitsgrenzen des Reichs erfolgt, und die überwiegend als Erzeugnisse deutschen Gewerbfleißes anzusehen sind, ungünstiger zu behandeln, als Waren aus Ländern, die uns als einzigen Entgelt für den Genuß unseres Vertragstarifs die Meistbegünstigung zugestanden haben.

Wohl aus solchen Erwägungen heraus ist bisher tatsächlich ohne besondere gesetzliche Ermächtigung den Erzeugnissen der Schutzgebiete, Kolonien und Zollausschlüsse der Mitgenuß unseres Vertragstarifs gewährt worden. Der Entwurf des neuen Gesetzes sah die gesetzliche Fixierung dieses tatsächlichen Zustandes für die Folge in der Weise vor, daß

1. den Erzeugnissen der Zollausschlüsse der Vertragstarif allgemein zugestanden und nur dem Bundesrat das Recht vorbehalten werden sollte, im Falle eines eintretenden Bedürfnisses Ausnahmen vorzuschreiben,
2. der Bundesrat zu ermächtigen wäre, die zu 1 erwähnte Vergünstigung den Kolonien und Schutzgebieten zu erteilen[1]).

Mit der Ermächtigung des Bundesrats im Falle zu 1, Ausnahmen vorzuschreiben, war die Absicht verbunden, die Möglichkeit rascher Abhilfe, besonders für den Fall zu sichern, daß bei Zollkriegen versucht würde, die Herkunft von Waren zu verschleiern, welche aus Ländern, mit denen wir im Zollkriege sind, stammen, in den Zollausschlüssen veredelt und dann in das Zollgebiet eingeführt werden[2]).

Der Vorschlag des Entwurfs, die Unterwerfung der Erzeugnisse unserer Kolonien usw. unter den Vertragstarif nicht gesetzlich festzulegen, sondern die Entscheidung in das Ermessen des Bundesrats zu stellen, wird aus der Erwägung hervorgegangen sein, daß einerseits unsere jungen Kolonien noch in der Entwicklung begriffen sind und anderseits möglicherweise für diese Frage auch die Behandlung, die andere Kolonialmächte den Erzeugnissen ihrer auswärtigen Besitzungen zuteil werden lassen, von Interesse werden kann.

Die Vorschläge des Entwurfs sind in der Hauptsache Gesetz geworden. Bezüglich der Erzeugnisse der Zollausschlußgebiete

---

[1]) Begr. 23.

[2]) KommB. 13, 22.

wurde nur, um letzteren noch einen erhöhten Schutz zu gewähren, die uns bereits bekannte Klausel, daß die etwaigen Ausnahmevorschriften des Bundesrats dem Reichstag sofort oder bei seinem nächsten Zusammentreten vorzulegen und außer Kraft zu setzen sind, wenn der Reichstag seine Zustimmung nicht erteilt, auf Anregung der Kommission in das Gesetz eingefügt[1]).

Nicht von der Kommission vertreten ist dagegen außer anderen, bei ihren Beratungen gestellten Anträgen einer, welcher die Erhebung von Zöllen in den deutschen Kolonien für daselbst eingeführte deutsche Waren verboten wissen wollte[2]). Zur Begründung war angeführt, daß den Deutschen in den Kolonien der Bezug deutscher Waren durch Erhebung von Zöllen nicht verteuert oder erschwert werden dürfte. Die Annahme des Antrages scheiterte an der Erwägung, daß das Finanzwesen unserer überseeischen Besitzungen sich zum großen Teil auf ihre Zolleinnahmen stützt, und daß es im Hinblick auf unsere zollpolitischen Verhältnisse zu den Kolonien anderer Länder bedenklich sein würde, der deutschen Warenausfuhr nach unseren Kolonien ohne weiteres Zollfreiheit zuzugestehen. Man wird diese Bedenken nur für gerechtfertigt ansehen können. Von unseren Besitzungen erhält sich bis jetzt nur Togo aus eigenen Einnahmen. Ob dieser erfreuliche Zustand in der kleinen Besitzung auch nach Wegfall eines großen Teils der Zolleinnahmen von Dauer geblieben sein würde, muß bezweifelt werden. Sicher aber hätten die Reichszuschüsse, die zur Ausgleichung der Etats der übrigen Kolonien und Schutzgebiete immer noch nötig sind, bei Annahme jenes Antrags eine weitere Steigerung erfahren. Erinnert man sich ferner des Ursprungs unserer handelspolitischen Meinungsverschiedenheiten mit Kanada und des Unwillens, der hier und da in Deutschland sich regte, als auch andere Kolonien dem englischen Mutterlande besondere Zollvorteile einräumten[3]), so bedarf es keines Nachweises, daß die von den Gegnern des Antrags geäußerte Befürchtung, das Betreten des vorgeschlagenen Weges könnte uns zu weiteren Zollschwierigkeiten mit anderen Ländern führen, wohl berechtigt war.

---

[1]) G. § 1 Abs. 3; KommB. 4343.

[2]) KommB. ebenda.

[3]) Oben 18.

Daß der Bundesrat bei Inkrafttreten des Gesetzes von der ihm bezüglich der Schutzgebiete und Kolonien beigelegten Befugnis Gebrauch machen, also den bestehenden Zustand belassen wird, darf angenommen werden. Ob der Erlaß von Ausnahmebestimmungen für die Zollausschlüsse praktisch werden wird, dürfte dagegen bezweifelt werden können. Was das, wie oben erwähnt[1]), in dieser Beziehung fast allein in Betracht kommende Freihafengebiet Hamburg anbetrifft, so ist die die Zulassung industrieller Großbetriebe regelnde Vertragsbestimmung hamburgischerseits stets so ausgelegt worden, daß im allgemeinen nur für den Export arbeitende Großbetriebe zugelassen werden. Besteht aber nach der Art der in Freihafenfabriken herstellbaren Waren auch nur entfernt die Möglichkeit, daß deren Einfuhr in das Zollgebiet zu zolltechnischen oder wirtschaftspolitischen Schwierigkeiten irgend welcher Art Anlaß geben könnte, so trifft die hamburgische oberste Landesfinanzbehörde Vorsorge, daß jede, auch eine nur ausnahmsweise Einfuhr der Waren den Fabrikanten durch Vertragsbestimmung verboten wird. Ein Bedürfnis für den Bundesrat, von der ihm beigelegten Befugnis Gebrauch zu machen, wird sich hiernach wohl nur unter ganz besonderen, kaum vorauszusehenden Umständen ergeben.

3. Höhe des Zolles der einzelnen Waren; Zollfreiheit.

Der § 3 VZG. bestimmt, daß die aus dem Auslande eingehenden Gegenstände zollfrei sind, soweit nicht der Zolltarif einen Eingangszoll festsetzt. Diese für die Zeiten des Freihandels, wie er bei Erlaß des Zollgesetzes herrschend war, durchaus zutreffende Vorschrift stand mit dem, bei der Reform von 1879 geschaffenen Tarif, der die Mehrzahl der aufgeführten Warengruppen mit Zöllen belegte, nicht mehr im Einklang. Der Entwurf zum neuen Zolltarifgesetz schlug deshalb die Beseitigung der Vorschrift vor. Zugleich wurde für den Fall, daß ungeachtet der weitgehenden Spezialisierung des Tarifs noch Waren hergestellt und eingeführt werden sollten, deren Unterbringung unter einer der vorhandenen Nummern nicht möglich wäre, eine Bestimmung des Inhalts vorgeschlagen, daß solche Waren denjenigen Tarifstellen zuzuweisen seien, in denen die ihnen nach

[1]) Oben 62.

Beschaffenheit oder Verwendungszweck am nächsten stehenden Waren aufgeführt sind [1]). Die Reichstagskommission erachtete indessen die Aufrechthaltung des bestehenden Zustandes für erwünscht und strich die bezeichneten Vorschriften des Entwurfs. Die Stellungnahme der Kommission, die auch für die Fassung des neuen Gesetzes maßgebend blieb, kann man vielleicht als ein formelles Zugeständnis an die freihändlerische Richtung bezeichnen. Materiell ist sie ohne erhebliche Bedeutung. Selbst unter der Herrschaft des bisherigen, viel weniger fein gegliederten Tarifs sind nur zwei Artikel (gestäubte Kreide und ausgeglühte Glühstrümpfe) zur Einfuhr gelangt, die sich unter keine Tarifnummer bringen ließen. Die Fälle, in denen Waren lediglich auf Grund der erwähnten Bestimmung des Zollgesetzes zollfrei gelassen werden müssen, sind hiernach zu den größten Ausnahmen zu rechnen.

Es ist nicht Aufgabe dieser Arbeit, für sämtliche im Tarif aufgeführte Waren oder auch nur für einzelne große Gruppen zu erörtern, aus welchen Gründen die eine Ware zollfrei gelassen, die andere mit einem Zolle belegt, die eine einem niedrigeren, die andere einem höheren Zolle unterworfen worden ist. Für den Zweck, der mit der Arbeit verfolgt wird, genügt es, die Hauptgesichtspunkte hervorzuheben, welche bei Entstehung des Tarifs maßgebend waren, als es sich darum handelte, über die Zollpflichtigkeit oder die Höhe des Zolles einzelner Waren Entscheidung zn treffen.

Bereits an anderer Stelle ist davon gesprochen, — am Schlusse des Abschnitts über die geschichtliche Entwicklung der deutschen Tarifpolitik, — welche Erwägungen dafür bestimmend gewesen sind, zwar allgemein einen erhöhten Schutz der Landwirtschaft, nicht aber der Industrie für den neuen Tarif in Aussicht zu nehmen. In Ergänzung jener Ausführungen sei hier noch folgendes hervorgehoben.

Bei den Zöllen auf landwirtschaftliche Erzeugnisse, und zwar auf Körnerfrüchte, ist eine Abweichung von dem seit 1879 bestehenden Rechtszustande insofern eingetreten, als die beiden wichtigsten Brotfrüchte, Roggen und Weizen, nicht mehr dem gleichen Zolle unterliegen. Die Änderung beruht auf einem

---

[1]) Begr. 29 zu § 6 Abs. 1.

Vorschlage des Entwurfs[1]), dem sich der Reichstag angeschlossen hat. Bestimmend für die veränderte Stellungnahme waren verschiedene Erwägungen. Es kam in Betracht, daß die Erzeugungskosten im Hinblick auf die höhere Steuerbelastung der besseren, für den Weizenbau verwendeten Bodenlagen, auf die größere Schwierigkeit der Beackerung des schwereren Bodens, die höheren Aufwendungen für Düngung beim Weizen beträchtlicher sind, als beim Roggen, daß ferner auch einerseits der Preis des Weizens im allgemeinen sich höher als der des Roggens gehalten hat, und anderseits der Preisrückgang, den beide Getreidearten im Laufe der Zeit erlitten haben, beim Weizen verhältnismäßig größer als beim Roggen gewesen ist. Man verfolgte ferner den Zweck, durch niedrigere Belastung des Roggens diesem die bisher eingenommene erste Stelle in der Versorgung der breiten Massen des deutschen Volkes mit Brotgetreide zu erhalten. Endlich kamen handelspolitische Erwägungen insofern in Betracht, als die für uns als Getreideeinfuhrländer und zugleich als Handelsvertragsstaaten zu berücksichtigenden Länder nicht sämtlich an der Roggen- und an der Weizeneinfuhr in gleicher Weise beteiligt sind.

Besonderer Hervorhebung bedarf ferner eine wesentliche Änderung in der Behandlung der Erzeugnisse des Gartenbaues. Nach dem geltenden Tarif sind frische Küchengewächse, lebende Erzeugnisse der Ziergärtnerei, frisches Obst — außer den Weintrauben — zollfrei. Der Entwurf wollte hierin im allgemeinen nichts ändern[2]). Es wurde allerdings nicht verkannt, daß der Gemüsebau und die Ziergärtnerei mehr oder weniger der Konkurrenz des Auslandes ausgesetzt sind. Daneben kam aber allgemein in Betracht, daß dieser Wettbewerb nicht allzu gefährlich erscheint, wenn man bedenkt, daß es sich um Waren handelt, die für weiten Transport nicht besonders geeignet sind, und daß die Transportkosten eine beträchtliche Höhe erreichen. Sie betragen beispielsweise für eine Eisenbahnwagenladung Blumenkohl, welche zu der Zeit, wo die Ware hier noch nicht zu bekommen ist, in Italien nur 500 M. kostet, bis nach Deutschland mehr als 1000 M. Bezüglich des Gemüsebaues wurde insbesondere betont, daß die

[1]) Begr. 66/67.

[2]) Begr. 53 ff., 91 ff.

Verhältnisse in den verschiedenen Teilen des Reichs keineswegs vollkommen gleichartig liegen. Während beispielsweise der rheinische Gemüsebau unter der Einfuhr namentlich von Weißkohl aus den Niederlanden zu leiden hat, führt der Gemüsebau Oberschlesiens und gewisser sächsischer Bezirke seine Erzeugnisse aus. Was die lebenden Pflanzen und die Erzeugnisse der Ziergärtnerei anbetrifft, so wurde nur im Interesse namentlich des heimischen Baumschulbetriebes ein mäßiger Zoll auf die meisten lebenden Gewächse und ein etwa 11 % des Wertes betragender Zoll auf die bekannten, als Grabschmuck Verwendung findenden Cykaswedel vorgeschlagen. Bestimmend war in letzterer Beziehung, daß diese Wedel im Inlande aus Stämmen, welche ohne Wedel und Wurzeln eingeführt sind, gezogen werden, dieser heimische Gewerbszweig aber durch das massenweise Eindringen ausländischer Wedel, welche meist in sehr minderwertigem, halb oder ganz getrocknetem Zustande eingeführt und künstlich durch Färben aufgefrischt werden, Beeinträchtigung erfährt.

Bei der Behandlung des Obstes wollte der Entwurf unterscheiden einerseits zwischen dem Tafelobst, anderseits dem gewöhnlichen Obst. Unter letzterem war das für Wirtschaftszwecke, für die Obstweinbereitung, Branntweinbrennerei und Konservenfabrikation benötigte zu verstehen. Nur das verpackt eingehende Tafelobst, welches als Gegenstand des Verbrauchs der breiten Massen nicht in Frage kommt, sollte zollpflichtig werden. Es sollte dadurch einem bei uns nur im kleinen betriebenen Zweige des Obstbaues ein Anreiz zu einer zeitgemäßen und dem ausländischen Anbau feinerer Obstsorten entsprechenden Vervollkommnung gegeben, und vorhandene Frühkulturen derartiger Früchte gegen den ausländischen Wettbewerb geschützt werden.

Die Regierungen vertraten ihren gemäßigten Standpunkt auch in der Kommission mit Entschiedenheit[1]). Sie vermochten jedoch nicht zu hindern, daß die weitergehenden Wünsche einzelner Interessentengruppen auf erhöhten Schutz in zum Teil sehr erheblichem Maße Berücksichtigung fanden. Die Zölle auf lebende Pflanzen wurden gegenüber den Vorschlägen des Entwurfs um deren Mehrfaches erhöht. Für Cykaswedel wurde auf Grund der Erwägung, daß sie sehr leicht seien und auch als

---

[1]) KommB. Anl. D. 4867.

Beipackung zu anderen Waren eingingen, statt des vorgeschlagenen Satzes von 20 M. ein solcher von 250 M. eingestellt. Auf einen dem der Regierungen durchaus entgegengesetzten Standpunkt stellte sich die Kommission hinsichtlich der Küchengewächse. Sie wurden auch im frischen Zustande sämtlich zollpflichtig und die Zölle je nach der Feinheit der einzelnen Erzeugnisse abgestuft[1]).

Bei der sehr gedrängten mündlichen Berichterstattung über die betreffenden Positionen im Plenum lassen sich die Beweggründe, die zu einem Abweichen von den eingehend begründeten Vorschlägen des Entwurfs führten, nicht überall mit voller Klarheit übersehen. Bemerkt sei dabei, daß bezüglich der Küchengewächse schon in der Kommission von einem Regierungsvertreter erklärt wurde, die Regierung würde nicht in der Lage sein, die Beschlüsse durchzuführen, behalte sich vielmehr vor, im Vertragswege unter die beschlossenen Sätze bei solchen Artikeln herunterzugehen, bei denen das Ausland, namentlich Italien, beteiligt sei. Tatsächlich haben die Handelsverträge sehr erhebliche Erleichterungen gebracht. Namentlich sind von den frischen Küchengewächsen beispielsweise den Vertragsstaaten gegenüber nur Rotkohl, Weißkohl, Wirsingkohl zollpflichtig. Die Zollfreiheit der übrigen, also z. B. des Spargels, der Artischocken, des Blumenkohls ist durch die neuen Verträge mit Italien, Belgien, Rumänien und Österreich-Ungarn gebunden. Der hohe Zoll auf Cykaswedel ist dagegen durch die Verträge nicht berührt worden[2]).

Volle Klarheit über die für die Kommissionsmehrheit leitenden Gesichtspunkte liefert der mündliche Bericht über die von der Vorlage ebenfalls erheblich abweichende Behandlung des Obstes[3]). Von einzelnen minder wichtigen Änderungen soll nicht gesprochen werden. Wichtig ist jedoch, daß von der regierungsseitig beabsichtigten Zollfreilassung des unverpackt eingehenden Obstes — es kommen für diese Art der Versendung nur Äpfel, Birnen und Quitten in Betracht — nur schwache Reste für das Gesetz übrig geblieben sind. Man ging im allgemeinen davon

---

[1]) Vgl. Tarifnummer 38, 43, 33.

[2]) StenB. d. RT. 1900/1903, 8 6832, 6833; 1903/1905, Aktenst. 543, Denkschrift Anl. XIII. 10 ff., vgl. auch ebenda E. 4 II § 5.

[3]) Tarifnummer 47, StenB. d. RT. 1900/1903, 8 6836, 6837.

aus, daß in den letzten Jahren außerordentlich viel zur Hebung des Obstbaues geschehen sei. Die früher sehr große Zahl der Sorten sei verringert, die den Obstbäumen zuteil werdende Pflege habe sich verbessert und es sei anzunehmen, daß, wenn die in den letzten Jahren gepflanzten hunderttausende von Obstbäumen ihre volle Tragfähigkeit erreicht hätten, Deutschland seinen gesamten Obstbedarf in der Heimat decken könne. Entsprechend diesen Auffassungen wurde die Gleichstellung des in Säcken verpackten Obstes mit dem unverpackten aus dem Entwurfe gestrichen. Auch für das unverpackte Obst aber wäre wohl die Zollfreiheit beseitigt worden, wenn nicht besondere Rücksichten ihre teilweise Beibehaltung hätten erwünscht erscheinen lassen. Diese Rücksichten betrafen die Herstellung von Most aus Äpfeln und Birnen. Es wurde erwogen, daß der Obstmost für gewisse Gegenden, z. B. für Württemberg, geradezu als ein Volksnahrungsmittel anzusehen und zur Einschränkung des Schnapsgenusses geeignet sei, daß daher die Einfuhr von Mostobst, die vielleicht wegen örtlicher Mißernten erforderlich werden könnte, nicht erschwert werden dürfe. Eine derartige Einfuhr kann aber nur für einen Teil des Jahres in Frage kommen. So wurde denn die Zollfreiheit unverpackt eingehender Äpfel, Birnen und Quitten auf die Zeit vom 25. September bis zum 25. November beschränkt. Man ging dabei davon aus, daß vor dem erstgenannten Tage nur unreifes, minderwertiges Fallobst bezogen werden, nach dem letztgenannten Tage aber eine Einfuhr von Mostobst kaum mehr in Frage kommen könnte.

Durch das Vorgehen des Reichstags in dieser Frage ist das deutsche Tarifrecht um einen ihm bisher fremden Begriff bereichert worden. Es ist der Saisonzoll, d. h. ein Zoll, der von einer Ware nicht dauernd, sondern nur während eines Teiles des Jahres erhoben wird. Der Saisonzoll auf Obst ist übrigens nicht mehr der einzige. Ebenfalls auf Initiative der Reichstagskommission ist ein solcher Zoll auf frische Kartoffeln[1]) eingeführt worden.

Für einen solchen Zoll hatten sich gärtnerische Kreise im Hinblick darauf ausgesprochen, daß in den Monaten, in denen Kartoffeln bei uns noch nicht im Freien, sondern nur in künst-

---

[1]) Tarifnummer 23; vgl. auch oben 52.

lichen Treibereien gewonnen werden, den letzteren durch Einfuhr der Ware aus klimatisch mehr begünstigten Gegenden Konkurrenz erwüchse. Die Begründung[1]) führte jedoch aus, daß die deutsche Treiberei feinerer Erzeugnisse gegen die Konkurrenz der südlichen Länder dauernd doch nicht mit Erfolg würde ankämpfen können. Außerdem wurde darauf hingewiesen, daß gegen ein übermäßiges Eindringen fremder Kartoffeln schon die Höhe der Frachtkosten Schutz gewähre und daß der beantragte Saisonzoll dazu führen könne, den Bezug von alten, durchaus nicht hochwertigen Kartoffeln zu verteuern, die in der fraglichen Zeit etwa (z. B. wegen Mißernte bei uns) zur Saat oder zu Brennereizwecken bezogen werden müßten. Es wurde daher beantragt, die bisher geltende Zollfreiheit für Kartoffeln bestehen zu lassen. Der in der Kommission gestellte Antrag, alle Kartoffeln einem Zolle zu unterwerfen, fand zwar nicht die Mehrheit. Es wurde mit Erfolg eingewendet, daß in ungünstigen Erntejahren durch Verschließung der Grenzen eine übermäßige Verteuerung der Ware eintreten könnte. Dagegen sind die Kartoffeln für die Zeit vom 15. Februar bis zum 31. Juli für zollpflichtig erklärt worden. Man erwog, daß diese Frühkartoffeln vorwiegend einen Gegenstand des Verbrauchs der wohlhabenden Klassen bilden und erheblich höher im Preise stehen, als die gewöhnlichen Kartoffeln[2]).

Durch die Handelsverträge ist die neue tarifrechtliche Einrichtung der Saisonzölle, wenn auch bei Kartoffeln, wie bei Äpfeln, Birnen und Quitten die Zeit der Zollfreiheit in mehreren Verträgen weiter, als im autonomen Tarif bestimmt wurde, grundsätzlich nicht berührt worden. Sie hat sogar durch den Vertrag mit Österreich-Ungarn eine erweiterte Anwendung erfahren. Man hat daselbst auch Hauszwetschgen für die Zeit vom 1. September bis zum 30. November für frei, vom 1. Dezember bis zum 31. August dagegen für zollpflichtig erklärt. Verschiedentlich ist ferner dem unverpackten Obst das in Säcken oder lose in Wagen eingehende Obst unter gewissen Bedingungen gleichgestellt worden[3]).

---

[1]) Begr. 86/87.

[2]) StenB. d. RT. 1900/1903, 8 6832.

[3]) StenB. d. RT. 1903/1905, Aktenst. 543, Denkschrift Anl. XIII. 14 ff.

Bezüglich der Holzzölle, welche, wie weiter unten[1]) noch näher dargelegt werden wird, sowohl nach dem Gewicht, wie nach dem Maß der Hölzer erhoben werden können, ist vor allem eine wichtige Neuerung des Tarifs hervorzuheben. Es ist die, daß bei der Bemessung der Zollsätze in weitem Umfange zwischen hartem und weichem Holze unterschieden wird, eine Unterscheidung, die zur Zeit im Tarifrecht nur vereinzelt (im Tarif bei Möbeln und Möbelbestandteilen, außerdem in den Tarabestimmungen bei Fässern) vorkommt[2]). Zu den weichen Hölzern werden alle Nadelhölzer, von den Laubhölzern die Erlen, Pappeln, Weiden, Linden und Roßkastanien, nach der jetzt herrschenden im bisherigen AWV. aber noch nicht zum Ausdruck gebrachten Auffassung unter den Forsttechnikern auch die Birken gerechnet. Alle übrigen Laubhölzer, namentlich also Eichen und Buchen, sind harte Hölzer. Die harten Hölzer haben ein höheres Gewicht und sind wertvoller als die weichen Hölzer. Gäbe es nur Gewichtszölle für Holz, so bedürfte es im Tarif keiner Scheidung der beiden Arten, da wegen des größeren Gewichts die harten Hölzer auch bei Gleichheit des Zollsatzes in einer ihrem höheren Werte entsprechenden Weise stärker belastet würden. Anders aber ist es bei der Verzollung nach Maß, nach Festmetern. Bei den weichen Hölzern wiegt ein Festmeter 6 dz. Da aber ein Festmeter harten Holzes 9 dz wiegt, so führt die Regel des geltenden Tarifs, für harte und weiche Hölzer den Festmeterzoll ohne Unterschied auf das Sechsfache des Gewichtszolles zu normieren, die Importeure dazu, harte Hölzer, soweit dies nicht durch einen später zu erörternden BRBeschl. ausgeschlossen ist[3]), stets nach Festmetern verzollen zu lassen. Dadurch wird einerseits ein Zollausfall bedingt, und anderseits den ausländischen Harthölzern der Wettbewerb erleichtert — ein Zustand, dem die Neuerung des künftigen Tarifs abzuhelfen bestimmt ist.

Die Viehzölle waren zur Zeit der Einbringung des Entwurfs und sind auch noch jetzt im Hinblick auf die zur Verhütung der Einschleppung von Viehseuchen vielfach erlassenen Einfuhrverbote und Einfuhrbeschränkungen von keiner sehr erheblichen

---

1) Vgl. 83, 84.

2) Tarifnummer 13d, 13f, AWV. 295, Tarabestimmungen § 4 Ziff. 5.

3) Vgl. unten 148.

praktischen Bedeutung. Trotz dieses Zustandes, an welchem übrigens, da sich Deutschland in bezug auf den Erlaß von Einfuhrverboten usw. in den neuen Handelsverträgen weitgehende Bestimmungsfreiheit gesichert hat[1]), auch für die Zukunft erhebliche Änderungen kaum zu erwarten sind, hat man bei Vorbereitung des Entwurfs die geltenden Tarifsätze für Vieh einer eingehenden Prüfung unterzogen. Das Ergebnis war, daß die geltenden Sätze im allgemeinen zu niedrig seien. Der Reichstag ist dann über die Sätze des Entwurfs noch verschiedentlich hinausgegangen[2]).

Als Besonderheit ist hervorzuheben, daß der Zoll für Pferde abgestuft ist, je nachdem sie einer der drei Wertklassen bis 1000 M., von mehr als 1000 bis 2500 M. und von mehr als 2500 M. angehören. Bestimmend war für diese Regelung die Erwägung, daß die bisherige Festsetzung eines Einheitsstücksatzes, von 20 M. für alle Pferde deren außerordentlich verschiedenen Wert nicht berücksichtigt. In der Kommission, welche auch die Sätze für die verschiedenen Wertklassen beträchtlich erhöhte, wurde die Zahl der vorgeschlagenen Klassen um eine vermindert. Der Entwurf hatte statt der ersten Klasse — bis 1000 M. — zwei: bis 300 und von mehr als 300 bis 1000 M. eingestellt. Die Änderung bezweckte, gerade die kleinen, sich mit Pferdezucht befassenden Grundbesitzer besonders zu schützen. Es wurde jedoch ein ermäßigter Satz für Pferde im Werte bis 300 M., welche ein bestimmtes Maß nicht erreichen, eingestellt.

Durch die Handelsverträge mit Belgien, Österreich-Ungarn und Rußland sind diese Vorschriften sehr verwickelt geworden. Einerseits sind erleichternde Vorschriften nicht nur, wie im autonomen Tarif, für Saugfohlen, welche der Mutter folgen, sondern auch für abgesetzte Fohlen getroffen. Anderseits sind — und dies ist eine wichtige Neuerung für das deutsche Tarifrecht — die Wertklassen anders begrenzt und teils vermehrt, teils vermindert, je nachdem die Pferde zu gewissen Schlägen (Vlamländer, Brabanter, Ardenner, norischer Schlag) gehören oder nicht[3]).

---

[1]) StenB. d. RT. 1903/1905, Aktenst. 543, Denkschrift 11, 18, 29 (Viehseuchenübereinkommen mit Österreich-Ungarn), Anl. I. 7, II. 5, III. 8, 37, 77, IV. 9, V. 2, VII. 9, VIII. 2.

[2]) Vgl. auch unten 85 ff. (Gewichtszölle für Stückzölle).

[3]) Begr. 110/111; StenB. d. RT. 1900/1903, 7 5909; 1903/1905, Akten-

Ans dem Gebiete der Nahrungs- und Genußmittel, die, wie erwähnt[1]), im ersten, die landwirtschaftlichen Produkte behandelnden Abschnitt größtenteils ebenfalls aufgeführt sind, ist kurz zu erwähnen, daß auf Anregung der Reichstagskommission gewisse Gegenstände des feineren Tafelgenusses, namentlich Austern, Hummern und Kaviar (119, 123, 118) dem doppelten Betrage der gegenwärtig maßgebenden Zölle unterworfen sind, eine Maßregel, die vom sozialpolitischen Standpunkte aus auch durchaus zu billigen ist. Zum ersten Male ist auch im Interesse der deutschen Karpfenzucht ein Zoll auf Süßwasserfische — lebende und nicht lebende Karpfen — gelegt worden, welche Bestimmung allerdings durch Ermäßigung des Zolles auf nicht lebende Karpfen und Zugeständnis der Zollfreiheit für lebende Teichkarpfen in Handelsverträgen wesentlich abgeschwächt ist. Auch die Zölle auf Austern, Hummern und Kaviar haben durch Verträge Ermäßigungen erfahren[2]). Wichtiger in tarifrechtlicher Beziehung ist jedoch eine veränderte Behandlung, die der Wein erhalten hat.

Bisher waren in der Erwägung, daß die feineren und wertvolleren Arten einer Ware vielfach in kleineren Behältnissen eingehen, bei stillem Wein die Zölle nur abgestuft danach, ob der Wein in Fässern oder Flaschen einging. Es war dies eine Abstufung, die sich ähnlich auch bei anderen Artikeln, so bei Branntwein und Parfümerien findet. Für die Flaschenweine war durch die Tarifnovelle von 1885[3]) noch eine Scheidung in Schaum- und andere Weine eingeführt: im Interesse der deutschen Schaumweinfabrikation wurde ein höherer Satz für Schaumweine eingestellt, der dann 1900 gelegentlich der Flottenvermehrung erhöht worden ist. Diese Gliederung ist beibehalten worden. Daneben aber ist für die in Fässern oder Kesselwagen eingehenden stillen Weine (178) eine Abstufung nach dem Weingeistgehalt

---

stück 543, A 10, Denkschrift Anl. XIII. 40 ff.; vgl. auch unten 113 (Bestimmung des Schlages und des Wertes).

[1]) Oben 39.

[2]) StenB. d. RT. 1900/1903, S 6853; 1903/1905, Aktenst. 543, Denkschrift Anl. XIII. 50 ff.

[3]) StenB. d. RT. 1884/1885, Anl. 5 Aktenst. 156, 569, 599; RGBl. 1885, 100 Ziff. 14.

der Ware eingetreten[1]). Eine derartige Regelung findet sich in den Tarifen verschiedener Staaten. Von den europäischen sind besonders Frankreich, England und Norwegen zu nennen. Dem vom Reichstag ohne Einschränkung gebilligten Vorschlag der Regierungen lag die Erwägung zugrunde, daß es im Interesse der vollen Wirkung unseres hohen Branntweinzolles nicht erwünscht ist, Branntwein, wenn er als Zusatz zum Wein dient, zu dem niedrigeren Weinzoll einzulassen. Die Neuerung ist auch insofern nicht ohne handelspolitische Bedeutung, als die Länder, die uns den stark mit Branntwein versetzten Wein senden, ihrerseits durch hohe Zölle den Eingang von Branntwein erschweren. Es kann somit die neue Abstufung unseres Tarifs für Handelsvertragsverhandlungen mit solchen Ländern wichtig werden. Die Abstufung ist derart bewirkt, daß drei Klassen unterschieden werden: mit einem Weingeistgehalt von nicht mehr als 14, von mehr als 14 aber nicht mehr als 20, und von mehr als 20 Gewichtsprozenten. Die Gliederung ist so gestaltet, daß nur Südweine in eine höhere als die erste Klasse kommen werden; die französischen Bordeauxweine insbesondere fallen in die erste.

Die Handelsverträge haben nur Ermäßigungen gebracht, an der Klasseneinteilung an und für sich dagegen nichts geändert[2]).

Was die der Zahl nach gewaltig überwiegenden industriellen Zölle anbetrifft, so sind nach der Begründung[3]) folgende Gesichtspunkte in Betracht gekommen:

1. Zollfrei bleiben der Regel nach solche Rohstoffe und Hilfsstoffe der Industrie, welche im Inlande nicht oder nicht in ausreichender Menge und Güte hergestellt werden können.
2. Durch Schutzzölle dürfen gewerbliche Erzeugnisse, die von Ausfuhrindustrien weiter verarbeitet werden (z. B. Garn für die Weberei und Wirkerei), nicht so verteuert werden, daß die Ausfuhrfähigkeit der verarbeitenden Industrien gefährdet wird.

---

[1]) Begr. 140/141, Systematische Zusammenstellung der Zolltarife E. 168 ff.; StenB. d. RT. 1900/1903, S 6883/6884.

[2]) StenB. d. RT. 1903/1905, Aktenst. 543, Denkschrift Anl. XIII. 66; Besonderer Teil, 3. Abschnitt III. 1 (Verschnittwein, Wein zur Kognakbereitung).

[3]) Begr. 15, 16.

3. Gebrauchsfertige Waren von feinerer Arbeit und höherem Werte sind mehr als bisher mit angemessenen Zöllen zu belegen.

Zu 1. In Anwendung des zu 1 mitgeteilten Grundsatzes sind beispielsweise die in Deutschland garnicht gewonnenen Farbhölzer, die Baumwolle, sowie der Kautschuk zollfrei. Das gleiche gilt, trotz entgegenstehender Anträge der deutschen Landwirtschaft, z. B. für Schafwolle, für Felle und Häute, sowie für Flachs, da diese Erzeugnisse bei uns zwar überhaupt, aber nicht in genügender Menge gewonnen werden[1]). Daß Waren, wie Petroleum, Tee, Gewürze, roher Kaffee und roher Kakao, obwohl sie nur oder fast nur außerhalb Deutschlands erzeugt werden, nach wie vor zollpflichtig sind, beruht teils darauf, daß es sich hier nicht um Schutz-, sondern um Finanzzölle handelt, teils auf sozialpolitischen Erwägungen, insofern als die aus einzelnen Rohstoffen — z. B. Kakao — hergestellten Waren in mehr oder weniger großem Umfange gerade von den bemittelteren Klassen verbraucht werden[2]). Eine besonders viel erörterte Ausnahme von der Regel und zugleich eine erhebliche Abweichung des neuen Tarifs von dem alten stellt die Behandlung der Gerbrinden und des Quebrachoholzes dar. Nach dem alten autonomen Tarif sind Gerbrinden und zerkleinertes Quebrachoholz mit 50 Pf. für 1 dz zollpflichtig, unzerkleinertes Quebrachoholz, sowie anderes Gerbholz zollfrei. Da nach dem Vertragstarif auch die Gerbrinden und das zerkleinerte Quebrachoholz keinem Zolle unterliegen, so besteht zur Zeit tatsächlich für alle hier genannten ausländischen Gerbmaterialien Zollfreiheit. Bekanntlich ist dieser Zustand seit Jahren der Gegenstand von Angriffen gewesen. Sie hatten zur Grundlage die Interessen des deutschen Eichenschälwaldes. Der Schälwaldbetrieb, der von der gesamten, mit Wald bestandenen Fläche des Deutschen Reichs etwas mehr als 3 % — von der Gesamtlaubholzfläche 9,5 % — in Anspruch nimmt, findet sich vorzugsweise im Westen und Südwesten unseres Vaterlandes. Ganz besonders groß ist seine Bedeutung für die Eifel und überhaupt die drei Regierungsbezirke Aachen, Coblenz und Trier: im Coblenzer Bezirk bestehen 41 % des Laubholzbestandes aus Schälwald.

[1]) Begr. 88 und Anl. 14, 129 und Anl. 17, 131 und Anl. 17.

[2]) Vgl. Begr. 97.

Zur Gerberei werden in Deutschland an Schälwaldrinde nur etwa 20 % aller benötigten Gerbmaterialien verwendet. Eine etwas größere Menge besteht in Fichtenrinde und Rinde von Eichennutzholz. Alles übrige — nach den Produktionserhebungen in der Lederindustrie aus dem Jahre 1897 54 % — wird aus dem Auslande bezogen. Das alte Gerbverfahren mit Eichenlohe, bei welchem die Herstellung von Sohlleder 1 1/2 bis 2 Jahre in Anspruch nahm, war im Auslande längst durch andere Methoden, welche eine Gerbung in unverhältnismäßig viel kürzerer Zeit ermöglichten, überholt. Die deutsche Gerberei konnte hinter dieser Entwicklung nicht zurückbleiben und hat namentlich bei Anwendung des Quebrachogerbstoffes einen gewaltigen Aufschwung genommen. Naturgemäß ist die Folge dieses Verlaufs der Dinge ein starker Preisrückgang der Schälwaldrinde gewesen, der die Ertragsfähigkeit der Schälwaldungen erheblich beeinträchtigte. Der Wertausfall wurde für die vorhandene auf 8—9 Millionen Mark zu berechnende Schälwaldrinde auf 3—4 Millionen Mark geschätzt. Die Regierungen gingen davon aus, daß durch eine Erhöhung des Zolles bezw. Neueinführung von Zöllen auf ausländische Gerbstoffe der Schälwaldrinde ihre alte Bedeutung nicht wiederverschafft, und auch jener Preisrückgang nicht wieder beseitigt werden könnte. Sie erwogen anderseits, daß gegenüber den Interessen der Schälwaldbesitzer die viel bedeutenderen der eine Gesamtproduktion von 400 Millionen aufweisenden Lederindustrie zu berücksichtigen seien. Von dieser werden an Lederwaren und Leder 150—160 Millionen Mark ausgeführt. Bei aller Anerkennung der mißlichen Lage der Schälwaldbesitzer beabsichtigte daher der Entwurf, den autonomen Zollsatz für Gerbrinden beizubehalten, und daneben nur, um den Schälwaldbesitzern Frist zu geben, auf allen für derartige Kulturen nicht durchaus geeigneten Flächen zu anderen Anbauarten überzugehen, einen mäßigen Zoll (1 M. für 1 dz) auf Quebrachoholz und anderes Gerbholz in zerkleinertem und unzerkleinertem Zustande einzuführen, im übrigen aber die fremden Gerbstoffe zollfrei zu lassen.

An diesem Standpunkte hielt die Regierung auch in der Reichstagskommission entschieden fest. Sie vertrat die Ansicht, daß jede höhere Belastung der fremden Gerbstoffe der Sache des Schälwaldes nicht durchgreifend helfen, die Lederindustrie dagegen schwer schädigen würde. Trotzdem hat aber die

Kommission — und dies ist später Gesetz geworden — den Zoll für Gerbrinden auf 1,50 M., den für Quebracho- und anderes Gerbholz aller Art auf 7 M. festgesetzt, auch verschiedene andere, bisher zollfreie Gerbstoffe einem Zolle von 3 M. unterworfen. Entscheidend ist bei dieser Stellungnahme für die Mehrheit wohl namentlich die Rücksicht gewesen, daß jene rheinischen, für den Schälwaldbetrieb besonders in Betracht kommenden Gegenden eine sehr arme Bevölkerung haben.

Die neuen Handelsverträge haben einen Zustand geschaffen, der für die Schälwaldinteressenten zwar weniger vorteilhaft als die Beschlüsse des Reichstags, immerhin aber vorteilhafter als der bisherige Zustand und die Vorschläge des Entwurfs waren. Infolge der Verträge mit Italien, Belgien und Österreich-Ungarn sind Gerbrinden zollfrei, dagegen Quebrachoholz (zerkleinert und unzerkleinert) sowie die meisten der vom Reichstag mit 3 M. belegten Gerbstoffe mit 2 M. zollpflichtig[1]).

In einzelnen Fällen, in denen, abweichend von dem zu 1 angeführten Grundsatze, nicht oder nicht in genügender Menge bei uns erzeugte Rohstoffe trotzdem mit einem Zolle haben belegt werden müssen, hat der Tarif selbst Vorsorge getroffen, daß diese Belastung da nicht in die Erscheinung tritt, wo sie aus besonderen Gründen vorzugsweise hart empfunden werden müßte. Es wird auf diese besonderen Vorschriften bei der Darstellung der Zollbefreiungen und Zollbegünstigungen eingegangen werden[2]).

Zu 2. In Anwendung des hier zur Erörterung stehenden Grundsatzes hat man beispielsweise trotz der entgegenstehenden Wünsche der deutschen Floretseidenspinnereien davon abgesehen, einen Zoll auf bisher zollfreie ungefärbte Floretseidengespinste einzuführen, da deren hauptsächlichsten Abnehmern, den Seidensammet-, Seidenplüsch- und Seidensammetbandwebereien, welche ihre Erzeugnisse in ganz besonders großer Menge zur Ausfuhr bringen, die Herstellungskosten dadurch zu sehr verteuert worden wären[3]). Ebenso ist die von einigen Wollkämmereien beantragte Erhöhung des Zolles auf gekämmte Wolle nicht erfolgt. Denn

---

[1]) Vgl. zu dieser Frage Begr. 57, 58, 107, 108; KommB. Anl. E und F, 4868, 4869; ferner StenB. d. RT. 1903/1905, Aktenst. 543, Denkschrift Anl. XIII. 38.

[2]) Besonderer Teil, 3. Abschnitt I. 3 und III. 1.

[3]) Begr. 220/222.

sie hätte eine Verteuerung der Kammgarne und mittelbar der aus solchen Garnen hergestellten Waren bewirkt, was wiederum eine Beeinträchtigung dieser, in großem Umfange einen Gegenstand der Ausfuhr bildenden Artikel auf den ausländischen Märkten zur Folge gehabt haben würde[1]).

Es ist nun zu bemerken, daß ein Bedürfnis, die Interessen der Ausfuhrindustrie bei der Festsetzung der Zölle für die von ihr weiter zu verarbeitenden gewerblichen Erzeugnisse wahrzunehmen, insoweit nicht besteht, als diese Interessen auf anderem Wege wahrgenommen werden können. Ein solcher Weg ist gegeben durch den § 115 des VZG., insoweit er die zollfreie Verarbeitung ausländischer Waren unter Bedingung der Wiederausfuhr in veredeltem Zustande für zulässig erklärt. Inwieweit ein derartiger aktiver Veredelungsverkehr zu gestatten ist, ist ja bekanntlich im Einzelfalle oft zweifelhaft und Gegenstand durchaus entgegengesetzter Beurteilung gewesen. Neuerdings sind viele Stimmen, namentlich auch aus den Kreisen der Handelsvertretungen, laut geworden, welche eine Erleichterung des Veredelungsverkehrs oder wenigstens eine größere Einheitlichkeit in den Entscheidungen über seine Zulassung fordern. Auch die Begründung hat die Frage gestreift und die Zulassung von Erleichterungen auf dem Gebiete des Veredelungsverkehrs als der Erwägung wert behandelt[2]). An dieser Stelle muß dieser kurze Hinweis genügen. Ein näheres Eingehen auf den Veredelungsverkehr verbietet sich für diese Darstellung, weil es sich hier um eine Frage nicht sowohl des Zolltarifrechts, als des allgemeinen Zollrechts handelt. Für die Zukunft dürfte ihre Behandlung gelegentlich der zu erwartenden Revision des VZG. festgelegt werden. Über einzelne Fälle des Veredelungsverkehrs ist wie in dem alten, auch in dem neuen Handelsvertrag mit der Schweiz Vereinbarung hergestellt worden. Das gleiche gilt von dem neuen Vertrage mit Belgien in bezug auf den Handschuhveredelungsverkehr[3]).

Zu 3. Die Festsetzung höherer Zölle für gebrauchsfertige Waren von feinerer Arbeit und höherem Werte ist im

---

[1]) Begr. 230/232.

[2]) Begr. 15.

[3]) RGBl. 1892, 197; StenB. d. RT. 1903/1905, Aktenst. 543, Denkschrift 8, 18 ff., Anl. II. 17, Anl. V. 4 ff. 27/28.

neuen Tarif verschiedentlich in der dem alten Tarif unbekannten Form der Zollzuschläge, welche teils in Prozenten des Zolles für weniger wertvolle Waren teils in festen Zahlen ausgedrückt sind, erfolgt[1]). So sind mehr oder weniger erhebliche prozentuale Zuschläge festgesetzt für imprägniertes usw. Bau- und Nutzholz, für Kleider und Putzwaren, wenn sie aus Spitzen oder Stickereien bestehen, oder wenn sie aus Gespinstwaren in Verbindung mit Metallfäden hergestellt sind. Ein fester Zuschlag findet sich beispielsweise vorgeschrieben für appretierte und gebleichte, sowie für gefärbte, bedruckte oder bunt gewebte Baumwollengewebe: der Zoll für diese Waren setzt sich zusammen aus dem Zoll der rohen Gewebe und einem Zuschlag von 20 M. für die appretierten und gebleichten, von 50 M. für die gefärbten, bedruckten oder bunt gewebten. Diese Form der Zuschläge bezweckt lediglich, den Tarif zu vereinfachen. Wäre sie nicht gewählt, so hätten, um bei dem zuletzt erwähnten Beispiel zu bleiben, bei Aufführung der gefärbten, bedruckten usw. Gewebe die zahlreichen Abarten der rohen Gewebe noch einmal aufgeführt und für jede einzelne dieser Abarten ein um 50 M. erhöhter Zoll eingestellt werden müssen.

Über die Bestimmung desjenigen Zollsatzes, zu welchem der Zuschlag hinzugerechnet werden muß, sind in den Verträgen mit Italien, der Schweiz und Österreich-Ungarn Vereinbarungen getroffen[2]).

Um aber gebrauchsfertige Waren von feinerer Arbeit und höherem Werte materiell stärker zu belasten, hat der neue Tarif sich nicht auf die schon bisher üblichen Abstufungen beschränkt. Die vermehrte Arbeit oder erhöhte Verfeinerung, die beispielsweise im Färben und Lackieren, im Vergolden oder Versilbern von Waren, in ihrer Verbindung mit anderen Waren, in der Herstellung mehrdrähtiger statt nur eindrähtiger Garne zum Ausdruck gelangt, ist natürlich auch im neuen Tarif im weitesten Umfange zur Abstufung von Zöllen benutzt worden. Ebenso ist — um noch einige weitere Beispiele zu geben — die Berücksichtigung der einfachen Länge und Breite

---

[1]) Vgl. die Anm. zu Tarifnummer 76, 411, 518 bis 520, zum 5. Abschnitt, zu Abteilung A des Abschnitts 17, zu Abteilung B bis H daselbst, ferner Tarifnummer 441/442, 456/457.

[2]) StenB. d. RT. 1903/1905, Aktenst. 543 A. 8, E. 7, G. 6, 7.

bei der Zollfestsetzung für Tafelglas, dessen Wert mit der Größe der Tafeln steigt, nach wie vor berücksichtigt, und die Abstufung der Zölle für gewisse Gewebe nach der auf eine bestimmte Fläche entfallenden Fadenzahl suchen wir auch im neuen Tarif nicht vergebens. Auch die wichtige Abstufung von Garnzöllen nach der Feinheitsnummer, von Zöllen für gewisse Zeugstoffe nach dem Gewicht, das eine bestimmte Flächeneinheit der Stoffe aufweist — Abstufungen, auf deren Entstehung unten in anderem Zusammenhang noch näher einzugehen ist — sind in den neuen Tarif übergegangen. Der Gedanke aber, der im alten Tarif bei der Zollabstufung jener Zeugstoffe zum Ausdruck kam, nämlich die Waren um so höher zu belasten, je geringer ihr Gewicht ist, hat im neuen Tarif eine sehr erweiterte Anwendung gefunden. Dem Verfahren liegt die Erwägung zugrunde, daß vielfach leichtere Waren einen höheren Arbeitswert repräsentieren und deshalb teurer sind, als schwerere Waren der gleichen Gattung. So findet sich eine solche Abstufung bei verschiedenen Arten von Leder (Tarifnummer 545/547), bei ledernen Schuhen mit anderen als Holzsohlen (556), bei gewissen anderen Lederwaren (560), bei nicht schmiedbarem und schmiedbarem Eisenguß (782/783, 798/799), bei Dampfkesseln aus schmiedbarem Eisen und gewissen Teilen und Zubehörstücken dazu (801, 804/805), bei gewissen Geräten für landwirtschaftlichen, hauswirtschaftlichen und gewerblichen Gebrauch, z. B. Eggen, Pflüge, Wagen zum Wiegen, Bügeleisen (816), vor allem bei zahlreichen Maschinen (892/894, 904, 906, 907) und bei Motorwagen und Motorfahrrädern (915)[1]. In bezug auf die Maschinenzölle ist in der Begründung besonders darauf hingewiesen, daß diese Zölle bisher lediglich nach den Stoffen, aus denen die Maschinen vorwiegend hergestellt werden, und dem Wert dieser Stoffe abgestuft sind. Bei dieser Abstufung kommt aber garnicht zum Ausdruck, daß die kleinen und leichten Maschinen, welche mit großer Sorgfalt und Genauigkeit gearbeitet werden müssen und meist einen sehr komplizierten Bau aufweisen, für eine bestimmte Gewichtseinheit einen hohen Wert haben, während bei den großen schweren Maschinen auf die gleiche Gewichtseinheit ein geringerer Wert entfällt. Eine Abstufung der Maschinenzölle nach dem Gewicht der Maschinen

[1]) Begr. 324, 329, 456, 469, 471, 472, 476, 514, 517/519, 524/526, 527.

dergestalt, daß die Zollsätze für 1 dz bei den leichtesten Maschinen am höchsten sind, ist hiernach sicherlich gerechtfertigt. Sie ist es ebenso, wie z. B. für Motorwagen eine Regelung, welche verhütet, daß leicht gebaute Luxusfahrzeuge ebenso behandelt werden, wie schwere Omnibusse oder Geschäftswagen aus billigeren Stoffen und mit einfacherer Ausstattung.

Die bei der eben erörterten Regelung betätigte verstärkte Berücksichtigung des Arbeitswerts ist dann noch in ähnlichen Formen bei anderen Waren im neuen Tarif verwirklicht worden.

Röhren aus Eisen oder Eisenlegierungen unterliegen verschieden normierten Zöllen für 1 dz, je nachdem ihre Wandstärke ein bestimmtes Maß übersteigt oder nicht (778/779, 794/795). Ebenso sind die Zölle für Blech aus Eisen oder Eisenlegierungen, Zink oder Zinklegierungen (786/788, 790, 856) für Draht aus Eisen oder Eisenlegierungen, aus Nickel oder Nickellegierungen (791/792, 866) nach der Stärke des Blechs oder Drahts abgestuft. Für Feilen und Raspeln, für eine Sorte Nägel, wie sie besonders von den Schuhmachern zur Verbindung des Oberleders mit der Brandsohle benutzt werden (812, 827) ist der Zoll nach der Länge der Waren bemessen. Für gewisse Seilerwaren (466, 484), für Fenster- und Tafelglas (741) sind bisher nur im AWV., nicht im Tarif selbst, vorkommende Unterscheidungen nach der Stärke gesetzlich festgelegt worden[1]). Überall ist die Abstufung so, daß die schwächere, dünnere, kürzere Ware, weil sie wertvoller ist, einem höheren Satze für den dz unterliegt, als die stärkere, dickere und längere.

Im Gegensatz hierzu ist auf eine Warengruppe hinzuweisen, bei der die schwereren Waren einen höheren Arbeitswert repräsentieren und daher einem höheren Zolle unterliegen. Es handelt sich um zweirädrige, oder nicht mehr als 4 feste Sitze enthaltende vierrädrige Personenwagen ohne Dach, nicht zum Fahren auf Schienengeleisen eingerichtet und ohne Antriebsmaschine — also, um mit der Sprache des täglichen Lebens zu reden — offene Kutsch-, Jagd- und ähnliche Wagen. Die Vorlage hatte hier einen Einheitssatz von 100 M. für 1 Stück vorgeschlagen. Auf Anregung der Kommission ist indessen dieser Satz nur für Wagen

[1]) Begr. 454/455, 465/466, 459, 498, 464, 502, 475, 480, 266, 280/281, 428/429; AWV. 408, 146.

von mehr als 1,5 dz beibehalten, während die 1,5 und weniger wiegenden einem ermäßigten Satze von 60 M. für 1 Stück unterworfen sind. Kleine, leichte und deshalb billigere Ponywägelchen z. B. genießen daher, und wohl mit Recht, eine Vergünstigung vor den teureren größeren Wagen[1]).

Zölle, welche für die unter eine Tarifnummer fallenden Waren je nach deren verschiedenem Wert verschieden bemessen sind, nennt man Staffelzölle. An solchen Staffelzöllen ist der neue Tarif erheblich reicher als der alte. Durch die Handelsverträge ist an den Staffelungen der industriellen Zölle, abgesehen von der Ermäßigung vieler einzelner Zollsätze, im allgemeinen nichts geändert worden[2]).

4. Erhebungsmaßstab.

Grundlegend für den bei der Berechnung der Zölle anzuwendenden Erhebungsmaßstab ist die Bestimmung des VZG. im § 9 Abs. 1, nach welcher die Erhebung des Zolles erfolgt nach Gewicht, nach Maß, nach Stückzahl oder nach dem Wert. Im deutschen Tarif ist schon seit den Tagen des Zollvereins die Zollerhebung nach Gewicht von ganz überwiegender Bedeutung gewesen. Nur ausnahmsweise kam eine Verzollung nach Maß, namentlich bei Hölzern, nach Stückzahl, namentlich bei Vieh, und nach dem Werte vor. Der alte Tarif sieht außer den Gewichtszöllen vor:

1. Maßzölle:
   a) bei Bau- und Nutzholz, jedoch nicht ausschließlich, sondern neben Gewichtszöllen. Erhoben wird der Maßzoll hier nach Festmetern, d. h. 1 cbm fester Holzmasse, während Raummeter 1 cbm geschichteter, die Zwischenräume mitumfassender Holzmasse bedeutet,
   b) bei gesalzenen Heringen nach Faß (Tonnen).
2. Stückzölle:
   a) für andere Wagen als Eisenbahnfahrzeuge, sofern sie mit Leder- oder Polsterarbeit versehen sind,
   b) für gewisse Hüte,
   c) für Taschenuhren, Werke und Gehäuse von solchen,
   d) für Vieh.

---

[1]) Begr. 534/535; StenB. d. RT. 1900/1903, S 7074.

[2]) StenB. d. RT. 1903/1905, Aktenst. 543, Denkschrift, Anl. XIII. 120 ff., vgl. ferner oben 73 ff.

3. Wertzölle:

für Eisenbahnwagen.

Maßgebend für die ausnahmsweise Zugrundelegung des Maßes oder der Stückzahl oder des Wertes an Stelle des Gewichts war zum Teil die Erwägung, daß eine Ermittlung des Gewichts nur mit mehr oder weniger erheblichen Schwierigkeiten erfolgen könnte. Aus solchen Gründen wurden z. B. andere Maßstäbe vorgeschrieben oder zugelassen für Bau- und Nutzholz, gesalzene Heringe, Vieh. Für Heringe kam dabei in Betracht, daß die „Tonne“ oder das „Faß“ im Handel mit diesem Artikel ein ganz feststehender Begriff, eine Benachteiligung des Fiskus durch Einfuhr von mehr als gewöhnlich haltenden Fässern also um so weniger zu befürchten war, als für Heringe in nicht handelsüblicher Verpackung ein besonderer Zoll festgesetzt wurde. Zum Teil beruhten aber jene Ausnahmen auch auf anderen, namentlich wirtschaftlichen Gründen. So ging die in der Tarifnovelle von 1885 erfolgte Einführung von Stückzöllen für Taschenuhren aus dem Streben hervor, den Zoll im Interesse der heimischen Fabrikation zu erhöhen und zugleich dem Beispiel anderer Länder, in denen diese Ware ebenfalls stückweise verzollt wurde, zu folgen [1]).

Auch der neue Tarif hat die Verzollung nach Fässern oder Tonnen für gesalzene Heringe und die Verzollung nach Festmetern neben der nach Gewicht für verschiedene Hölzer bestehen lassen [2]). Bestehen geblieben sind ferner die Stückzölle für Taschenuhren, Gehäuse und Werke zu solchen, durch Aufnahme der Rohwerke haben diese, ebenso wie die Stückzölle für Wagen durch Erstreckung auf Lastwagen eine weitere Ausbildung erfahren [3]). Besonders konsequent ist das System der Stückzölle im neuen Tarif bezüglich der Hüte, die bisher zum Teil noch Gewichtszöllen unterliegen, durchgeführt. Sämtliche Hüte, Frauen- wie Männerhüte, gleichgültig aus welchem Material sie hergestellt sein mögen, werden künftig nach Stückzöllen verzollt, die natürlich nach dem Werte und den in Betracht kommenden Interessen

---

[1]) Drucks. d. BR. Nr. 68 für 1884, 7, 8; vgl. ferner wegen der Hüte StenB. d. RT. 1879, 5 Aktenst. 132 A. 813, 836.

[2]) Tarifnummer 116, 74—76, 78—80, 82, 83.

[3]) Tarifnummer 929—931, 917, 918 und Begr. 541, 534.

der deutschen Gewerbtreibenden sehr verschiedenartig bemessen sind[1]). Die Änderung wird als ein entschiedener Fortschritt angesehen werden dürfen, nicht nur wegen der Vereinfachung der Zollabfertigung, sondern auch wegen der gerechteren Abstufung, die das neue System ermöglicht. Es darf in letzterer Beziehung nur darauf hingewiesen werden, daß dem jetzt noch geltenden Zoll von 180 M. für 1 dz Hüte aus Filz von Wolle und anderen Tierhaaren nicht nur der leichte, feine und teure Haarfilzhut, sondern auch der schwere, geringe und billige Wollfilzhut unterliegt, daß somit die bessere Ware geringer belastet ist, als die schlechtere.

Eine bemerkenswerte Einschränkung hat dagegen die Verzollung nach der Stückzahl durch den neuen Tarif gerade auf einem Gebiete erfahren, wo die Stückzölle von Anfang an bestanden: bei den Viehzöllen[2]). Pferde[3]), Maulesel und Maultiere sollen auch künftig nach der Stückzahl verzollt werden. Dagegen wird der Zoll für Rindvieh, Schafe und Schweine grundsätzlich nach Einheitssätzen berechnet, welche für 1 dz Lebendgewicht festgesetzt sind. Von Federvieh, welches bisher zollfrei war, darf wahlweise der Zoll entweder nach der Stückzahl oder dem Gewicht bei Gänsen erhoben werden, während für Hühner aller Art und sonstiges Federvieh ein reiner Gewichtszoll vorgesehen ist. Durch diese Änderung ist der neue Tarif nicht nur mit dem bisher im Zollverein, sondern auch mit dem in der Mehrzahl der übrigen europäischen Staaten geübten Verfahren in Gegensatz geraten. Von den europäischen Staaten haben nur Frankreich, Belgien, Norwegen und Schweden bei Schlachtvieh teils Stück-, teils Gewichtszölle, alle übrigen haben ausschließlich Stückzölle, soweit sie nicht, wie Rußland, das lebende Vieh zollfrei lassen.

Maßgebend[4]) für den Entschluß der Regierungen, mit den

---

[1]) Tarifnummer 533—542 und Begr. 309 ff.

[2]) Tarifnummer 100—107.

[3]) Vgl. aber auch oben 73, unten 87.

[4]) Begr. 108 ff., ferner Systematische Zusammenstellung der Zolltarife Abschnitt E. 249 ff. Durch das in dieser Zusammenstellung — 288 — über den serbischen Tarif Mitgeteilte wird die Angabe der Begr., daß Serbien ausschließlich, auch für Pferde, Gewichtszölle habe, nicht bestätigt. Danach hat vielmehr das Land lediglich Stückzölle für Vieh.

Stückzöllen teilweise zu brechen, obwohl deren Zweckmäßigkeit vom Standpunkt zolltechnischer Rücksichten nicht verkannt wurde, war vor allem die Erwägung, daß bei der Stückverzollung von Schlachtvieh der mit dem Gewicht steigende Wert des Viehs nicht angemessen getroffen und somit zum Schaden der heimischen Fleischviehhaltung die Einfuhr möglichst stark gemästeter Tiere durch das Stückzollsystem befördert wird. Der Entwurf wollte jedoch die Änderung nur in engsten Grenzen halten und erachtete für Vieh, das nicht nur zu Schlachtzwecken, sondern auch zur Aufzucht, als Milchvieh usw. eingeführt wird, eine stärkere Zollbelastung durch Einführung von Gewichtszöllen wirtschaftlich nicht für empfehlenswert. Demzufolge wurden Gewichtszölle nur für Ochsen und Schweine vorgeschlagen.

Die Reichstagskommission ging jedoch im Interesse der deutschen Viehzucht noch weiter und beseitigte die Stückzölle auch bei Bullen, Kühen, Jungvieh, Kälbern und Schafen[1]). Da die Kommissionsbeschlüsse Gesetz geworden sind und auch die Handelsverträge im allgemeinen keine Änderung herbeigeführt haben[2]), so wird die Zollabfertigung von Vieh nach Inkrafttreten des neuen Tarifs erheblich umständlicher werden, als sie bisher war. Der Hinweis der Begründung darauf, daß bei Ochsen und Schweinen die Erschwerung nicht besonders fühlbar werden würde, weil gemästete Tiere nicht getrieben zu werden pflegen und vielfach in Eisenbahnwagen eingehen, also in diesen, deren Eigengewicht feststeht, verwogen werden können, trifft für die vom Reichstag den Gewichtszöllen unterworfenen Vieharten der Regel nach jedenfalls nicht zu. Die volle Wirkung der Neuerung würde sich allerdings erst dann zeigen, wenn die im veterinärpolizeilichen Interesse notwendig gewordenen Verbote und Beschränkungen der Einfuhr fremden Viehes beseitigt werden sollten[3]).

Was das Federvieh[4]) anbetrifft, so beruht die wahlweise Zulassung eines Stückzolles und eines Gewichtszolles für Gänse

[1]) StenB. d. RT. 1900/1903, 7 5933 ff., 8 6852 ff.

[2]) StenB. d. RT. 1903/1905, Aktenst. 543, Denkschrift Anl. XIII. 42 ff.

[3]) Vgl. oben 72/73.

[4]) Begr. 117. — Für Gänse ist durch die neuen Verträge mit Rußland, Rumänien und Serbien die Zollfreiheit gebunden (StenB. d. RT. 1903/1905, Aktenst. 543, Denkschrift Anl. XIII. 46). Wegen der Ermittlung des Gewichts von Hühnern und anderem zollpflichtigen Federvieh, welches unverpackt in Eisenbahn-

darauf, daß, wenn die Einfuhr in Herden auf Landwegen erfolgt, der Stückzoll, wenn sie dagegen in ganzen Eisenbahnwagenladungen oder geschlossenen Behältnissen stattfindet, der Gewichtszoll im Interesse der Vereinfachung der Zollabfertigung vorzuziehen ist. Weil Hühner und anderes Federvieh regelmäßig in Käfigen oder Körben eingehen, wobei die Ermittlung des Rohgewichts besondere Schwierigkeiten nicht bereitet, die Festsetzung eines Stückzolles für die Ausnahmefälle aber bei der Verschiedenartigkeit und dem verschiedenen Wert des lebenden Geflügels nicht tunlich erschien, ist für diese Geflügelarten lediglich ein Gewichtszoll festgesetzt worden.

Von noch geringerer Bedeutung im deutschen Tarifsystem als die Stückzölle und die Maßzölle sind die Wertzölle geworden. Unter Wertzöllen sind solche Zölle zu verstehen, die im Tarife in Prozenten des Handelswertes der Waren festgesetzt sind. Es ist dann im einzelnen Falle der Handelswert der Waren zu ermitteln, und aus diesem unter Zugrundelegung des tarifmäßigen Prozentsatzes der zu zahlende Zoll zu berechnen. Die oben behandelten neuen Zölle für Pferde sind daher im Sinne des Tarifrechts nicht Wert-, sondern nach Wertklassen gestaffelte Stückzölle, wie z. B. die unter Berücksichtigung der Feinheitsnummern verschieden gestalteten Garnzölle nach Wertklassen gestaffelte Gewichtszölle sind[1]). Ursprünglich waren die Wertzölle dem Tarifrecht des Zollvereins ganz unbekannt. Erst infolge eines Beschlusses der VII. Generalkonferenz wurden durch das AWV. für See- und Flußschiffe Wertzölle, abgestuft danach, ob es sich um kleinere, um größere hölzerne oder um größere eiserne Schiffe handelte, festgesetzt. Im Jahre 1865 gingen diese Wertzölle, für die man sich wegen der Unmöglichkeit, die Schiffe zu verwiegen, entschieden, in den Tarif über; doch wurden im Jahre 1870 die hölzernen Fluß- und Seeschiffe, im Jahre 1873 die eisernen Seeschiffe und schließlich bei der Tarifreform von 1879 auch die eisernen Flußschiffe vom Zolle befreit. Ein anderer Wertzoll, der für Eisenbahnfahrzeuge, hat sich dagegen seit seiner Einführung im Jahre 1865 bis heute erhalten[2]).

---

wagen oder verpackt in Käfigen eingeht, sind im Zusatzvertrage mit Österreich-Ungarn besondere Vereinbarungen getroffen (a. a. O. Aktenst. 543 G. 7, 8).

[1]) Wegen der Ermittlung des Wertes der Pferde vgl. unten 113.

[2]) StenB. d. RT. 1879, 5 Aktenst. 132 A. 812.

Bei Vorbereitung des Entwurfs war die Frage erörtert worden, ob nicht den Wertzöllen eine erheblich wichtigere Rolle in unserem Tarif zuzuweisen sein möchte. Es war dabei wohl vorwiegend an das Beispiel Nordamerikas gedacht worden, dessen Tarif Wertzölle in besonders weitem Umfange vorsieht[1]). Die Bedenken, die dazu führten, den Gedanken nicht weiter zu verfolgen, waren vorzugsweise praktischer Natur. Man dachte an die große Schwierigkeit einer stets zutreffenden Beurteilung der Richtigkeit der von den Interessenten angegebenen Warenwerte durch Zollbeamte. Um die sich aus dieser Schwierigkeit ergebende Gefahr einer Schädigung des Zollfiskus durch häufige zu geringe Wertsdeklarationen zu mindern, wären besondere Maßnahmen (Vorkaufsrecht für die Zollbehörde, Abschätzung durch Sachverständige, Beschränkung des Eingangs auf bestimmte Amtsstellen), wie sie auch jetzt vorgesehen sind[2]), in Wirksamkeit zu setzen. Diese würden wiederum den redlichen Einfuhrhandel ungebührlich belästigen, wie auch eine Gleichmäßigkeit in der Zollbehandlung an den einzelnen Eingangsorten bei Wertzöllen viel weniger gesichert erscheint, als bei Gewichts-, Stück- und Maßzöllen.

Indem der Entwurf aus diesen Gründen darauf verzichtete, ein Übergehen zu Wertzöllen in weiterem Umfange vorzuschlagen, ging er folgerichtig im Interesse einer möglichst einheitlichen Gestaltung des Tarifs dazu über, den einzigen Wertzoll, den wir noch haben, ebenfalls aufzugeben. So wären denn mit Inkrafttreten des neuen Tarifs die Wertzölle aus dem deutschen Tarifrecht verschwunden, wenn nicht, wie weiter oben gezeigt, die Bestimmungen über die Kampfzölle in gewissem Umfange Wertzölle nach wie vor zuließen; gilt doch auch jetzt gegenüber Haiti für Blauholz ein Zoll von 20 % vom Werte[3]).

Von überwiegender Bedeutung für das deutsche Tarifrecht bleibt hiernach auch künftig die Verzollung nach dem Gewicht. Hier ist wieder möglich

entweder die Verzollung nach dem Rohgewicht (Bruttogewicht), d. h. dem „Gewicht der Ware in völlig verpacktem

---

[1]) Hand. Arch. 1894, **1** 748; Begr. 9, 10.

[2]) Vgl. unten 149.

[3]) Oben 55 ff., vgl. ferner RGBl. 1901, 121.

Zustande, mithin in ihrer gewöhnlichen Umgebung für die Aufbewahrung und mit ihrer besonderen für den Transport"

oder die Verzollung nach dem Reingewicht (Nettogewicht), d. h. dem Gewicht, das sich ergibt, wenn man von dem Bruttogewicht die Tara, das „Gewicht der für den Transport nötigen äußeren Umschließung" abzieht[1]).

Eine ausschließliche Berechnung der Zölle nach dem Rohgewicht hätte den Vorteil, daß die Zollabfertigung rascher und einfacher vor sich ginge. Sie würde aber naturgemäß die Interessenten veranlassen, die Verpackung möglichst leicht herzustellen oder auch Waren ohne Verpackung einzuführen. Dies Verfahren könnte in besonders weitem Umfange bei solchen Waren ausgenutzt werden, die über die Freihafengebiete eingingen, die Regelung könnte also zu einer Benachteiligung solcher Interessenten führen, die genötigt sind, ihre Bezüge über andere Grenzstrecken in das Zollgebiet einzubringen.

Eine ausschließliche Verzollung der Waren nach dem Reingewicht würde eine möglichst gleichmäßige und gerechte Wirkung der Zölle sichern, denn sie würden eben nur die Waren selbst, die getroffen werden sollen, ohne jede fremde Zutat, treffen. Daneben würde die besondere Verzollung der Umschließungen, auch bei zollfreien Waren, einen Schutz der inländischen Emballagenindustrie bedingen. Große Nachteile brächte aber eine solche Regelung insofern, als die Abfertigung verlangsamt und erschwert, auch die Gefahr einer Beschädigung und Wertminderung der Waren nahegelegt werden würde. Die regelmäßige besondere Verzollung der Umschließungen würde zugleich eine erhebliche Verteuerung der Einfuhr herbeiführen, zu der der erhöhte Schutz der Emballagenindustrie im Hinblick auf den im allgemeinen geringen Wert gebrauchter Emballagen in keinem rechten Verhältnis stehen würde.

Die hervorgehobenen Nachteile haben die Regierungen bestimmt[2]), sich weder für die ausschließliche Rohgewichtsverzollung, noch für die ausschließliche Reingewichtsverzollung zu entscheiden. Es ist vielmehr das seit langer Zeit, schon in den Zeiten des Zollvereins bewährte gemischte

---

[1]) VZG. § 29 Abs. 2 ff.

[2]) Begr. 10, 11, 23.

System im wesentlichen beibehalten worden. Es gipfelt darin[1]), daß

1. zwar die Verzollung nach Reingewicht die Regel bildet, aber
2. nach Rohgewicht verzollt wird, wenn die Waren keinem höheren Zolle als 6 M. für 1 dz unterliegen, oder der Tarif bei höher belasteten Waren es besonders vorschreibt,
3. handelsübliche Umschließungen beim Übergang der Waren in den freien Verkehr zollfrei bleiben[2]).

Die zu 2 erwähnte Rohgewichtsverzollung gering belasteter Waren beruht darauf, daß die durch die Ermittlung des Reingewichts erwachsenden Umstände im Verhältnis zur Höhe des Zolles zu groß sein würden. Besonders vorgeschrieben ist die Zugrundelegung des Rohgewichts bei höher belasteten Waren teilweise auch dann, wenn die Ermittlung des Reingewichts besonders schwierig oder mit Gefahren für die Unversehrtheit der Waren verbunden sein würde, z. B. bei Austern, Hummern, gewissen Glaswaren[3]). Teilweise sind aber für derartige Anordnungen des neuen Tarifs auch andere Erwägungen maßgebend gewesen. So ist z. B. für Vaselin[4]) die Rohgewichtsverzollung vorgesehen, weil bisher die zur Herstellung des Fabrikats benötigten Öle dem gleichen Zollsatz wie die Fabrikate unterlagen, und dies, da zur Ermittlung des Gewichts der Öle die Fässer, in denen sie eingehen, mitverwogen werden müssen[5]), in Wirklichkeit dazu führte, die Rohware höher als das Fabrikat zu belasten.

---

[1]) § 3 d. G.

[2]) Vgl. das nähere Besonderer Teil, 3. Abschnitt I. 5.

[3]) Tarifnummer 119, 123, 741—751 u. andere.

[4]) Tarifnummer 239, 258; Begr. 173.

[5]) Vgl. unten 141, 142.

Besonderer Teil: Anwendung des Tarifs.

Erster Abschnitt: Zuständige Behörden und Beamte.

Amtsstellen der Zoll- und Steuerverwaltung können nicht nur, wenn sie an der Grenze, sondern auch wenn sie im Innern des Zollgebietes belegen sind, an und für sich in die Lage kommen, Waren gegen Zollentrichtung oder wegen ihrer tarifarischen Beschaffenheit ohne solche in den freien Verkehr zu setzen. Es kommt eben darauf an, ob die Warendisponenten wünschen, daß die Waren schon an der Grenze gegen Zollzahlung in den freien Verkehr treten, oder daß die Erhebung des berechneten Eingangszolles einem anderen Amte überwiesen werden soll — Begleitschein II —, daß im Eisenbahnverkehr eingehende Wagenladungen an Ämter im Innern zur weiteren Abfertigung überwiesen werden — Ladungsverzeichnis —, daß Waren von der Grenze unverzollt einer Hebestelle im Innern zur schließlichen zollamtlichen Abfertigung überwiesen werden — Begleitschein I —, daß ausländische Waren im Postverkehr eingehen, daß sie zunächst auf Zolläger gebracht werden. Nicht alle Amtsstellen sind aber berechtigt, alle ihnen vorgeführten Waren zu verzollen.

Beschränkungen hat zunächst das VZG. eingeführt[1]). Es unterscheidet die Ämter einerseits nach ihrer Lage, je nachdem sie im Grenzbezirk oder im Innern des Zollgebietes liegen, anderseits nach ihrer Bedeutung, je nachdem sie zu den Haupt- oder zu den Nebenämtern gehören.

Für sämtliche Ämter im Grenzbezirk, die Hauptzollämter und Nebenzollämter I. und II. Kl., sind die Befugnisse allgemein weiter

---

[1]) §§ 128, 131.

bemessen, als für die Ämter im Innern, die Haupt-Steuer- oder Haupt-Zoll-Ämter und die Steuer (Zoll)-Ämter I. und II. Kl. Dies ist wohl begründet. Eine zu enge Begrenzung der Befugnisse für die Grenzämter würde, weil sie gewissermaßen den ersten Anprall der eingehenden Waren auszuhalten und deren größten Teil zum freien Verkehr abzufertigen haben, verkehrshemmend wirken. Eine übermäßige Ausstattung der Ämter im Innern mit Befugnissen aber könnte die im Interesse einer möglichst einfachen Gestaltung der Kontrolle unerwünschte Folge haben, daß ohne besonderen Grund für viele Waren die Abfertigung zum freien Verkehr nicht mehr an der Grenze, sondern erst am Bestimmungsorte begehrt würde.

Mit Rücksicht auf die verschiedene Bedeutung der Ämter sind die Befugnisse der verschiedenen Klassen genau abgestuft, z. B. durch Bestimmung eines höchsten Tarifsatzes der von ihnen zu verzollenden Waren, oder eines Höchstbetrages des von ihnen im Einzelfalle zu erhebenden Zolles. Überall sind die Bedürfnisse des Verkehrs sorgfältig erwogen. In dieser Beziehung ist besonders zu erwähnen, daß alle, auch die kleinsten Ämter die mit der Post eingehenden Waren unbeschränkt verzollen können. Für besondere Fälle ist den obersten Landesfinanzbehörden eine Erweiterung der gesetzlichen Befugnisse vorbehalten.

Was die geringere Kompetenz der Nebenzollämter anbetrifft, so ist zu bemerken, daß die Bestimmungen, im allgemeinen übereinstimmend, früher in einem Abschnitt der Abteilung III des Tarifs enthalten waren[1]). In einer vor Einbringung des Entwurfs des VZG. von dem Vorsteheramt der Kaufmannschaft zu Königsberg ausgearbeiteten Denkschrift „über Reform des Zollverfahrens“ war der Wunsch ausgesprochen worden, es möchte jedes Amt zu allen im Verkehr vorkommenden Abfertigungen für zuständig erklärt werden. Die Begründung des Entwurfs[2]) betonte jedoch, jedenfalls mit Recht, daß dieser Wunsch zu weit ginge. Es wurde hervorgehoben, daß die den Nebenzollämtern bisher beigelegten Abfertigungsbefugnisse im allgemeinen den Bedürfnissen des Verkehrs genügt hätten und daß ja erforderlichenfalls die Möglichkeit gegeben sei und auch weiter gegeben werden solle,

---

[1]) Siehe oben 6.

[2]) Drucks. d. BR. d. ZV. Nr. 10 für 1869, 79.

die Befugnisse einzelner Ämter dem hervorgetretenen Bedürfnisse entsprechend zu erweitern. Anderseits sei es nicht möglich, die Nebenzollämter überall mit der für solche Abfertigungen erforderlichen Zahl von Beamten, noch mit solchen Beamten zu besetzen, welche die nötige Sachkunde haben, um ihnen jede Abfertigung anvertrauen zu können.

Die Beschränkungen des VZG. sind aber nicht die einzigen geblieben, durch welche den Befugnissen der Ämter in der Zollerhebung Schranken gezogen sind. Bei der Tarifreform des Jahres 1879 griff eine wesentliche Änderung in der Zollabfertigung der Baumwollen- und Leinengarne insofern Platz, als sie nicht mehr wie früher lediglich nach dem Gewicht verzollt, sondern die Gewichtszölle nach den englischen Nummern abgestuft werden sollten. Maßgebend war die Erwägung, daß die Abstufung des Zolles nach Feinheitsnummern[1]) rationeller ist, da durch den reinen Gewichtszoll gerade die gröberen, weil schwereren Garne, härter getroffen werden, obwohl sie niedriger im Preise stehen und weniger an Herstellungskosten erfordern, als die feineren Waren. Die reine Gewichtsverzollung müßte auch, weil sie den gröberen Waren einen unverhältnismäßig hohen Schutz sichert, den inländischen Spinner zur Herstellung nur solcher Garne hindrängen und so zur Überproduktion in diesen führen, während die inländische Weberei bei dem Bezug feinerer Garne vom Auslande abhängig bliebe[2]).

Die Abstufung nach Feinheitsnummern beruht auf der Feststellung, wie oft das Gewicht einer bestimmten Wareneinheit in einer bestimmten Gewichtseinheit enthalten ist. Für die Numerierung der Baumwollengarne insbesondere unterscheidet man ein englisches und ein französisches System, je nachdem als Einheit ein einfacher roher Faden von 840 Yards = 768 m und als Gewichtseinheit ein Pfund englisch = 453,59 g, oder als Wareneinheit ein einfacher roher Faden von 1000 m und als Gewichtseinheit 500 g angenommen ist. Das französische oder metrische System kommt fast nur in Frankreich und einem Teile von Belgien zur Anwendung. Im übrigen gilt das englische, und dieses ist auch für unseren bisherigen und den neuen Tarif maßgebend.

---

[1]) Vgl. auch oben 81.

[2]) StenB. d. RT. 1879, 5 Aktenst. 132 A. 790/791.

Die Feststellung der Nummern im einzelnen Falle erfordert genaue Kenntnis des Verfahrens, welches nicht ganz einfach ist, und ebenso gewisse Apparate. Dies gab einem Abgeordneten bei der Beratung im Plenum Anlaß zu dem von der Regierung lebhaft unterstützten Antrage, den Bundesrat zu der Anordnung zu ermächtigen, daß die Abfertigung der hierher gehörigen Waren nur bei bestimmten Zollstellen stattfinden darf, sofern die Beteiligten nicht zur Erlegung des höchsten Zollsatzes der betreffenden Tarifpositionen bereit sind. Man erwog, daß es zu wesentlichen Unzuträglichkeiten führen müßte, wenn man allen Amtsstellen jene Unterscheidungen zur Pflicht machen wollte, da sie dann sämtlich nicht allein mit den erforderlichen Utensilien ausgerüstet, sondern auch mit den geeigneten Beamten besetzt werden müßten[1]).

Eine Erweiterung der so zustande gekommenen Vorschrift des § 3 des alten Gesetzes erfolgte im Jahre 1881, als die Vorschriften des Tarifs von 1879 hinsichtlich der Zollbehandlung unbedruckter und bedruckter Tuch- und Zeugwaren einer Änderung unterzogen wurden. Anlaß zu der Tarifänderung ergab die Erkenntnis, daß bei der bisherigen Gesetzeslage die stärksten Tuch- und Buckskinstoffe dem gleichen Zoll wie die feinsten wollenen und halbwollenen Damenkleiderstoffe unterlagen, und, da die Herstellungskosten der letzteren durchschnittlich nicht kleiner als die der ersteren waren, die Fabrikation der dünnen Stoffe einen im Verhältnis des relativen Gewichts weit geringeren Schutz genoß, als die Fabrikation der dicken Stoffe. Es wurde daher eine Abstufung der Zollsätze vorgenommen, für welche die Feststellung entscheidend sein sollte, ob das Gewicht[2]) eines Quadratmeters Gewebefläche mehr als 200 g, oder 200 g und weniger betrug. Unter Hinweis darauf, daß zwar die Zollabfertigung auf Grund der neuen Vorschriften, da nur eine Gewichtsgrenze aufgestellt, zu erheblichen Schwierigkeiten kaum Anlaß geben könnte, daß es aber erwünscht wäre, eine zuverlässige Tarifierung zu sichern und die Zollverwaltungen der Verpflichtung zu überheben, alle in Betracht kommenden Zollstellen mit den etwa zur Abfertigung erforderlichen Hilfsmitteln zu ver-

---

[1]) StenB. d. RT. 1879, **6** Aktenst. 371, **3** 2116.

[2]) Vgl. auch oben 81.

sehen, wurde dann eine Ausdehnung des § 3 des Tarifgesetzes von 1879 auf derartige Abfertigungen beantragt und beschlossen[1]).

Eine gleiche Vorschrift erging dann gelegentlich einer weiteren Tarifänderung im Jahre 1885. Sie bezog sich auf die Abfertigung von harten Kammgarnen aus Glanzwolle (alte Tarifnummer 41 c 2). Die Vorlage hatte an der Zollbehandlung der Ware nichts ändern wollen[2]). Die Tarifänderung beruhte auf einem Antrage der Kommission und bezweckte, gewisse, in Deutschland wenig hergestellte, von verschiedenen Industriezweigen, z. B. der Barmener Litzen- und Bandfabrikation, aber dringend benötigte Kammgarne einem ermäßigten Zolle zu unterwerfen. Mit Rücksicht auf die Schwierigkeit der Tarifierung wurde zugleich in einer Anmerkung auch für diese Position die Abfertigungsbefugnis beschränkt[3]).

Die Unterscheidungen, welche nach dem vorstehenden bisher zu solchen Beschränkungen führten, sind, wie früher gezeigt, auch in den neuen Tarif übergegangen und zum Teil weiter ausgebildet worden[4]). Die Folge der viel feineren Durcharbeitung und Spezialisierung des neuen Tarifs ist ferner gewesen, daß in ihm auch noch für andere Waren Unterscheidungsmerkmale eingeführt sind, die bei den Beamten besondere Kenntnisse und Fertigkeiten, bei den Amtsstellen das Vorhandensein besonderer Hilfsmittel voraussetzen und deshalb den Wunsch einer Beschränkung der Abfertigungsbefugnis auf bestimmte Amtsstellen nahelegen können. Dies hat dazu geführt, in dem dem alten § 3 entsprechenden § 4 des neuen Gesetzes nicht mehr die einzelnen in Betracht kommenden Tarifnummern und Waren aufzuführen. Vielmehr ist dem Bundesrat allgemein die Ermächtigung beigelegt, vorzuschreiben, daß Waren, deren zollamtliche Abfertigung mit besonderen Schwierigkeiten verbunden ist, nur bei bestimmten Zollstellen abgefertigt werden dürfen, sofern die Beteiligten nicht bereit sind,

---

[1]) StenB. d. RT. 1881, **4** Aktenst. 183; RGBl. 1881, 119.

[2]) StenB. d. RT. 1884/1885, **5** Anl. Aktenst. 156.

[3]) StenB. d. RT. 1884/1885, **4** 2452 ff., 2816 ff., **7** Anl. Aktenst. 348, 359, 394, 412; RGBl. 1885, 106.

[4]) Vgl. wegen der Nummerermittlung Tarifnummer 440, 472, 473, 475, 476, 478, 479, 481, 482, wegen der Fadenzählung 453—455, 488, 489, 492 bis 494, 496, wegen des Gewichts einer Flächeneinheit 408, 429, 430, 432, 453 bis 455, wegen des harten Kammgarns 420, 421.

den Zoll nach dem höchsten in Frage kommenden Satze des Tarifs zu entrichten. Im Interesse des Verkehrs ist außerdem den Beteiligten jetzt noch ein anderer Weg eröffnet, sich die Abfertigung bei jeder überhaupt — d. h. nach Lage und Bedeutung[1]) — zuständigen Amtsstelle zu den gewöhnlichen Zollsätzen zu sichern. Sie können beantragen, zur Feststellung der anzuwendenden Tarifnummer die Waren oder von ihnen zu nehmende Proben an eine mit der erforderlichen Abfertigungsbefugnis versehene Zollstelle zu senden. Allerdings müssen sie sich bereit erklären, die Kosten für die Übersendung zu tragen. Unter diesen Kosten sind, wie im Gesetzestext zwar nicht besonders zum Ausdruck gebracht, aber zweifellos beabsichtigt und in der Begründung auch ausdrücklich gesagt ist, nicht nur die der Hin-, sondern auch die der Rücksendung zu verstehen. Auch die Gefahr hat für beide Versendungen der Antragsteller zu tragen[2]). In der Reichstagskommission wurde der Versuch gemacht, die bisherige beschränkte Ermächtigung des Bundesrats beizubehalten. Es wurde geltend gemacht, daß der Vorschlag des Entwurfs dazu führen könne, dem kleinen Gewerbtreibenden den Bezug von Materialien aus dem Auslande sehr zu erschweren. Der Anregung wurde indessen keine Folge gegeben[3]).

Auf einen Punkt ist noch besonders aufmerksam zu machen. Nach der bisherigen Fassung soll die Abfertigung bei anderen, als den besonders ermächtigten Amtsstellen stattfinden dürfen, wenn die Beteiligten „zur Erlegung des höchsten Zollsatzes der betreffenden Tarifpositionen" bereit sind. In der neuen Fassung lauten die hervorgehobenen Worte „den Zoll nach dem höchsten in Frage kommenden Satze des Tarifs zu entrichten." Da die Begründung das Gegenteil nicht besagt, wird angenommen werden dürfen, daß mit der geänderten Fassung eine Änderung des materiellen Inhalts der Vorschrift nicht beabsichtigt ist. Es ist also der höchste Satz derjenigen Sätze maßgebend, unter welchen die mit den entsprechenden Befugnissen versehene Amtsstelle den zutreffenden zu bestimmen in der Lage ist. Daraus folgt, daß, wenn beispielsweise eindrähtiges rohes Garn der Tarifnummer 440, für

[1]) Vgl. oben 91 ff.

[2]) Begr. 24.

[3]) KommB. 4346.

welches je nach der Feinheitsnummer neun verschiedene Zollsätze festgesetzt sind, in Frage steht, der Zoll nach dem höchsten dieser neun Sätze — 40 M. — zu berechnen ist.

Selbstverständlich können, wenn eine Amtsstelle mit mehreren Beamten besetzt ist, zu den in ihre Zuständigkeit fallenden einzelnen Eingangsabfertigungen nicht jedesmal alle Beamten herangezogen werden. Wie viele aber zuzuziehen sind? auf diese Frage — die sich für die nur mit einem Beamten besetzten Unterstellen von selbst erledigt — geben uns die gesetzlichen Quellen des Zolltarifrechts keine Auskunft. Nach der auch in die Reichsverfassung übergegangenen Vorschrift im Artikel 19 des Zollvereinigungsvertrages vom 8. Juli 1867 liegt die Erhebung und Verwaltung der gemeinschaftlichen Einnahmen den Einzelstaaten ob. Es ist nur dazu bemerkt, daß nach besonderer Übereinkunft in dieser Beziehung nach übereinstimmenden Grundsätzen verfahren werden soll. Für die hier zu erörternde Frage ist nun ein alter Grundsatz, daß alle Revisionen eingehender Waren regelmäßig — d. h. wenn die Stelle mit mehr als einem Beamten besetzt ist — durch zwei Beamte vorgenommen werden müssen. Er ist schon vor der Gründung des Zollvereins beachtet worden und findet sich beispielsweise bereits im § 25 der preußischen Geschäfts-Instruktion für die Hauptzollämter an der Landgrenze vom Jahre 1818. Für Hamburg ist dieser im Zollgebiet allgemein anerkannte Grundsatz, dessen Zweckmäßigkeit im Interesse einer richtigen Tarifierung keiner näheren Begründung bedarf, ausgesprochen im § 23 Abs. 1 des Zollabfertigungs-Regulativs. Dort ist noch ausdrücklich gesagt, daß die Beamten die Ermittlung der Menge und der Gattung der abzufertigenden Waren gemeinschaftlich zu bewirken haben. Damit ist dem Gedanken Ausdruck verliehen, daß beide Beamten für ihre Abfertigungstätigkeit im einzelnen Falle gleichmäßig verantwortlich sind.

Nicht ausgeschlossen ist, daß für wichtigere Abfertigungen die Teilnahme eines Oberbeamten, der außer den eigentlichen Abfertigungsbeamten die Verantwortung für die richtige Ermittlung der Warengattung zu übernehmen hat, vorgeschrieben wird. Derartige reine Verwaltungsvorschriften zu erlassen, sind alle den Abfertigungsstellen vorgesetzten Stellen der Verwaltung befugt. Vereinzelt hat auch der Bundesrat entsprechende Anordnungen getroffen. So ist in der von ihm unter dem

23. Dezember 1879 erlassenen Instruktion für die Zollbeamten, betreffend die Nummerermittlung der nach Pos. 2 c 1, 2, 3 bezw. 22 a, b des Zolltarifs mit Staffelzöllen belegten baumwollenen bezw. leinenen Garne[1]) unter Ziff. 1 bestimmt, daß an der Feststellung der Gattungen der hierher gehörenden Waren regelmäßig ein Oberbeamter, bei Unterämtern der Amtsvorstand teilzunehmen hat[2]).

Zweiter Abschnitt: Tarifierungstätigkeit der Beamten.

I. Von der Revision im allgemeinen.

Die regelmäßige Grundlage der Tarifierungstätigkeit der Beamten ist die Revision der Waren.

Das allgemeine Zollrecht unterscheidet[3]) zwei Arten der Revision: die generelle und die spezielle. Der Unterschied besteht darin, daß bei der speziellen Revision eine Eröffnung der Kolli stattfindet, bei der generellen nicht. Für das Zolltarifrecht kommt nur die spezielle Revision in Betracht, d. h. diejenige, bei welcher Zahl, Zeichen, Verpackungsart und Gewicht der ungeöffneten Kolli und nach deren Öffnung noch Gattung und Menge der darin enthaltenen Waren festgestellt werden. Sie ist regelmäßig da vorgeschrieben, wo Waren zum Übergang in den freien Verkehr des Zollinlandes abgefertigt werden. Diese allgemeine Regel des VZG. ist besonders wiederholt für die Fälle, in denen auf Landstraßen, Flüssen oder Kanälen eingegangene Waren an der Grenze in den freien Verkehr treten, in denen mit der Eisenbahn oder seewärts eingegangene Waren bei dem Grenzamte verzollt, mit Ladungsverzeichnis oder Begleitschein I auf Ämter im Innern abgefertigte Waren daselbst in den freien Verkehr gesetzt, Waren aus öffentlichen Niederlagen oder unter amtlichem

[1]) RZBl. 842.

[2]) Durch Verwaltungsvorschrift ist vereinzelt zugelassen, daß ein Teil des Abfertigungsgeschäfts nicht durch Beamte, sondern durch andere Personen vorgenommen wird. Erinnert sei hier an die im § 23 Abs. 2—4 des Hamburgischen Zollabfertigungs-Regulativs enthaltenen Vorschriften über die Feststellung der Warenmenge durch Gewichts- oder Maßatteste beeidigter öffentlicher Wäger und Messer, sowie des auf das Zollinteresse vereidigten kaufmännischen Hilfspersonals.

[3]) § 28 VZG.

Mitverschluß stehenden Privatlägern zur Verzollung abgemeldet werden, Versendungen von Waren mit Begleitschein II stattfinden sollen[1]).

Wie von den meisten Regeln, gibt es auch Ausnahmen von der Regel, daß zum Übertritt in den freien Verkehr bestimmte Waren speziell revidiert werden müssen.

Hier ist zunächst die Vorschrift des § 32 Abs. 2 VZG. zu erwähnen. Soll, so wird hier bestimmt, nach dem Wunsche des Deklaranten die Ladung oder ein Teil von ihr von der speziellen Revision befreit bleiben, so kann solchem Antrage gegen Entrichtung des höchsten Zollsatzes im Tarif — also nicht bloß in der betreffenden Unterabteilung des Tarifs[2]) — entsprochen werden. Vorausgesetzt für die Erteilung der Genehmigung ist nur, daß nicht besonderer Verdacht besteht, es möchte mit der Einbringung der Ladung die Verfolgung strafbarer Zwecke beabsichtigt sein. Solche könnten z. B. in der Einbringung falscher Münzen, oder der Verletzung von Einfuhrverboten bestehen. In zollstrafrechtlicher Beziehung könnte, worauf das Gesetz besonders hinweist, das Unternehmen, den Stückzoll, z. B. für Taschenuhren, zu hinterziehen, in Betracht kommen. Besteht ein Verdacht der erwähnten Art, so findet ungeachtet der geäußerten Wünsche die Revision in gewöhnlicher Weise statt[3]).

Eine Milderung hat die Vorschrift durch Ziff. 5 der Vorbemerkungen zum AWV.[4]) in bezug auf Verzehrungsgegenstände in hermetisch verschlossenen Gefäßen erfahren. Zwar wird auch hier grundsätzlich daran festgehalten, daß, wenn die spezielle Revision durch Öffnen der Gefäße abgelehnt wird, der höchste Zollsatz im Tarif zugrunde zu legen ist. Besteht jedoch kein Zweifel darüber, daß wirklich Verzehrungsgegenstände vorliegen, so hat, falls nicht etwa nach Lage des Einzelfalles ein höherer Zollsatz in Frage kommt, der Satz für in Flaschen,

---

[1]) § 39 Abs. 1 VZG., §§ 23 Abs. 1, 30 Abs. 5 Eisenbahn-Zoll-Regulativ, § 81 Abs. 2 VZG., § 34 Abs. 1 Begleitschein-Regulativ, § 31 Abs. 1 Niederlage-Regulativ, §§ 12, 17 Privatlager-Regulativ, § 2 Weinlager-Regulativ, § 51 VZG.

[2]) Vgl. oben 96, 97.

[3]) Anwendungen des Grundsatzes des § 32 vgl. im § 34 Abs. 5 Begleitschein-Regulativ, § 31 Abs. 1 Niederlage-Regulativ.

[4]) Vgl. unten 113 ff.

Büchsen usw. eingemachte Verzehrungsgegenstände Anwendung zu finden.

Eine andere Milderung jenes Grundsatzes beruht auf dem Zusatzvertrage mit Österreich-Ungarn. Daselbst ist vereinbart, daß Hopfen in luftdicht verschlossenen Metallzylindern ohne Untersuchung des Inhalts abgefertigt werden darf, wenn die Sendung von einem zoll- oder finanzamtlichen Zeugnis begleitet ist, welches bescheinigt, daß der Inhalt der Zylinder aus Hopfen besteht, und daß ferner die Zylinder von der betreffenden Amtsstelle unter amtlichen Verschluß gelegt oder daß bei Versendung in ganzen Eisenbahnwagenladungen letztere mit Zollverschluß versehen werden[1]).

Den Interessen nicht nur der Zollpflichtigen, sondern auch dem der Zollverwaltung dienen einige andere Ausnahmen von der Regel, daß die in den freien Verkehr übertretenden Waren speziell revidiert werden müssen.

Man braucht nicht einmal an so großartige Formen zu denken, wie diejenigen sind, unter denen sich der Eingangsverkehr in Hamburg vielfach vollzieht, um sich darüber klar zu werden, daß es für alle Beteiligten überaus umständlich sein und zu den größten Erschwerungen des Verkehrs führen würde, wenn die spezielle Revision in jedem Falle auf jedes einzelne Kollo einer Ladung erstreckt werden müßte. Das VZG. hat daher in einer auch für das Tarifrecht wichtigen allgemeinen Vorschrift — § 30 — probeweise Revisionen, nach dem Vorbilde älterer, im Zollverein gültig gewesener Bestimmungen, für zulässig erklärt. Die Erleichterung ist jedoch vom Vorhandensein bestimmter Voraussetzungen abhängig.

Wie bekannt, gehört es zu den Fundamentalsätzen des deutschen Zollrechts, daß die Revision der Beamten bei allen Abfertigungen eingehender Waren, mögen diese Abfertigungen den Übergang der Waren in den freien Verkehr bezwecken oder nicht, nicht die einzige Grundlage der Zollbehandlung ist, daß vielmehr der Revision eine Anmeldung der Waren seitens desjenigen, der sie zur Abfertigung vorführt, vorhergehen muß. Daß eine Ware, deren Abfertigung gewünscht wird, ohne weitere Erklärung des Vorführenden den Beamten zur Revision gestellt

[1]) StenB. d. RT. 1903/1905, Aktenst. 543 G. 7.

wird, ist nur ganz vereinzelt vorgesehen. Es kommt vor bei Reisenden (§ 92 VZG.), die statt jeder Erklärung über das Vorhandensein zollpflichtiger Waren in ihrem Gepäck, wenn solche nicht zum Handel bestimmt sind, sich der Revision unterwerfen können, ferner beim Postverkehr, wo eine Erklärung des Vorführenden durch die schriftliche Inhaltserklärung des ausländischen Absenders ersetzt wird. Handelt es sich aber, von dem Postverkehr abgesehen, um Handelswaren, so darf auf eine Anmeldung nur dann verzichtet werden, wenn der zu ihrer Abgabe Verpflichtete wegen Nichtbesitzes von Frachtbriefen oder aus anderen Gründen sich schriftlich oder zu Protokoll außerstande erklärt, eine zuverlässige Anmeldung abzugeben, und amtliche Revision beantragt (§ 27 a. a. O.). Die sonst in allen Fällen nötige Anmeldung heißt namentlich dann, wenn es sich um die erste Abfertigung nach der Grenzüberschreitung handelt, Deklaration, und man unterscheidet je nach dem Zweck, dem sie dient, generelle und spezielle Deklaration (§ 22 a. a. O.).

Voraussetzung der Zulassung der probeweisen Revision ist nun, daß spezielle Deklarationen vorliegen, daß also außer der Bezeichnung der Transportmittel, der Warenempfänger nach Namen und Wohnort, der Kolli nach Zahl, Verpackungsart, Zeichen und Nummern und der allgemeinen Bezeichnung der Gattung auch die Menge und Gattung der Waren, bei verpackten Waren für jedes Kollo, nach den Benennungen und Maßstäben des Tarifs, sowie die verlangte Abfertigungsweise angegeben werden. Ausdrücklich ausgeschlossen ist die Genehmigung noch für den oben erwähnten Fall des § 27 a. a. O. Der Grund dieser einschränkenden Bestimmungen ist darin zu finden, daß andernfalls die Abfertigungen einer genügend sicheren Grundlage entbehrt hätten. Ist aber die Voraussetzung erfüllt, so kann — um aus dem Text des § 30 nur das für das Tarifrecht wesentliche herauszuheben — die Feststellung des zu entrichtenden Zolles auf Grund probeweiser Revisionen erfolgen, sofern sich bei denselben vollkommene Übereinstimmung mit den Angaben der Deklaration herausstellt.

Die Worte „vollkommene Übereinstimmung“ haben dann seitens des Bundesrates eine den Interessen des Verkehrs entgegenkommende Auslegung erhalten. Sie soll auch dann als vorhanden gelten, wenn sich bei der Verwiegung der einzelnen Kolli nur Abweichungen von 2 % oder weniger gegen das deklarierte Gewicht herausstellen[1]).

Der Natur der Sache nach müssen die Vorschriften über die spezielle Revision ferner auch Ausnahmen da leiden, wo ein Interesse an der Gewichtsfeststellung für die Zollverwaltung überhaupt nicht besteht, oder wo Kolli, um deren Öffnung es sich handeln könnte, nicht vorliegen, die Waren vielmehr unverpackt eingehen.

Ersteres trifft zu bei den tarifmäßig zollfreien Waren. Im Zollrecht ist ein Bedürfnis, das Gewicht solcher Waren genau festzustellen, nicht begründet. Die Feststellung würde daher eine ungerechtfertigte Behinderung des Verkehrs bedeuten und unterbleibt regelmäßig[2]). Für die Revision von in Eisenbahnwagen eingehenden zollfreien, insbesondere Massengütern sind weitere erleichternde Vorschriften insofern getroffen, als dieselbe im Eisenbahnzuge und bei Massengütern ohne Deklaration lediglich auf Grund der Frachtbriefe erfolgen kann[3]).

Handelt es sich beim Übergang von Waren in den freien Verkehr um tarifmäßig zollpflichtige Waren, so fragt es sich, inwieweit das Ergebnis der speziellen Revision der Zollfestsetzung zugrunde zu legen ist. Die einzige Grundlage der Zollfestsetzung, ohne Rücksicht darauf, wie die vorangegangene Deklaration gelautet haben mag, bildet dies Ergebnis, wenn die Abfertigung zum freien Verkehr sogleich an der Grenze oder im sog. Ansageverfahren statt dessen bei einem Amte im Innern stattfindet[4]). Das gleiche gilt, wenn Waren auf Begleitschein II abgefertigt, regelmäßig auch dann, wenn mit Ladungsverzeichnis auf ein Amt im Innern überwiesene Eisenbahngüter dort verzollt werden sollen[5]).

---

[1]) Anweisung zur Ausführung des VZG. Ziff. 2. — Sinngemäße Anwendungen des § 30 vgl. in der oben 99 erwähnten Vorbemerkung 5 zum AWV., wo die probeweise Revision der Gefäße unter Voraussetzung des Vorliegens spezieller Inhaltsdeklarationen zugelassen ist, ferner in § 41 Abs. 3 VZG.

[2]) Wegen der Befugnis der Beamten, im Interesse der Statistik Revisionen der angemeldeten Waren vorzunehmen, vgl. G. betreffend die Statistik des Warenverkehrs vom 20. Juli 1879 § 8 und § 34 der Ausführungsbestimmungen.

[3]) Eisenbahn-Zoll-Regulativ § 17 Abs. 2, § 20.

[4]) Wegen einer Besonderheit bezüglich des Gewichts havarierter Waren vgl. unten 142, 143.

[5]) §§ 32 Abs. 1, 51, 66 Abs. 5, 47 Abs. 5 VZG., ferner unten 105.

Überall handelt es sich hier um Fälle, in denen nur eine spezielle Revision stattgefunden hat.

Nicht so einfach ist aber die Sache, wenn der bei Übergang der Waren in den freien Verkehr erfolgenden Revision schon eine andere, wenn auch allgemeine Revision derselben Waren vorangegangen ist. Dies kommt vor im Begleitschein- und im Lagerverkehr. Hat bei den mit Begleitschein I zur Schlußabfertigung überwiesenen Gütern beim Eingange eine Verwiegung stattgefunden, so gelten besondere Grundsätze.

Maßgebend für die Zollfestsetzung ist nicht das bei der Schlußabfertigung, sondern das bei der Ausfertigung des Begleitscheins ermittelte und in demselben eingetragene Gewicht[1]). Folge dieses Grundsatzes ist, daß, wenn sich bei der Schlußabfertigung ein Mehrgewicht findet, dieses stets unberücksichtigt bleibt, sofern nicht etwa ermittelt wird, daß die erste Ermittlung auf Versehen beruhte. Dies Ergebnis ist durchaus gerechtfertigt, da ein Mehrgewicht nur auf Eindringen von Wasser oder Anziehen von Feuchtigkeit beruhen könnte, und es unbillig wäre, einen derartigen Gewichtszuwachs einer Abgabe zu unterwerfen. Für den umgekehrten Fall, daß sich beim Erledigungsamte ein Mindergewicht herausstellt, ist die Konsequenz jenes Grundsatzes nicht im vollen Umfange gezogen. Er kommt zwar zur Anwendung, von dem fehlenden Gewicht ist also Zoll zu erheben, wenn die Waren unverschlossen und ohne amtliche Begleitung abgelassen waren. Wurden sie aber unter amtlichen Verschluß gesetzt, oder mit Beamtenbegleitung abgelassen, und findet sich bei Ankunft an dem Erledigungsamte der Verschluß unverletzt vor, findet sich auch kein Grund zu dem Verdachte, daß ein Teil der Waren heimlich entfernt wurde, kann vielmehr angenommen werden, daß das Mindergewicht nur auf natürlichen Einflüssen beruht, so ist das bei der Schlußabfertigung festgestellte Gewicht maßgebend und eine Erhebung von Zoll für das Mindergewicht unterbleibt[2]).

Ähnliche Grundsätze gelten, wenn Waren aus öffentlichen Niederlagen oder unter amtlichem Mitverschluß stehenden Privatlägern gegen Verzollung in den freien Verkehr treten

---

[1]) § 47 Abs. 1, 2, 4 VZG.

[2]) Drucks. d. BR. d. ZV. Nr. 10 für 1869, 67.

sollen[1]). Die Verzollung erfolgt, wie der Wortlaut des § 103 VZG. besagt, nach Maßgabe der bei der Einlagerung festgestellten Menge und Beschaffenheit. Hat jedoch das Gewicht während der Lagerung durch Umpacken oder durch zufällige Ereignisse eine Verminderung erfahren, oder ist anzunehmen, daß eine bei der Abmeldung wahrgenommene Gewichtsverminderung nur durch gewisse natürliche Vorgänge, wie Eintrocknen, Verdunsten, gewöhnliche Leckage usw. entstand, so ist das Auslagerungsgewicht entscheidend, falls nicht die Beteiligten die Behandlung nach dem Einlagerungsgewicht beantragen, oder der Verdacht vorliegt, daß ein Teil der Waren heimlich aus der Niederlage entfernt worden ist.

Der Natur der Sache nach werden in den weitaus meisten Fällen vorgefundene Unterschiede zwischen Einlagerungs- und Auslagerungsgewicht darin bestehen, daß das letztere geringer ist, als das erstere. Da nun nach dem vorher Gesagten in solchen Fällen fast immer das Auslagerungsgewicht entscheidend sein soll, so ergibt sich, daß in den mitgeteilten Vorschriften die Ausnahmen wichtiger sind, als die Regel. Mit anderen Worten, wenn auch nach dem Wortlaut grundsätzlich das Einlagerungsgewicht in Betracht kommt, entscheidet tatsächlich meistens das Auslagerungsgewicht. Die Verfasser des VZG. gingen auch davon aus[2]), daß die regelmäßige Berücksichtigung des Auslagerungsgewichts schon das Ergebnis der Zollnovelle vom 18. Mai 1868 (BGBl. 225 § 5) gewesen sei. Die von dem Entwurf abweichende jetzige Fassung hat der § 103 erst bei der Beratung im Zollparlament erhalten, und die Änderung wurde dort offenbar überwiegend als redaktionell angesehen. Im Niederlage-, im Privatlager- und im Weinlager-Regulativ ist dann auch der wahre Sinn des Geset es zutreffender als im § 103 zum Ausdruck gebracht worden[3]).

Wie ist aber zu verfahren, wenn im Begleitscheinverkehr ein Mindergewicht zu verzollen ist, und bei der Ausfertigung des

---

[1]) §§ 103, 108 VZG., §§ 32 Niederlage-, 12, 17 Privatlager-, 7 Weinlager-Regulativ.

[2]) Vgl. Drucks. d. BR. d. ZV. Nr. 10 für 1869, 75 Ziff. 60.

[3]) StenB. d. Zollparl. 1869, 44 ff., Niederlage-Regulativ § 32, Privatlager-Regulativ §§ 12, 20, Weinlager-Regulativ § 7.

Begleitscheins nur eine probeweise Verwiegung stattgefunden hat. Hier gilt das deklarierte Gewicht bezüglich derjenigen Kolli, welche nicht verwogen sind, als das ermittelte. Das gleiche kann z. B. stattfinden, wenn beim Ausfertigungsamte überhaupt keine Verwiegung stattgefunden hat und am Bestimmungsorte der angelegte Verschluß verletzt befunden wird. Zugrundelegung des deklarierten Gewichts an Stelle des amtlich ermittelten ist endlich auch für Fälle vorgesehen, wo im Interesse der Erleichterung des Verkehrs die Ermittlung der zollpflichtigen Warenmenge in einer minder zuverlässigen Form zugestanden ist und sich dann Unterschiede zwischen der deklarierten und der ermittelten Menge ergeben. So ist vorgeschrieben, daß, wenn bei der Ermittlung des zollpflichtigen Gewichts durch Verwiegung von mit Massengütern eingehenden Eisenbahnwagen oder durch kubische Vermessung von Getreide das ermittelte Gewicht geringer ist, als das deklarierte, letzteres der Verzollung zugrunde zu legen ist[1]).

Die Erwähnung der Erhebung von Zoll für ein Mindergewicht führt noch zu folgender Bemerkung.

Bei der regelmäßigen Anwendung des Tarifs hat die Revision den Zweck, für bestimmte Waren, welche in den freien Verkehr treten sollen, durch ihre Besichtigung die Grundlage für den zu fordernden Zoll zu schaffen. Es kommen aber auch Fälle vor, in denen Zoll zu fordern, mithin der Tarif anzuwenden ist auf Waren, die im Augenblick der Tarifanwendung den zuständigen Beamten garnicht mehr vorliegen. Dies kann vorkommen, wenn

1. nachträglich festgestellt wird, daß eine Zolldefraudation stattgefunden hat, der Täter zwar bekannt ist, aber die Gegenstände des Vergehens für die Zollbeamten nicht mehr erreichbar sind, oder
2. nach besonderen gesetzlichen Vorschriften von Warenmengen, die unter Zollkontrolle standen und aus dieser herauskamen, bezüglich welcher zwar die Begehung eines Zollvergehens nicht erwiesen, deren Verbleib aber ebensowenig festgestellt ist, Zoll erhoben werden muß, oder
3. nach den Vorschriften des Privatlager-Regulativs und anderer Regulative für Waren, die von offenen Lägern

[1]) §§ 41 Abs. 3, 4; 47 Abs. 4, 5 VZG.; ferner unten 145, 147.

oder Konten in den freien Verkehr getreten sind, Zoll zu berechnen ist.

Im Falle 1 ist es Sache der mit der Untersuchung des Straffalles befaßten Beamten, die Gattung und Menge der geschmuggelten Waren durch Zeugenvernehmungen, etwaiges Geständnis des Angeschuldigten oder in sonst geeigneter Weise soweit zu ermitteln, daß wenigstens der Mindestbetrag des hinterzogenen Zolles festgestellt werden kann.

Festere Grundlagen für die Zollfeststellung hat die Verwaltung in den zu 2 und 3 erwähnten Fällen. Beispiele zu 2 sind oben aus dem Begleitschein- und Lagerverkehr erwähnt worden[1]). Was die offenen Läger anbetrifft, so ist es in ihrem Wesen begründet und dadurch, daß sie im allgemeinen für weniger hoch belastete Waren zugelassen werden, gerechtfertigt, daß ihren Inhabern eine freiere Bewegung in der Verfügung über die gelagerten Waren zusteht. Damit hängt es eng zusammen, daß nicht, wie bei den Niederlagen und den verschlossenen Privatlägern, in jedem einzelnen Falle der Entnahme von Lagerwaren in den freien Verkehr eine Abmeldung abzugeben und eine Abfertigung vorzunehmen ist. Die Entnahmen in den freien Verkehr werden vielmehr periodisch, in der Regel halbjährlich nachträglich vom Lagerinhaber angemeldet. Auch für die fortlaufenden Konten, welche begrifflich dazu dienen sollen, den Vertrieb ausländischer Waren nach dem Auslande zu erleichtern, wird periodisch festgestellt, für welche Warenmengen, weil sie nicht ausgeführt, oder zum Übergang in eine andere Kontrolle abgemeldet sind, Zoll zu entrichten ist[2]). In solchen und den unter 2 fallenden Fällen beruht die Zollermittlung darauf, daß mit der Menge und Art der bei der letztvorhergenden amtlichen Abfertigung als vorhanden angemeldeten oder festgestellten Waren die noch vorhandenen, bei den Lägern und Konten unter gleichzeitiger Prüfung der vorgelegten Anmeldungen und Bestandsdeklarationen verglichen und der Unterschied als Gegenstand der

---

[1]) Oben 103, 104; vgl. ferner auch § 44 Abs. 1 VZG. (Haftung des Begleitschein-Extrahenten für durch spezielle Revision nicht festgestellte oder nach der Deklaration zollfreie Waren); § 64 Abs. 2 (Haftung des Vertreters der Eisenbahn-Verwaltung für im Ladungsverzeichnis aufgeführte Güter).

[2]) Privatlager-Regulativ § 16, § 20 Abs. 2 Holzlager-Regulativ, § 21 Abs. 4 Getreidelager-Regulativ, Konten-Regulativ Einleitung, § 4 Abs. 2, §§ 31 ff.

Verzollung behandelt wird. In den vorhin erwähnten Fällen, daß ein Begleitscheinextrahent oder ein Eisenbahnbevollmächtigter zur Zahlung von Zoll für nicht vorgeführte Begleitschein- oder Ladungsverzeichnis-Güter herangezogen wird, ergibt sich dann noch die Besonderheit, daß statt jeder Nachforschung nach der Warengattung der Zoll unter Zugrundelegung des höchsten Zollsatzes im Tarif von dem maßgebenden Gewicht berechnet wird[1]).

Zum Schlusse der allgemeinen Betrachtungen über die Tarifierungstätigkeit der Beamten sei noch eine formelle Vorschrift des allgemeinen Zollrechts, die auch für das Tarifrecht von Bedeutung ist, erwähnt. In allen Fällen, in denen die mit der Tarifierung befaßten Beamten eine Besichtigung der Waren vorzunehmen haben, ist es Sache des Zollpflichtigen, die Waren in solchem Zustande darzulegen, daß die Beamten die Revision, wie erforderlich, vornehmen können. Ebenso muß er die dazu nötigen Handleistungen nach der Anweisung der Beamten auf eigene Gefahr und Kosten verrichten oder verrichten lassen[2]).

II. Von der Feststellung der Warengattung. Amtliches Warenverzeichnis.

Wären die Abfertigungsbeamten bei Entscheidung der Frage, welcher Tarifstelle die einzelnen, ihnen in der Praxis zur Verzollung vorgeführten Waren zuzuweisen sind, lediglich auf den Text des Tarifs angewiesen, so ständen sie vor einer Aufgabe, der wohl nur eine beschränkte Zahl besonders erfahrener Beamter gerecht zu werden vermöchte, ohne auf die einzelne Abfertigung eine unverhältnismäßig lange Zeit zu verwenden, oder in allerlei Irrtümer zu verfallen. Aber auch die wohl erwogenen, an sich zu begründenden Tarifierungen würden von denen gleichartiger Waren durch andere Beamte vielfach so verschieden ausfallen, daß eine für einen geregelten Handelsverkehr unerträgliche Unsicherheit in der Zollbehandlung das Ergebnis sein würde. Die Zahl der einzelnen, unter die Gruppen und Unterabteilungen des Tarifs fallenden Waren ist eben zu groß, und sie sind zu mannigfaltig, als daß ihre Zuteilung nicht zu immer neuen

[1]) §§ 44 Abs. 1, 64 Abs. 2 VZG.; vgl. auch oben 99.

[2]) § 31 VZG.

Zweifeln Anlaß geben sollte. Infolgedessen wurde schon seit den frühesten Zeiten des alten Zollvereins[1]) in dem Amtlichen Warenverzeichnis ein Hilfsmittel für die Tarifierung gegeben, das einerseits auch den weniger geübten Beamten eine rasche Auffindung der zutreffenden Tarifstelle ermöglichte und anderseits Zweifelfragen, die sich für die Zuweisung gewisser Waren ergeben konnten, entschied.

Nach der im wesentlichen aus dem Zollgesetz von 1838 übernommenen Fassung des § 12 VZG. dient „zur richtigen Anwendung des Vereinszolltarifs das AWV., welches die einzelnen Warenartikel nach ihren im Handel und sonst üblichen Benennungen in alphabetischer Ordnung enthält und die auf jeden derselben anzuwendende Tarifnummer bezeichnet". Während des vieljährigen Bestehens der Einrichtung ist sie nicht in allen Einzelheiten ihres äußerlichen Ansehens unverändert geblieben. Vor allem ist infolge der Vervollkommnungen der Industrie und der Erweiterung der deutschen Handelsbeziehungen der Umfang des Verzeichnisses ein erheblich größerer geworden. Gegenüber dem dünnen Oktavbändchen von wenig mehr als 140 Seiten z. B. des AWV. für die Jahre 1840 bis 1842 weist unser jetzt geltendes Verzeichnis mehr als den dreifachen Umfang auf. Die alphabetische Ordnung ist dagegen bis heute stets festgehalten worden. Neuerdings sind jedoch Bestrebungen hervorgetreten, die darauf gerichtet sind, dem künftigen AWV. eine andere Anordnung als die nach der Buchstabenfolge zu geben. Es ist hier zunächst zu bemerken, daß die bei Bekanntwerden des Entwurfs zum neuen, in erhöhtem Maße einzelne Waren namentlich aufführenden und zur Erleichterung von deren Auffindung mit einem alphabetischen Inhaltsverzeichnis versehenen Tarifs hier und da geäußerte Ansicht, ein AWV. werde künftig nicht mehr erscheinen, nicht zutreffend gewesen ist. In der Begründung[2]) ist die zum Ausdruck gebrachte Hoffnung, daß sich die neue Einteilung der Waren im Tarif in Handel und Verkehr bald einleben werde, auch an die Bemerkung geknüpft, daß die Anwendung des Tarifs durch

---

[1]) Vgl. § 14 des Zollgesetzes vom 23. Januar 1838, Hauptprotokoll der 1. Generalkonferenz § 23 S. 68, Hauptprotokoll der 2. Generalkonferenz § 28 113 ff.

[2]) Begr. 9.

Aufstellung eines AWV. erleichtert werden würde. Ein Entwurf hat inzwischen auch bereits der Begutachtung der Landesfinanzbehörden unterlegen.

Die oben erwähnten Bestrebungen gehen nun dahin, das AWV. nach der Systematik des Zolltarifs in der Weise einzurichten, daß bei jeder Tarifstelle des Zolltarifs diejenigen Artikel aufgeführt werden, die ihr durch das AWV. zugewiesen werden sollen. Daneben soll ein alphabetisches Inhaltsverzeichnis aufgestellt werden, welches rasch erkennen läßt, wo die einzelnen Waren zu suchen sind. Ein dahin gehender Antrag der Handelskammer zu Berlin ist von der Kommission für Steuern, Zölle und Außenhandel des Deutschen Handelstags gelegentlich der Beratungen über eine Änderung des VZG. angenommen worden. Die genannte Handelskammer vertritt die Meinung, daß bei Annahme ihres Antrages die Auffindung der einzelnen Artikel erleichtert werden würde, und weist darauf hin, daß der durch Zerlegung der einzelnen Positionen hergestellte sog. Gebrauchstarif der Schweiz[1]) eine derartige Einrichtung aufweise. Ob die Berücksichtigung des Antrags in der Praxis mit Freude zu begrüßen wäre, wird zu bezweifeln sein. Denn während ein in Betracht kommender Artikel jetzt in nur einem Verzeichnis gesucht zu werden braucht, müßte man künftig, um zum Ziele zu gelangen, in zwei Verzeichnissen blättern: dem alphabetischen Inhalts- und dem systematisch geordneten eigentlichen Warenverzeichnis.

Die Aufstellung des AWV. lag im Zollverein vor Inkrafttreten des letzten Zollvereinigungsvertrages vom 8. Juli 1867 der Generalkonferenz ob[2]). Bei Schaffung des § 12 Art. 8 dieses Vertrages und des im wesentlichen gleichlautenden Artikels 37 der Verfassung des Norddeutschen Bundes, wo die Befugnisse des Bundesrats festgesetzt und ihm insbesondere die zur Ausführung der Zoll- und Steuer-Gesetzgebung dienenden Verwaltungsvorschriften und Einrichtungen übertragen wurden, lag unstreitig die Absicht vor, dem Bundesrat auf dem Gebiete des Zoll- und Steuerwesens alle Befugnisse zuzuweisen, die die Generalkonferenz besessen hatte[3]). Schon hieraus würde, zumal die erwähnte Ver-

---

[1]) Hand. Arch. 1892, **1** 735, 736; Handel u. Gewerbe XI. Jahrg. 610, XII. Jahrg. 233, 432.

[2]) Vgl. z. B. Protokoll der 1. Generalkonferenz 68.

[3]) Vgl. Laband, **4** 421.

trags- bezw. Verfassungsvorschrift im § 7 Ziff. 2 der Reichsverfassung, verallgemeinert für das ganze Gebiet der Reichsgesetzgebung, wiederholt ist, die Zuständigkeit des Bundesrats zum Erlaß des AWV. folgen. Es ist ihm aber außerdem durch § 167 Abs. 2 VZG. die Feststellung der zur Ausführung des Gesetzes erforderlichen Regulative und sonstigen Bestimmungen übertragen worden.

Nach der herrschenden Ansicht ist das AWV. an und für sich nichts weiter als eine reine Verwaltungsvorschrift, eine Instruktion für die Zollbeamten[1]. Es kann dahingestellt bleiben, ob diese Ansicht zutrifft und ob nicht dem AWV. durch die Worte „zur richtigen Anwendung des Vereinszolltarifs dient das AWV." die Eigenschaft eines Ausführungsgesetzes zum Tarif hat beigelegt werden, also eine Delegation des Gesetzgebungsrechts hat stattfinden sollen[2]. Jedenfalls geht, und das wird auch von Laband nicht bestritten, da die Auslegung, die der Bundesrat im AWV. den Bestimmungen des Tarifs gibt, für die Abfertigungsbeamten bindend ist, und der Zoll nach den daraufhin geltenden Zollsätzen bis zu ihrer Abänderung durch den Bundesrat, von den Pflichtigen erhoben wird, die wirkliche Bedeutung des AWV. erheblich weiter: es hat tatsächlich die Bedeutung einer authentischen Interpretation des Tarifs. In der erwähnten Kommission des deutschen Handelstags ist nun eine Anregung der Ältesten der Kaufmannschaft von Berlin erörtert worden, welche diesen Zustand als reformbedürftig ansieht und das AWV. zu einem bloßen Hilfsmittel für die richtige Anwendung des Tarifs machen will. Die Anregung hat jedoch in der Kommission eine Mehrheit nicht gefunden. Es wurde dagegen ausgeführt, daß, wenn das AWV. lediglich den Charakter einer Erläuterung zum Zolltarif erhielte, an die eigentlich niemand gebunden wäre, sich bei der Auslegung des Tarifs die größten und bedenklichsten Ungleichheiten herausstellen würden. Diese Bedenken, welche jedoch den Ausschuß des Handelstages und letzteren selbst nicht gehindert haben, für die Anregung der Ältesten einzutreten, sind an sich durchaus zutreffend. So lange aber der Rechtsweg in Tarifsachen

[1] Vgl. Laband **4** 433, ferner auch die Ausführungen des Staatssekretärs v. Maltzahn StenB. d. RT. 1888/1889, **3** 1723, 1724.

[2] Vgl. oben 5.

ausgeschlossen bleibt, ist die Frage überhaupt von untergeordneter Bedeutung. Denn für Verwaltungsbehörden werden die vom Bundesrat im AWV. aufgestellten Regeln bis zu ihrer Abänderung unter allen Umständen bindend bleiben[1]).

Es wird später[2]) die instruktionelle Vorschrift des § 11 VZG. erörtert werden, nach welcher Änderungen des Tarifs mindestens 8 Wochen vor ihrem Inkrafttreten öffentlich bekannt gemacht werden sollen. Angesichts der besonderen Stellung, die das AWV., wie gezeigt, unter den übrigen Ausführungsvorschriften des Bundesrats einnimmt, bedarf es keiner Ausführung, daß die am Einfuhrhandel beteiligten Kreise kaum minderes Interesse, als an einer Innehaltung des § 11 a. a. O., an einer möglichst frühzeitigen Bekanntmachung bevorstehender Änderungen des AWV. haben können. Es sind denn auch vom Reichstage wiederholt Anregungen gegeben worden, welche bezweckten, auch für Änderungen des AWV, eine einige Zeit vor ihrem Inkrafttreten erfolgende öffentliche Bekanntmachung herbeizuführen[3]). Als Frist war anfänglich eine solche von 8 Wochen, in Anlehnung an § 11 a. a. O., später eine solche von 4 Wochen in Aussicht genommen. Bei allem Entgegenkommen in der Form wurden jedoch seitens des Vertreters des Reichsschatzamtes diesen Anregungen sachlich erhebliche Bedenken entgegengestellt. Unter Hinweis auf zu befürchtende spekulative Unternehmungen — eine Befürchtung, die ja auch dazu geführt hat, den § 11 a. a. O. öfters nicht anzuwenden — wurde betont, daß eine gesetzlich festgelegte Frist von 8 Wochen in unserer Zeit hoch entwickelter Verkehrsmittel jedenfalls zu lang bemessen sein würde, daß aber auch Fälle vorkommen könnten, in denen selbst eine Frist von 4 Wochen zu lang wäre. Es wurde nur zugesagt, im Interesse der beteiligten Kreise Änderungen des AWV. so früh als irgend möglich zu deren Kenntnis zu bringen. Dieser Zusage entsprechend ist auch verfahren worden. Es wird ferner, gemäß einer anderen vom Reichstag ausgegangenen Anregnung[4]) bei Vor-

---

[1]) Vgl. Handel u. Gewerbe XI. Jahrg. 610, XII. Jahrg. 233, 432.

[2]) Unten 122 ff.

[3]) StenB. d. RT. 1884, 2 1163, 4 Anl. Aktenst. 176; 1888/1889, 4 Anl. Aktenst. 43, 6 Anl. Aktenst. 273, 3 1719 ff.; 1889/1890, 2 1044 ff., 3 Anl. Aktenst. 84.

[4]) StenB. d. RT. 1892/1893, 1 539 ff.

bereitung von Änderungen des AWV. tunlichst den Vertretungen des Handelsstandes von den geplanten Änderungen Kenntnis gegeben, damit sie so in die Lage kommen, etwaige Bedenken zur Sprache zu bringen.

Es kommt indessen auch vor, daß solche Änderungen durchaus vertraulich vorbereitet und schließlich sofort bei der Verkündung in Kraft gesetzt werden. Als ein Beispiel aus jüngster Zeit ist der BRBeschl. vom 9. Juni 1904 § 399 d. Prot. zu erwähnen. Er bezweckte namentlich, durch Änderungen des AWV. der Gefahr vorzubeugen, daß äther- oder alkoholhaltige pharmazeutische, aber nicht ausschließlich zu Heil-, sondern auch zu Genußzwecken verwendbare Erzeugnisse zu dem niedrigen Satze für alkoholhaltige Tinkturen oder versetzten Spiritus, statt zu dem hohen Satze für Branntwein eingeführt würden. Die Gefahr erschien um so größer, als nach der neusten Novelle zum Branntweinsteuergesetz inländischer Branntwein ohne zuvorige Denaturierung nicht mehr allgemein, sondern nur in bestimmten medizinischen Anstalten zu Heilzwecken steuerfrei verwendet werden darf, im übrigen aber der hohen Inlandssteuer unterliegt[1]). Würde das Vorhaben, der bezeichneten Gefahr entgegenzutreten, auch nur wenige Wochen vor seiner Ausführung in den beteiligten Kreisen bekannt geworden sein, so wäre es bei der Einfachheit der Herstellung der in Betracht kommenden Waren leicht gewesen, in dieser Zeit große Mengen davon zum Schaden der Reichsfinanzen und der inländischen Industrie zu einem geringeren, als dem nach Sinn und Absicht des Gesetzes geschuldeten Satze einzubringen. Das Beispiel beweist, wie richtig die verbündeten Regierungen handelten, als sie sich den erwähnten Anregungen des Reichstages gegenüber ablehnend verhielten.

Der Bundesrat ist bei seinen, durch das AWV. erfolgenden Entscheidungen über die Einordnung der einzelnen Waren in die verschiedenen Tarifnummern und bei seinen, teils im AWV., teils in besonderen Anleitungen gegebenen Vorschriften über die Art,

---

[1]) Alte Tarifnummer 5 a 2 AWV. 419, 457; RGBl. 1902, 243; BRBeschl. vom 18. September 1902, § 508 d. Prot. Für die Zukunft ist durch die Anm. zu Nummer 386—388 des neuen Tarifs dahin Bestimmung getroffen, daß äther- oder weingeisthaltige pharmazeutische Erzeugnisse der Verzollung als Branntwein unterliegen, falls zur Herstellung der gleichartigen Waren im Inlande undenaturierter Branntwein steuerfrei nicht verwendet werden darf.

wie in einzelnen Fällen die Warengattung zu bestimmen ist, nicht ausschließlich an Wortlaut und Sinn des Zolltarifgesetzes und seiner Anlage gebunden. Auch die Handelsverträge, und insbesondere die neuen Zusatzverträge enthalten in dieser Beziehung mancherlei Vereinbarungen. Es würde zuweit führen, auf alle diese einzelnen Bestimmungen einzugehen.

Besonders hervorzuheben ist:

1. Über die Art, wie Malzgerste von anderer Gerste zu unterscheiden ist, hat in den Verträgen mit Rußland und Österreich-Ungarn Vereinbarung stattgefunden. Das Verfahren gipfelt im wesentlichen in der Feststellung, ob das Gewicht von 1 hl Gerste 65 kg erreicht oder nicht.

2. Für verschiedene Fälle soll die Warengattung festgestellt werden durch Bescheinigungen ausländischer Beamten, Behörden oder wissenschaftlicher Anstalten. Dies gilt nach den Verträgen mit Belgien und Österreich-Ungarn in bezug auf die Zugehörigkeit von Pferden zu bestimmten Schlägen (oben 73), nach den Verträgen mit Italien und Österreich-Ungarn in bezug auf die Beschaffenheit von Wein, nach dem Vertrag mit Italien außerdem in bezug auf die Frage, ob sich in einer Ware, die als Baumöl (Olivenöl) oder als Sumachauszug behandelt werden soll, Beimengungen anderer Öle usw. befinden.

3. Im Vertrage mit Belgien sind endlich Vorschriften darüber vereinbart, wie zu verfahren ist, wenn über den Wert von Pferden Streitigkeiten zwischen dem Einbringer und der Zollstelle entstehen[1]).

Das AWV. besteht nun nicht ausschließlich aus einer alphabetischen Zusammenstellung von Waren. Schon in den älteren Verzeichnissen war dieser Zusammenstellung unter der Überschrift „Anmerkung“ später „Vorbemerkungen“ eine Art Gebrauchsanweisung vorangestellt, in der namentlich gesagt war, daß, wenn eine einzelne Ware nicht besonders genannt wäre, unter den entsprechenden Gattungswörtern, Sammelnamen, von denen dann eine größere Anzahl aufgeführt wurde, nachgeschlagen werden müßte. In dem vom 1. Januar 1860 ab gültigen AWV. zuerst wurden dem alphabetischem Verzeichnisse ferner, und zwar

[1]) StenB. d. RT. 1903/1905, Aktenst. 543 A. 9 ff., 18, B. 8, 42, G. 8, 9, Denkschrift 5, 6, 7, 28, 29, Anl. XIII 2, 4, 40, 42.

am Schlusse, noch sog. „Instruktionspunkte" beigegeben. Hier fanden sich Regeln, welche für die Zollbehandlung gewisser Waren oder Warengruppen von Bedeutung sind, so die Bestimmung, daß lediglich zur Erhaltung auf dem Transport mit Salz bestreute Fische wie frische zu behandeln sind, ferner die Zollfreiheit für gebrauchte leere Emballagen usw. Gelegentlich der Tarifreform von 1879 wurden einzelne Vorschriften aus den Instruktionspunkten in das Zolltarifgesetz, andere als Anmerkungen in das alphabetische Verzeichnis übernommen. Im übrigen blieb formell die Einrichtung bestehen, daß diesem Verzeichnis eine „Anleitung zum Gebrauch" vorangestellt und „Instruktionspunkte" angehängt wurden[1]). Erst bei der Aufstellung eines neuen AWV. im Jahre 1887 wurde der Inhalt der beiden Beigaben zusammengearbeitet und dem Verzeichnis unter der Bezeichnung „Vorbemerkungen" vorangestellt. Diese Einrichtung ist auch bei Aufstellung der, allerdings mit vielen durch Nachträge herbeigeführten Änderungen, noch heute geltenden neuen Redaktion im Jahre 1895 beibehalten worden[2]).

Die Vorbemerkungen bilden einen integrierenden Bestandteil des AWV., und ihre einzelnen Bestimmungen haben dieselbe Bedeutung, wie diejenigen des eigentlichen Verzeichnisses. Das Gegenteil kann nicht etwa aus dem Wortlaut des § 12 VZG. im Hinblick darauf gefolgert werden, daß die Vorbemerkungen nicht in das alphabetische Verzeichnis eingeordnet sind. Denn unzweifelhaft ist die Kenntnis des Inhalts dieser Vorbemerkungen Vorbedingung für die richtige Anwendung des Verzeichnisses, gehört also streng genommen in dasselbe hinein, und nur aus redaktionellen Gründen, um Unklarheiten und Wiederholungen, sowie Lücken zu vermeiden, war die Zusammenfassung außerhalb des eigentlichen alphabetischen Registers geboten[3]).

Was den Inhalt der gegenwärtig geltenden Vorbemerkungen anbetrifft, so ist er, wie aus der Entstehungsgeschichte zu entnehmen, nicht überall von gleicher Bedeutung. Er ist zum Teil nur eine formelle Gebrauchsanweisung, indem z. B. die Bedeutung

---

[1]) Drucks. d. BR. Nr. 185 für 1879, Prot. für 1879 §§ 402, 425, 654.

[2]) Drucks. d. BR. Nr. 78 für 1887, Prot. § 333, Drucks. d. BR. Nr. 104 für 1895, Prot. § 582.

[3]) Vgl. auch Entsch. d. RG. i. Str. **13** 321.

von Abkürzungen oder verschiedenen Formen des Druckes erläutert wird. Besonders wichtig ist in dieser Beziehung der besondere Druck der gewöhnlich noch durch das Wort „vertragsmäßig“ hervorgehobenen, auf Verträgen mit anderen Staaten beruhenden Ermäßigungen und Zollfreiheiten. Ein Verzeichnis aller auf diese Vergünstigungen ein Anrecht habenden Staaten ist gleichfalls eingefügt. Zum anderen Teil aber enthalten die Vorbemerkungen grundsätzliche Vorschriften für die Abfertigung von großer Wichtigkeit. Zwei dieser Grundsätze wurden bereits an anderer Stelle erwähnt[1]). Von den noch nicht erwähnten Vorschriften sind hier besonders — ohne sie einzeln darzulegen — diejenigen anzuführen, welche darüber Entscheidung treffen, wie Waren zu behandeln sind, die sich als aus verschieden tarifierten Bestandteilen zusammengesetzte, als mechanische Gemenge oder Gemische verschieden tarifierter Bestandteile darstellen, und inwieweit die für die Behandlung zusammengesetzter Gegenstände geltenden Regeln auch Anwendung finden, wenn solche Waren in ihre Bestandteile zerlegt eingehen. In letzterer Beziehung soll nicht unerwähnt bleiben, daß im Zusatzvertrage mit der Schweiz Vereinbarungen über die Zollbehandlung gewisser Gegenstände (Maschinen, Fahrzeuge usw.) getroffen sind, die in zerlegtem Zustande eingehen[2]).

III. Von der Berücksichtigung der Änderungen des Tarifs.

Falls Veränderungen der Zolltarifbestimmungen in Kraft treten, entsteht die Frage, ob Waren, die zur Zeit des Inkrafttretens zwar die Grenze bereits überschritten hatten, die aber damals noch nicht in den freien Verkehr getreten waren, nach den alten, oder nach den neuen Bestimmungen zu behandeln sind. Auf diese Frage des Tarifrechts gibt § 9 Abs. 2 des VZG. Antwort. Er bestimmt:

> Der Zoll ist nach denjenigen Tarifsätzen und Vorschriften zu entrichten, welche an dem Tage gültig sind, an welchem die zum Eingange bestimmten Waren bei der kompetenten Zollstelle zur Verzollung, zur Abfertigung auf Begleitschein II (§ 33), oder zur Anschreibung auf Privatkreditlager (§ 108) angemeldet und zur Abfertigung gestellt werden.

[1]) Oben 48, 49.

[2]) StenB. d. RT. 1903/1905, Aktenst. 543 E. 7, 8.

Die teilweise früher in der dritten Abteilung des Tarifs enthaltene[1]) Vorschrift ist bei Schaffung des VZG. in dieses übernommen worden. Die Aufnahme in ein Privatkreditlager ist auf Anregung der Ausschüsse besonders erwähnt worden. Es sollte damit der Zweifel entschieden werden, ob für die Berechnung des Zolles solcher Waren der Tag ihrer Anschreibung auf das Lager oder der der Berechnung und In-Einnahme-Stellung des Zolles maßgebend ist[2]).

Um mit dem Schlußsatz der Vorschrift zu beginnen, so kommt es auf den Tag an, an welchem die Waren angemeldet und zur Abfertigung gestellt werden. Die Anmeldung ist hier nicht in dem früher[3]) erörterten Sinne der Deklaration zu verstehen. Anderenfalls würde die Vorschrift die Fälle, in denen eine Abfertigung ohne vorherige Deklaration, lediglich auf Grund der Vorführung und des Antrags auf Vornahme der Eingangsabfertigung stattfindet[4]), überhaupt nicht treffen. Die Anmeldung allein, die bloße Mitteilung von dem bevorstehenden Eintreffen einer Ware bei der Abfertigungsstelle, ist ohne rechtliche Bedeutung. Das gleiche hat zu gelten von einer rein tatsächlichen Ablieferung einer Ware bei der Abfertigungsstelle ohne jede Erklärung darüber, was mit der Ware geschehen soll. Entscheidend ist vielmehr der Tag, an welchem der Abfertigungsstelle die Möglichkeit gegeben wird, die Ware abzufertigen. Dieser Tag braucht nicht notwendig der der wirklichen Abfertigung zu sein. Würde beispielsweise eine ohne Deklaration vorgeführte Ware in der Abfertigung hinter andere, gehörig deklarierte Waren zurückgestellt und käme sie infolgedessen erst am nächsten Tage zur Abfertigung, und träte gerade an diesem Tage die Erhöhung oder Ermäßigung des betreffenden Zollsatzes in Kraft, so müßte die Verzollung nichtsdestoweniger nach dem früheren niedrigeren oder höheren Satze erfolgen.

Nach dem Wortlaut kommt aber ferner nicht jede Anmeldung und Gestellung zur Abfertigung, sondern grundsätzlich nur die zum Zwecke der Verzollung erfolgende in Betracht. Dieser

---

[1]) Vgl. oben 6.

[2]) Drucks. d. BR. d. ZV. 1869, Nr. 10 54, Nr. 63 3.

[3]) Oben 101.

[4]) Vgl. oben 101.

Regelung wird vor einer anderen, welche als maßgebend für die Höhe des Zolles etwa den Tag der ersten Abfertigung nach der Überschreitung der Grenze (auf Begleitschein I, Ladungsverzeichnis, zur Niederlage), also eine Abfertigung bezeichnete, bei deren Vornahme noch garnicht feststeht, ob und wann eine Verzollung der Waren überhaupt eintreten soll, der Vorzug zu geben sein. Da es sich bei der Zollerhebung um eine Tilgung der Zollschuld durch Zahlung handelt, ist vielmehr der Tag als entscheidend angesehen, an welchem der Schuldner seinerseits alles tut, um die endgültige Feststellung der zu zahlenden Schuld herbeizuführen[1]). Die Zugrundelegung des Tages der wirklichen Zahlung konnte, wie noch besonders erwähnt sei, deswegen nicht in Frage kommen, weil dann die Schuldner, denen Kredit bewilligt ist, bezüglich der gleichen Waren anders behandelt werden könnten, als diejenigen, welche Barzahlung zu leisten haben.

Daß das Gesetz der Verzollung die Abfertigung auf Begleitschein II und zur Aufnahme in Privatkreditlager gleichstellt, beruht darauf, daß auch diese Abfertigungen die endgültige Feststellung der Höhe des zu zahlenden Zolles bezwecken. Die Begleitscheine II dienen nur dazu, die Einziehung eines festgestellten Zollbetrages durch ein anderes Amt, als das abfertigende, zu sichern. Es handelt sich mithin lediglich um ein im Interesse des Verkehrs zugelassenes Rechnungsmanöver, die Vereinnahmung eines Zollbetrages bei einem anderen Amte, als demjenigen, welches den Betrag festgestellt hat, verbunden mit einer kurzen Stundung. An dem festgestellten Betrage findet — abgesehen von der Berichtigung von Rechenfehlern — eine Änderung unter keinen Umständen mehr statt, und die nicht rechtzeitige Einzahlung des festgestellten Betrages hat die Einziehung desselben von demjenigen

[1]) In den Kreisen der Handelsvertretungen überwiegt allerdings jetzt die Meinung, daß Waren, die aus Niederlagen in den freien Verkehr treten, den Tarifsätzen und Vorschriften, die bei ihrer Einlagerung gültig waren, unterliegen müßten, falls sich diese Sätze während der Lagerzeit zu ungunsten der Einlagerer ändern. (Handel und Gewerbe XI. Jahrg. 609, XII. Jahrg. 233, 432.) Eine Berücksichtigung der Anregung würde eine erhebliche Ungleichheit gegenüber der Behandlung solcher Waren bedeuten, die aus dem Auslande unmittelbar in den freien Verkehr treten und deren Zollbehandlung bei der Einfuhr ungünstigeren Bestimmungen unterliegt, als bei der Bestellung (vgl. unten 122).

zur Folge, der die Abfertigung auf Begleitschein II beantragte[1]). Die in Privatkreditläger aufgenommenen Waren sind zum Absatz im Zollgebiet bestimmt und dienen nur dazu, den darauf ruhenden, aber noch nicht bar bezahlten, sondern kreditierten Zoll zu sichern. Diesem Zwecke entsprechend haftet der Inhaber des, in der Regel des amtlichen Mitverschlusses entbehrenden, Lagers für die auf den niedergelegten Waren haftenden Zollgefälle unbedingt nach Maßgabe des bei der Verabfolgung zum Lager festgestellten Gewichts und ohne Rücksicht auf eine daran während der Lagerung durch natürliche Einflüsse oder zufällige Ereignisse eingetretene Abminderung oder Zerstörung[2]). Kann hiernach auch in der Theorie[3]) Zweifel darüber herrschen, ob die auf Begleitschein II oder auf Privatkreditlager abgefertigten Waren sich im freien, oder im gebundenen Verkehr befinden — denn unter zollamtlicher Aufsicht befinden sie sich ja in der Tat — so wird man die Frage doch, wenn man sich das praktische Ergebnis vergegenwärtigt, im ersteren Sinne beantworten müssen. Der § 9 hat daher diese Abfertigungen mit Recht der Abfertigung zur Verzollung gleichgestellt.

Durch einen BRBeschl. vom Jahre 1882[4]) ist dann bestimmt worden, daß auch Waren, die im Veredelungsverkehr ein-, binnen der bestimmten Frist aber nicht wieder ausgeführt, oder metallene Materialien, die für den Schiffsbau eingeführt, deren Verwendung dazu aber nicht nachgewiesen ist, nach den bei der Eingangsabfertigung geltenden Vorschriften zu behandeln sind.

Die Vorschrift gibt aber noch zu weiteren Bemerkungen Anlaß.

1. Sie geht davon aus, daß der Zoll nach Tarifsätzen und Vorschriften zu entrichten ist, welche an einem bestimmten Tage gültig sind. Sie setzt also voraus, daß überhaupt ein Zoll zu entrichten ist, daß es sich um eine nach dem Tarif zollpflichtige Ware handelt. Die Bestimmung kann mithin nicht dahin verstanden werden, daß sie auch die Frage zu regeln hat, ob

---

[1]) §§ 33, 51 VZG., §§ 1, 21, 48 Begleitschein-Regulativ und Muster B dazu.

[2]) § 108 VZG, §§ 1, 23, 4 Privatlager-Regulativ.

[3]) Vgl. Behr, Zollpflicht und freier Verkehr, in der Zeitschr. für Zollwesen und Reichssteuern 1 166, Anm. 19.

[4]) Drucks. d. BR. Nr. 82, § 22, Prot. § 295 für 1882.

eine Ware zollfrei oder zollpflichtig ist. Eine Ware, die bei Überschreitung der Grenze tarifmäßig zollfrei ist, braucht nicht verzollt zu werden, wenn auch an dem Tage, an welchem sie zum Übergang in den freien Verkehr abgefertigt wird, gleichartige Waren tarifmäßig zollpflichtig sind. Dies folgt auch daraus, daß § 9 VZG. nach seiner Überschrift „Erhebungsmaßstab, nach welchem der Zoll zu entrichten ist" nur auf tarifmäßig zollpflichtige Waren Bezug hat, und daß eine Abfertigung zur Verzollung, auf Begleitschein II und Privatkreditlager bei tarifmäßig zollfreien Waren nicht stattfinden kann.

Die Frage ist von nicht geringer praktischer Bedeutung insofern, als unser künftiges Tarifrecht, wie früher gezeigt, bei gewissen Obstsorten und bei frischen Kartoffeln Saisonzölle in der Art kennt, daß diese Waren während eines Teiles des Jahres zollpflichtig, während eines anderen zollfrei sind. Gelangte eine Sendung Kartoffeln, die bis zum 14. Februar einschließlich zollfrei sind, an diesem Tage zur Vorabfertigung bei dem Grenzeingangsamte, so wäre sie nach der vorstehend vertretenen Auffassung zollfrei, wenn auch erst am 15. Februar ihre zollamtliche Schlußabfertigung erfolgte.

Allerdings ist im neuen Zusatzvertrage mit Italien eine Bestimmung vereinbart worden, aus der vielleicht geschlossen werden könnte, daß die an der Abfassung des Vertrages Beteiligten abweichender Ansicht über die Auslegung des § 9 des VZG. waren. Dort ist besonders verabredet, daß, wenn eine Ware, welche einem Saisonzolle unterliegt, vor dem Beginn der zollpflichtigen Periode einem zuständigen Grenzzollamte angemeldet und zur Abfertigung gestellt ist, auch dann zollfrei abgelassen werden soll, wenn die Abfertigung erst nach Ablauf der zollfreien Periode beendet wird. Ferner ist verabredet, daß, wenn eine solche Ware einem Zollamt im Innern zur Schlußabfertigung überwiesen wird, sie zollfrei zu lassen ist, wenn an dem Tage der Ausfertigung des Ladungsverzeichnisses oder Begleitscheins I durch das Grenzzollamt die zollpflichtige Periode noch nicht begonnen hat.

Beide Vereinbarungen, von denen die zweite auch eine wesentliche Abweichung vom Grundsatz des § 9 (oben 116, 117) darstellt, sind entbehrlich, wenn man in dieser Frage lediglich den Tag der Grenzüberschreitung als entscheidend ansieht.

2. Aus dem Wortlaut des § 9 folgt weiter, daß er nicht anwendbar ist, wenn eine Anmeldung oder Gestellung zur Abfertigung garnicht erfolgt, d. h. wenn die Waren entweder ohne Anmeldung über die Grenze gebracht, oder im Zollgebiet der zollamtlichen Kontrolle entzogen werden. In diesen Fällen wird entweder der Tag der Grenzüberschreitung, oder der Tag der Verletzung der Kontrollvorschriften, in welcher die Defraudation zu finden ist (vgl. § 136 VZG.) als entscheidend gelten müssen[1]).

3. Endlich ist zu bemerken, daß die Worte „Tarifsätze und Vorschriften" nicht zu weit ausgelegt werden dürfen. Durch die Gleichstellung der Vorschriften mit den Tarifsätzen hat offenbar angedeutet werden sollen, daß auch die Vorschriften, ebenso wie die Tarifsätze auf Gesetz oder dem gleichstehenden Vorschriften des Bundesrats, insbesondere also auf dem Tarifgesetz und dem Amtlichen Warenverzeichnis beruhen. Nicht dahin gehören aber Anordnungen zur Auslegung jener grundlegenden Vorschriften, wie sie von den mit der Handhabung des Tarifrechts befaßten Verwaltungsbehörden der verschiedenen Instanzen erlassen werden. Wollte man auf alle solche Auslegungsbestimmungen den § 9 anwenden, so wäre beispielsweise ein Importeur, der von einer Ware einen niedrigeren Zoll auf Grund einer zur Zeit der Vorführung zur Verzollung in Geltung befindlichen Verfügung des Hauptamtes entrichtet hat, später aber auf Grund einer Verfügung der vorgesetzten Direktivbehörde, welche einen höheren Zollsatz für zutreffend erachtet, den Differenzzoll nachzahlen soll, berechtigt, die Zahlung abzulehnen. Bei einer derartigen Auffassung verlöre die Vorschrift über die Nachforderung von Zollgefällen (§ 15 VZG.) den größten Teil ihrer Bedeutung. Keinesfalls kann dem § 9 eine Auslegung gegeben werden, die ihn zu einer Stütze für die Anfechtung an sich berechtigter Nachforderungen des Fiskus machte.

Die bisherigen Erörterungen über die Auslegung des § 9 sind im wesentlichen juristischer Natur gewesen. Die Frage, von welchem Tage ab eine im Zoll erhöhte Ware dem höheren Zoll unterliegt und ebenso die weitere Frage, von wann ab eine bis-

---

[1]) Vgl. hierzu und zu 1 Havenstein 15, Anm. 2. Anderer Ansicht zu 1 Löbe 73, Ziff. 9, Abs. 2. Vgl. ferner StenB. d. RT. 1903/1905 Aktenst. 543 A. 9.

her zollfreie, aber für zollpflichtig erklärte Ware als zollpflichtig zu behandeln ist, hat aber auch eine ganz erhebliche wirtschaftliche Bedeutung. Und zwar gilt das nicht nur für Waren, die zur Zeit des Inkrafttretens der neuen Bestimmungen die Grenze bereits überschritten haben, sondern unter Umständen auch für solche, die zu dieser Zeit vom Herstellungsorte noch nicht einmal abgesandt waren. Wie die Frage in letzterer Beziehung rein juristisch zu beurteilen ist, kann nicht zweifelhaft sein. Die Zollpflicht entsteht erst bei Überschreitung der Grenze. Vorschriften also, die darüber entscheiden, ob eine Ware zollfrei ist oder nicht, ob sie einem niedrigeren oder einem höheren Zollsatze unterliegt, und die, bevor die Ware über die Grenze gebracht wird, aufgehoben oder abgeändert werden, kommen für die Behandlung dieser Ware überhaupt nicht in Betracht. Auf sie finden vielmehr an und für sich lediglich die neuen Bestimmungen Anwendung.

Diese juristisch einfache Entscheidung kann aber wirtschaftlich nach zwei Richtungen weittragende Folgen haben, wenn die neuen Vorschriften eine Verschärfung der bisherigen enthalten. Im umgekehrten Falle, wenn also die Zölle auf gewisse Waren ermäßigt oder ganz beseitigt werden, ist die Regelung der Frage von weniger großer Bedeutung. Dem Staat, der sich entschließt, seine Zollschranken zu vermindern, wird es im allgemeinen wenig verschlagen, ob die Vorteile der Neuerung einer etwas größeren oder kleineren Warenmenge zugute kommen. Jedenfalls muß er darauf gefaßt sein, und er ist garnicht in der Lage, zu verhindern, daß der Handel, sobald das Zustandekommen der Neuerung feststeht, Schritte tut, um möglichst große Mengen der Ware der Neuerung teilhaftig werden zu lassen.

Werden aber Zollsätze erhöht, oder Zölle neu eingeführt, so liegt die Sache anders. Die Staatsgewalt unternimmt derartige Schritte, um entweder die Staatseinnahmen zu erhöhen (Finanzzölle), oder den inländischen Gewerbebetrieb gegen den Wettbewerb gleichartiger Betriebe des Auslandes zu schützen (Schutzzölle), oder unfreundlichen Handlungen wirtschaftspolitischer Natur, die von anderen Staaten gegen sie gerichtet werden, durch entsprechende Maßnahmen zu begegnen (Kampfzölle). In jedem dieser Fälle würde das Eintreten der Wirksamkeit der Maßnahme erheblich hinausgeschoben, unter Umständen die Wirkung überhaupt in Frage gestellt werden, wenn vor dem Inkrafttreten der Neuerung noch große Vorräte der betreffenden Waren zu den älteren, für den Handel günstigeren Bedingungen eingeführt werden könnten.

Anderseits muß es der Importeur, der beispielsweise bei einem überseeischen Lieferanten im Vertrauen auf das Fortbestehen der geltenden Zollvorschriften und ohne Kenntnis von ihrer bevorstehenden Änderung Waren bestellt hat, als Härte empfinden, wenn er die Anwendung schärferer, inzwischen zustandegekommener Tarifvorschriften auf diese Waren sich gefallen lassen muß. Denn er hat, als er den von ihm zugestandenen Preis kalkulierte, die für ihn günstigeren älteren Zollvorschriften zugrunde gelegt und wird im allgemeinen nicht in der Lage sein, den ausländischen Lieferanten zu einer Ermäßigung des bedungenen Preises oder einem Abstehen vom Vertrage im Hinblick auf die eingetretene Gesetzesänderung zu nötigen.

Diese widerstreitenden Interessen haben in der Tat bei derartigen Tarifänderungen in der Gesetzgebung Berücksichtigung gefunden, doch handelt es sich dabei nicht um eine alle Fälle regelnde Entscheidung. Eine solche findet sich weder im Zolltarifgesetz noch sonst irgendwo. Allerdings enthält § 11 VZG. die in das Gebiet des Tarifrechts fallende Vorschrift, daß

> „Abänderungen des Vereinszolltarifs der Regel nach wenigstens acht Wochen vor dem Zeitpunkte, mit welchem sie in Kraft treten, zur öffentlichen Kunde gebracht werden“

sollen. Diese, einer ähnlichen Vorschrift des alten Zollgesetzes nachgebildete Bestimmung, welche bei Schaffung des VZG. im Interesse des Handelsstandes aufgenommen wurde[1]) und die entgegenstehenden Interessen des Fiskus außer Betracht läßt, zeigt indessen schon durch ihren Wortlaut, daß sie lediglich instruktionell ist. Tatsächlich hat man sich denn auch bei derartigen Tarifänderungen von Fall zu Fall schlüssig gemacht, und es sind seit der Tarifreform von 1879 in vorkommenden Fällen verschiedene Wege zur Regelung der einschlägigen Verhältnisse in der Übergangszeit beschritten worden.

1. Bei der umfassenden Tarifreform des Jahres 1879 erwog die Regierung, daß im Hinblick auf die zu erwartende Neuein-

---

[1]) Drucks. d. BR. d. ZV. für 1869, Nr. 10, 55.

führung oder Erhöhung vieler Zölle die Spekulation sich des Geschäfts in den betreffenden Artikeln bemächtigen und vor dem Inkrafttreten der Neuerungen eine Einfuhr veranlassen würde, welche weder zur Deckung des Bedarfs in naher Zukunft erforderlich, noch in sonstigen Verhältnissen des regelmäßigen Geschäfts begründet wäre. Zur Abwendung der hierdurch dem Fiskus, der inländischen Produktion und auch den weniger kapitalskräftigen Importeuren drohenden Nachteile sollte dem Reichskanzler die Ermächtigung erteilt werden, mit Zustimmung des Bundesrats und des Reichstags Eingangszölle von bis dahin zollfreien Gegenständen und Erhöhungen bestehender Zölle, deren Einführung in dem dem Reichstag vorliegenden Gesetzentwurf vorgesehen war, vorläufig in Hebung zu setzen. Die Anordnung sollte bei Inkrafttreten, Ablehnung oder Zurückziehung des Entwurfs, spätestens aber am 15. Tage nach Schließung der Reichstagssession außer Kraft treten, die gegen das dann geltende Gesetz zuviel gezahlten Zollbeträge sollten zurückgezahlt werden. Aus den Beratungen des Reichstags ging das Gesetz in einer Fassung hervor, welche die mitgeteilten Hauptgrundsätze festhielt, jedoch einerseits die Wirkung auf bestimmte Waren beschränkte und anderseits unzweideutig zum Ausdruck brachte, daß das Gesetz nur für den damals vorliegenden Fall, nicht für künftige Fälle von Tarifänderungen bestimmt war, auch bereits Beschlüsse des Reichstags in zweiter Lesung voraussetzte. Mehrere Anordnungen wurden daraufhin vom Reichskanzler erlassen[1]).

Die Regelung bezweckte nach dem Mitgeteilten lediglich eine Sicherung des Fiskus und der an der Einführung von Schutzzöllen interessierten inländischen Produktion. Demselben Zwecke diente im § 1 des Zolltarifgesetzes vom 15. Juli 1879 die Vorschrift, daß das neue Gesetz bezüglich einer ganzen Reihe wichtiger Tarifnummern sofort in Kraft treten sollte. Hinsichtlich der anderen Tarifnummern war der instruktionellen Vorschrift des § 11 VZG. insoweit Rechnung getragen[2]), als ihr Inkrafttreten teils auf den 1. Oktober 1879, teils auf den 1. Januar 1880, teils sogar auf den 1. Juli 1880 festgesetzt wurde.

---

[1]) StenB. d. RT. 1879, **5** Aktenst. 178, **6** Aktenst. 209, 225, 230, ferner **2** 1314 ff., 1481 ff., 1509 ff., RGBl. 1879 149, 150, 161, 163.

[2]) RGBl. 1879 207.

2. Eine ähnliche Regelung fand bei den Tariferhöhungen vom Jahre 1885 statt. In gleicher Weise, wie 1879, wurde der Reichskanzler ermächtigt, gewisse Zölle in derjenigen Höhe vorläufig in Hebung zu setzen, die der Reichstag bei der zweiten Lesung des ihm vorliegenden Entwurfs genehmigt hatte oder genehmigen würde[1]). Gleichzeitig fanden jedoch die entgegenstehenden Interessen der Importeure diesmal stärkere Berücksichtigung. In Anlehnung an eine bei Tariferhöhungen im Jahre 1881[2]) getroffene Bestimmung wurde in dem Sperrgesetz ausgesprochen, daß nicht die vorläufig in Kraft gesetzten neuen, sondern die bis dahin gültigen Zollsätze erhoben werden sollten, insoweit die Gegenstände infolge von Verträgen eingeführt würden, die nachweislich vor dem 15. Januar 1885 geschlossen waren. Es wurde angenommen, daß an dem genannten Tage das Bevorstehen der Zollerhöhungen allgemein bekannt gewesen sein müsse, daß es aber eine Forderung der Gerechtigkeit sei, diejenigen schadlos zu halten, die vor jenem Tage bereits Abschlüsse über hierher gehörige Waren gemacht hatten. Die Vorschrift wurde in einzelnen Beziehungen, namentlich über die Art, wie der Nachweis des früheren Vertragsabschlusses zu führen, ergänzt durch das die Tarifänderungen endgültig festlegende Gesetz vom 22. Mai 1885. Anderseits wurde in diesem Gesetz bei Festsetzung des Zeitpunktes des Inkrafttretens die Bestimmung des § 11 VZG. wiederum nicht für alle Waren genau innegehalten[3]).

3. Ganz abgesehen wurde von der zuletzt erwähnten Vorschrift bei den Tariferhöhungen des Jahres 1887. Die Reform betraf hauptsächlich die Zollsätze auf Getreide und Mühlenfabrikate und bezweckte, einer als vorhanden anerkannten Notlage der Landwirtschaft abzuhelfen. Um diese Hilfe unverzüglich wirksam werden zu lassen, wurde vorgeschlagen, die Gültigkeit der wichtigsten neuen Zollsätze auf den 26. November 1887, an welchem Tage der Gesetzentwurf an den Reichstag gelangte, mit der im § 9, Abs. 2 VZG. bezeichneten Wirkung zurückzu-

---

[1]) StenB. d. RT. 1884/1885, Anl. 6 Aktenst. 179, 198, 202, G. vom 20. Februar 1885, RGBl. 15.

[2]) G. vom 19. Juni 1881 § 3, RGBl. 120.

[3]) StenB. d. RT. 1884/1885, Anl. 6 Aktenst. 202, 2 1361 ff., 1371 ff., RGBl. 1885, 106, 107.

datieren. Zur Ausgleichung der in einer solchen Regelung zweifellos für die Importeure liegenden Härte wurde dann vom Reichstag bei Annahme des Regierungsvorschlages die Bestimmung in das Gesetz gebracht, daß die alten Sätze erhoben werden sollten, insoweit die Waren bis zum 15. Januar 1888 infolge von Verträgen eingeführt würden, die nachweislich vor dem 26. November 1887 abgeschlossen waren. Die Ansicht ging also dahin, daß alle zweifellos ohne spekulative Nebenabsichten abgeschlossenen, der Einfuhr der betroffenen Waren zugrunde liegenden Verträge bis zum 15. Januar 1888 erledigt sein könnten[1]).

4. Bei zwei auf Zollerhöhungen gerichteten gesetzgeberischen Akten sind endlich die verschiedenen in Betracht kommenden wirtschaftlichen Interessen weder nach der einen, noch nach der anderen Richtung durch besondere Vorschriften berücksichtigt worden. Gemeint sind das Gesetz vom 18. Mai 1895, durch welches einzelne, nicht zu den Gegenständen des Massenverbrauchs gehörige Artikel aus besonderen Gründen (z. B. Änderungen in der Branntwein- und Zuckersteuergesetzgebung) im Zolle erhöht wurden, und das aus der Initiative des Reichstags hervorgegangene Gesetz vom 14. Juni 1900, welches im Hinblick auf die durch die Flottenvermehrung verursachten Kosten fremde Biere, Branntweine und Schaumweine höher belastete. In beiden Fällen war entscheidend für die Frage, ob die alten oder die neuen Sätze anzuwenden waren, nur der auf einen späteren Tag, als den der Verkündung, festgesetzte Zeitpunkt des Inkrafttretens der Gesetze, und die oben erörterte Bestimmung des § 9 VZG. Im Jahre 1900 wurde ein Antrag, der für früher abgeschlossene Geschäfte Erleichterungen schaffen wollte, nach kurzer Diskussion abgelehnt. Gemeinsam war beiden Gesetzen, daß der zwischen der Verkündung und dem Inkrafttreten liegende Zeitraum die achtwöchige Frist des § 11 a. a. O. keineswegs erreichte[2]).

Soviel über die bisherige Gesetzgebung auf diesem Gebiete seit 1879. Gelegentlich der Vorbereitung des neuen, viele Zoll-

---

[1]) StenB. d. RT. 1887/1888, Anl. **3** Aktenst. Nr. 22, 39, 51, 58, 68, **1** 255 ff., 336, RGBl. 1887, 533.

[2]) StenB. d. RT. 1894/1895, Anl. **1** Aktenst. Nr. 91, Anl. **2** Aktenst. Nr. 276, **3** 2032, RGBl. 1895, 233, StenB. 1898/1900, Anl. **7** Aktenst. Nr. 716, 869, 883, **7** 5945 ff., RGBl. 1900, 298.

erhöhungen enthaltenden Tarifs ist ein Sperrgesetz nicht vorgeschlagen worden. Der Grund hierfür ist darin zu suchen, daß von Anfang an in Aussicht genommen war, den neuen Tarif gleichzeitig mit den neuen Handelsverträgen in Kraft treten zu lassen. Die Wirkung der von Vertragsstaaten zugestandenen Zollerhöhungen würde durch ein, bisherige Vertragssätze erhöhendes Sperrgesetz wesentlich verschärft worden sein; es hätte nur mit Zustimmung jener Staaten erlassen werden können[1]).

Was die Zukunft anbetrifft, so wird es jedenfalls auch ferner für zweckmäßig zu erachten sein, nach den Umständen des einzelnen Falles zu beurteilen, ob und inwieweit den in Betracht kommenden wirtschafts- oder finanzpolitischen Gesichtspunkten durch besondere Maßnahmen Rechnung zu tragen ist. Dagegen wäre wohl zu erwägen, ob nicht bei einer Revision des VZG. die Bestimmung des § 11, welche, wie gezeigt, in der gesetzgeberischen Praxis fast nie Berücksichtigung gefunden hat, auch formell beseitigt werden könnte.

Zu erwähnen ist, daß wie bei den bisher erörterten eigentlichen Änderungen des Zolltarifs jene wirtschafts- und finanzpolitischen Interesen auch dann zur Erörterung kommen müssen, wenn

1. bei Zollkriegen Waren aus bestimmten Ländern mit Kampfzöllen belegt, oder
2. Gebietsteile, welche früher nicht Teile des Zollgebietes waren, von einem bestimmten Tage ab in dasselbe aufgenommen werden (Zollanschluß).

Zu 1. Besondere, auf Abwehr spekulativer Manipulationen von Importeuren gerichtete Maßnahmen sind hier entbehrlich, falls die Einführung der Kampfmaßregeln tunlichst beschleunigt wird. Einer solchen Beschleunigung ist die die Kampfzölle regelnde Gesetzgebung insofern günstig, als, wie oben[2]) gezeigt, die Maßnahmen eine vorherige Zustimmung des Reichstags nicht erfordern. Tatsächlich ist in den drei von Deutschland seit 1888 geführten Zollkriegen die Inkraftsetzung der Kampfmaßregeln mit großer Schnelligkeit betrieben worden. Bei dem Zollkrieg mit Rußland und Finland gelangten die dem

---

[1]) Begr. 19. Vgl. StenB. d. RT. 1903/1905 Aktenst. 633, Verhandlungen 4404, 4729 ff.

[2]) Oben 54, 56.

Bundesrat vom Reichskanzler erst unter dem 25. Juli und 12. August 1893 im Entwurf zugegangenen Verordnungen bereits unter dem 29. Juli und 17. August 1893 zur Verkündung. Bei dem spanischen Zollkriege lagen zwischen der Einbringung des Entwurfs und der Verkündung der Verordnung nur drei Tage, und wenn die Zwischenzeit bei dem Zollkriege mit Haiti auch vom 22. März bis zum 17. April 1901 währte, so war auch diese im Hinblick auf die weite Entfernung der kämpfenden Staaten voneinander immerhin noch als ausreichend anzusehen, umfangreichere Benachteiligungen der deutschen Interessen durch Spekulanten auszuschließen[1]).

Legitimen deutschen Handelsinteressen zu dienen bestimmt war auf der anderen Seite in den Rußland und Finland betreffenden Verordnungen die Vorschrift, daß die Erhöhungen auf solche Waren keine Anwendung finden sollten, welche vor dem Tage der Verkündung der Verordnung die russische bezw. finische Grenze bereits überschritten hatten. Es kam mithin, was besonders hervorzuheben ist, nicht auf die Überschreitung der deutschen, sondern die der fremden Grenze, also beispielsweise bei der Einfuhr russischen Getreides über Österreich nach Deutschland, auf den Tag an, an welchem die Ware aus Rußland nach Österreich übertrat. Obgleich also die Zollpflicht entsteht im Augenblick der Überschreitung der deutschen Grenze, wurde hier der Umfang dieser Pflicht abhängig gemacht von einem Vorgange, der sich noch während des Verweilens der Ware im Auslande vollzog. Diese Regelung hatte praktisch den Nachteil, daß sich naturgemäß der Zeitpunkt der ausländischen Grenzüberschreitung weniger einfach und weniger sicher feststellen läßt, als der Tag, an welchem die Ware über die deutsche Grenze kommt. Die Erkenntnis derartiger Nachteile hat vielleicht dazu Anlaß gegeben, die Erleichterung durch die Ausführungsvorschriften zur Kaiserlichen Verordnung wieder einzuschränken. Die Zulassung der vor der Verkündung über die fremde Grenze gebrachten, im deutschen Zollgebiet nicht auf öffentliche Niederlagen, Privatlager oder fortlaufende Konten abgefertigten Waren zu den alten Sätzen sollte hiernach nur dann

[1]) Drucks. d. BR. 1893, Nr. 88, 91; 1894 Nr. 49; 1901 Nr. 47; RGBl. 1893, 229, 239; 1894, 455; 1901, 121.

stattfinden, wenn sie innerhalb einer auf 3 Monate bestimmten Frist zur Verzollung, Abfertigung auf Begleitschein II oder zur Aufnahme in ein Privatkreditlager gestellt wurden.

Bei den beiden anderen Zollkriegen ist man derartigen Weiterungen aus dem Wege gegangen. In beiden Verordnungen sind diejenigen Waren von der Wirkung der Kampfmaßregeln ausgenommen worden, die am Tage des Inkrafttretens bereits über die deutsche Zollgrenze eingeführt waren oder sich in deutschen Zollausschlüssen befanden[1]). Im Interesse des Verkehrs sind also auch hier Waren, die sich zollrechtlich noch im Auslande — in den Zollausschlüssen — befanden, den bereits in das Zollgebiet eingetretenen gleichgestellt worden.

Noch weitere Berücksichtigung haben die Interessen des deutschen Handels bei den beiden letzten Zollkriegen schließlich durch eine fernere Vorschrift gefunden. Nach Analogie der, wie erwähnt, bei den Tarifänderungen von 1881, 1885 und 1887 getroffenen Übergangsvorschriften sind[2]) vom Bundesrat bei Genehmigung des Verordnungsentwurfs bezw. in den Ausführungsvorschriften die obersten Landesfinanzbehörden ermächtigt worden, die Bestimmungen des allgemeinen Zolltarifs aus Billigkeitsgründen auf solche kampfzollpflichtige Waren anwenden zu lassen, deren Einfuhr nachgewiesenermaßen für deutsche Rechnung auf Grund von Verträgen erfolgte, die vor Verkündung der Verordnung in gutem Glauben abgeschlossen waren.

Zu 2. Es bedarf keiner Ausführung, daß in weit höherem Maße als bei den Zollkriegen, bei Zollanschlüssen Maßregeln zur Abwendung spekulativer Unternehmungen dringend erforderlich sind. Eine derartige Maßregel ist die Nachversteuerung aller am Tage des Zollanschlusses in dem anzuschließenden Gebiet vorhandenen, durch die mit dem Vollzuge des Anschlusses befaßte Kommission der Nachsteuer unterworfenen Gegenstände. Eine unmittelbare finanzielle Wirkung für das Reich braucht die Maßregel nicht zu haben, ihr Ertrag ist tatsächlich beim Zollanschluß der Hansestädte diesen zugeflossen. Die große

[1]) Vgl. die in der vor. Anm. erwähnten Drucks.

[2]) Vgl. oben 124, 125, ferner §§ 525, 532, 718, 745 der Prot. von 1893, § 328 von 1894, § 228 von 1901, außerdem Drucks. d. BR. Nr. 138, 142, Prot. § 727 für 1893.

Bedeutung für die Gesamtheit liegt aber darin, daß die Nachversteuerung ein abgabenfreies, die Produktion und den Handel des Zollinlandes schädigendes Eindringen von Waren aus dem angeschlossenen Gebiet durchaus zu verhindern geeignet ist. Für die Erreichung dieses Zweckes ist nicht immer Voraussetzung, daß alle nach dem gerade geltenden Tarif zollpflichtigen Waren auch der Nachsteuerpflicht unterworfen werden. Die Entscheidung darüber, wie weit in dieser Beziehung zu gehen ist, wird wesentlich vom Umfange der in dem anzuschließenden Gebiet vorhandenen Warenmengen und von der Erwägung abhängig zu machen sein, daß der Bevölkerung unnötige Belästigungen möglichst erspart bleiben. Beispielsweise wurden bei dem Anschlusse von Lübeck nur eine verhältnismäßig geringe Anzahl von Warengattungen der Nachsteuer unterworfen. Dagegen wurde bei dem Anschluß von Bremen und Hamburg die Nachsteuerpflicht auf alle zollpflichtigen ausländischen Waren erstreckt. Man erwog, daß der Handelsverkehr der bedeutendsten Seehandelsplätze des Reichs sich auf fast alle tarifmäßig zollpflichtigen Waren ausdehnte, und demnach mit dem Vorhandensein mehr oder minder großer Vorräte aller dieser Gattungen am Tage des Zollanschlusses zu rechnen war.

Besondere Erleichterungen bezüglich der Einfuhren auf Grund älterer Verträge usw. sind bei den Zollanschlüssen entbehrlich, da deren Bevorstehen schon längere Zeit bekannt zu sein pflegt, und der Handel in der Lage ist, sich auf die neuen Verhältnisse rechtzeitig einzurichten. Immerhin werden gewisse Befreiungen von der Nachsteuer zugestanden. Ihre Einräumung beruht teils auf der Erwägung, daß die Nachsteuer nur einen Ersatz des Zolles bildet, teils darauf, daß der einzelne gewisser Vorräte unbedingt bedarf, und es unbillig sein würde, alle, auch die kleinsten dieser Mengen nachversteuern zu lassen. So sind beispielsweise in der Hamburger Nachsteuer-Verordnung einerseits vor dem Anschlußtage auf Niederlagen oder Konten angeschriebene, ferner fast alle gebrauchten Waren, anderseits die eigenen, bestimmte Höchstmengen nicht übersteigenden Warenvorräte nachsteuerfrei gelassen worden.

Das Verfahren bei der Nachsteuererhebung beruht darauf, daß die Waren schriftlich deklariert, die Deklarationen, welche am Tage vor dem Anschluß zur Abholung durch Beamte bereit liegen müssen, durch Revisionsbeamte an Ort und Stelle nachgeprüft und die zu zahlende Nachsteuer auf Grund des Ergebnisses der Revision berechnet wird[1]).

IV. Von dem Einfluß der Herkunft und des Ursprungs der Waren auf deren Zollbehandlung.

Wie früher dargelegt, leidet der Grundsatz, daß der Tarif auf alle Waren, gleichgültig woher sie kommen, gleichmäßig angewendet wird, einige erhebliche Ausnahmen. Die Frage nach dem woher? der zur Abfertigung vorgeführten Waren kann daher für die Abfertigungsbeamten von großer Bedeutung für die richtige Tarifierung sein. Ein besonders dringendes Bedürfnis, den Beamten den Weg zu zeigen, auf dem die erforderlichen Feststellungen zu treffen sind, ergab sich zuerst zu Anfang des vorigen Jahrzehnts, als durch mehrere Tarifverträge zahlreiche Ermäßigungen und Befreiungen zugestanden wurden. Diese galten ohne weiteres auch für die aus meistbegünstigten Ländern stammenden Waren[2]). Da aber die an den Ermäßigungen usw. beteiligten Waren teilweise auch in Ländern erzeugt wurden, mit denen wir nicht auf dem Fuße der Meistbegünstigung standen, so waren Versuche zu befürchten, solchen Waren, indem man sie auf dem Wege nach Deutschland durch meistbegünstigte Länder hindurchführte, die günstigere Behandlung widerrechtlich zu verschaffen.

Durch BRBeschl. vom 30. Januar 1892 — § 74 d. Prot. — wurden daher Vorschriften darüber erlassen, ob und in welchem Umfange für die eingehenden Waren Ursprungszeugnisse zu fordern waren. Sie gingen im wesentlichen dahin, daß der Nachweis des Ursprungs aus einem Vertrags- oder meistbegünstigten Lande bei einer Reihe von Waren, nämlich den wichtigsten Getreidesorten, durch Zeugnisse deutscher Konsuln, bei anderen, ebenfalls einzeln aufgeführten Waren durch behördliche Atteste des Heimatlandes oder in anderer Weise erbracht werden

---

[1]) Vgl. wegen der wichtigsten Zollanschlüsse seit 1867 Drucks. d. BR. d. ZV. Nr. 71, 102 (Lübeck), 101 (beide Mecklenburg) für 1868, Drucks. d. BR. Nr. 110, 121 für 1888 (Hamburg und Bremen), ferner als Beispiel einer Nachsteuerverordnung Hamb. GS. 1888, 413.

[2]) Vgl. oben 15, ferner Hand. Arch. 1895 I 22 ff., namentlich 28 Anm. 1 (Umfang der Meistbegünstigung).

sollte. Für andere, als die einzeln genannten, hierher gehörigen Waren wurde den Beamten das Recht eingeräumt, den Ursprungsnachweis zu fordern, falls begründete Bedenken gegen den Ursprung aus einem begünstigten Lande bestanden [1]).

Die Notwendigkeit, einen Ursprungsnachweis zu fordern, kam für die meisten der in jenen Vorschriften namentlich genannten Waren infolge des Abschlusses der Handelsverträge mit Serbien, Rumänien und namentlich mit Rußland in Wegfall, und die Bestimmungen wurden entsprechend eingeschränkt. Nachdem der 1894 ausgebrochene Zollkrieg mit Spanien zwar 1896 beendigt, die Aufnahme dieses Staates in die Reihe der meistbegünstigten aber nicht erfolgt war, wurde wiederum eine Erweiterung der Bestimmungen erforderlich, da gewisse spanische Waren, wie Südfrüchte, aus Vertragsländern, z. B. Italien, zur Einfuhr nach Deutschland unter günstigeren Bedingungen gelangten. Im Anschluß an die Erwerbung der Karolinen und anderer spanischer Inseln durch Deutschland wurde indessen auch Spanien die Meistbegünstigung zugestanden. Von den Waren, für welche bisher mit Rücksicht auf Spanien der Ursprungsnachweis gefordert war, bildete nunmehr lediglich Wein einen erheblichen Einfuhrartikel aus einem nicht meistbegünstigten Staate, nämlich aus Portugal. Dies führte schließlich 1899 zu einer abermaligen Änderung und einer Neuredaktion der Bestimmungen über die Ursprungszeugnisse. Ihr wesentlicher Inhalt sei hier angegeben [2]).

1. Wenn Wein und Most in Fässern mit dem Anspruch auf Abfertigung zum Vertragssatze eingeführt werden, ist der Nachweis des Ursprungs aus einem meistbegünstigten Lande durch behördliche, auf Erfordern in beglaubigter Übersetzung beizubringende Atteste des Heimatlandes oder in anderer Weise, z. B. durch Vorlegung von Schiffspapieren, Fakturen, Frachtbriefen, kaufmännischen Korrespondenzen, glaubhaft nachzuweisen.

---

[1]) Vgl. hierzu und wegen weiterer Einzelheiten Drucks. d. BR. Nr. 15 für 1892, ferner RZBl. 1892, 71.

[2]) Vgl. wegen der vorstehend geschilderten Entwicklung Prot. d. BR. § 152 für 1894; RZBl. 1894, 75; Drucks. d. BR. Nr. 95 für 1896, Nr. 100 für 1899; RZBl. 1896, 411; 1899, 226; RGBl. 1899, 335.

2. Von der Beibringung besonderer Nachweise der unter 1 bezeichneten Art kann mit Genehmigung des Amtsvorstandes abgesehen werden, wenn Zweifel über die Herkunft oder den Ursprung des Weines (Mostes) aus einem meistbegünstigten Lande nicht bestehen.
3. Bestehen beim Eingang anderer vertragsmäßig begünstigter Waren bei dem Eingangsamt Bedenken gegen die Anwendung der Begünstigungen, so kann es dieselbe von Erbringung des glaubhaften Nachweises der Herkunft oder des Ursprungs abhängig machen.
4. Für den kleinen Grenzverkehr können die obersten Landesfinanzbehörden Erleichterungen hinsichtlich der Nachweise zugestehen. Passagiergut von Reisenden bedarf keines Ursprungs- oder Herkunftsnachweises.

Bei der Kommissionsberatung des Entwurfs zu dem neuen Gesetz wurde der Versuch gemacht, eine allgemeine gesetzliche Verpflichtung zur Nachweisung des Ursprungs eingehender Waren zu schaffen. Die Bestimmung sollte in äußeren Zusammenhang mit denjenigen über die Kampfzölle (§ 10 d. G.)[1]) gebracht werden, und sollte die Möglichkeit gewähren, genauere statistische Nachweise über die Ursprungsländer als Mittel zur wirksamen Durchführung etwaiger Zollkriege zu liefern. Der Vorschlag fand aber sowohl seitens anderer Kommissionsmitglieder, wie namentlich seitens der Regierungsvertreter den entschiedensten Widerspruch.

Es wurde darauf hingewiesen und durch eine besondere Zusammenstellung dargetan, daß die wichtigsten Handelsländer teils überhaupt keine Ursprungszeugnisse, teils solche nur für bestimmte Warengattungen forderten. Anderseits wurde aber der Befürchtung Ausdruck gegeben, daß bei Annahme des Antrages andere Länder Gegenmaßregeln ergreifen und sich hieraus schwere Schädigungen unseres Exports ergeben würden. Die erhobenen Bedenken haben glücklicherweise dazu geführt, daß der Antrag nicht Gesetz geworden ist. Es bedarf keiner Darlegung, welche gewaltige Erschwerung die Zollabfertigung anderenfalls erfahren hätte. Diese Erschwerung wäre aber durchaus überflüssig gewesen, da, wie regierungsseitig mit Recht hervorgehoben wurde,

---

[1]) Oben 55 ff.

für Fälle eines besonderen Bedürfnisses der Bundesrat schon jetzt in der Lage ist, Ursprungszeugnisse zu verlangen.

Das Endergebnis der eingehenden Kommissionsverhandlungen war die Einschaltung eines neuen, demnächst auch in das Gesetz übergegangenen Paragraphen. Nach ihm ist „bei der zollamtlichen Abfertigung einer Ware, die je nach ihrem Herstellungsland einer unterschiedlichen Zollbehandlung unterliegt, von dem Einbringer zu erklären und auf Erfordern nachzuweisen, in welchem Lande die Ware hergestellt worden ist". Der Erlaß der näheren Bestimmungen über Inhalt und Form der Erklärung und über die Erbringung des Nachweises ist dem Bundesrat vorhehalten. Falls der Einbringer den ihm hiernach obliegenden Verpflichtungen nicht nachkommt, tritt die für ihn ungünstigste Zollbehandlung ein, unbeschadet der etwa daneben verwirkten Strafen oder sonstigen Rechtsnachteile[1]).

Aus dem mitgeteilten Wortlaut und der Entstehungsgeschichte der Vorschrift geht deutlich hervor, daß gegenüber dem bisherigen Zustand nichts wesentliches geändert ist. Der Kommissionsbericht läßt auch erkennen, daß nach Absicht der Mehrheit nichts wesentliches geändert werden sollte[2]). Es handelt sich also in der Hauptsache um die Schaffung einer gesetzlichen Grundlage für den bereits bestehenden Zustand. Denn die Erklärung über die Herkunft der Waren ist schon jetzt abzugeben[3]), und der Nachweis der Richtigkeit der Erklärung soll, wie jetzt, auch später nur auf Erfordern zu führen sein. Die ausdrückliche Aufführung der sich etwa ergebenden Folgen einer Nichterfüllung der Verpflichtungen war nur eine natürliche Folge der Einrückung dieser letzteren in das Gesetz. Bei den hier erwähnten „sonstigen Rechtsnachteilen" ist angesichts der gegenwärtigen Rechtslage an die Vorschrift des VZG. über die Zurückstellung nicht gehörig deklarierter Waren in der Abfertigung zu denken (§ 27 VZG.).

Gegenüber dem Wortlaut der neuen Vorschrift, welche nur vom „Herstellungsland" spricht, ist zu bemerken, daß dieser

---

[1]) § 9 d. G., KommB. 4351 ff. und Beilage 4 dazu 4464 ff.

[2]) Vgl. namentlich 4352 unten.

[3]) § 1 d. G. betr. die Statistik des Warenverkehrs vom 20. Juli 1879 (RGBl. 261) und §§ 2 ff. der AusfBest. dazu.

Wortlaut zwar nicht dem Art. 3 des alten, wohl aber dem Art. 1 Ziff. 1 des neuen Handelsvertrages mit Österreich-Ungarn angepaßt ist.

In den aus den neunziger Jahren stammenden Tarifverträgen sind die Vergünstigungen regelmäßig den „Boden- und Gewerbserzeugnissen“ zugestanden. Gleichbedeutend sind die Worte „schweizerischen Ursprungs oder schweizerischer Fabrikation“ im deutsch-schweizerischen und „Boden- und Industrieerzeugnisse“ im deutsch-serbischen Vertrage[1]). Diese Ausdrücke ergeben deutlich, daß die Waren in einem Vertragslande gewonnen sein müssen, um der deutschen Tarifbegünstigungen teilhaftig zu werden. Der Gewinnung kann allerdings eine weitere Bearbeitung fremder, in die Vertragsländer von auswärts eingeführter Waren gleichkommen. Dies setzt aber immer voraus, daß die weitere Bearbeitung im freien Verkehr des Vertragslandes, also erst dann erfolgte, wenn die bearbeitete Ware vorher aus der Zollkontrolle des Veredelungslandes entlassen ist. Nur dann gilt sie als in diesem Lande nationalisiert. Nicht aber würde beispielsweise eine chinesische Ware den Anspruch auf Einlassung zum Vertragssatze dadurch erlangen, daß sie zunächst in die Schweiz eingeführt und dort unter Zollkontrolle weiter bearbeitet, oder daß sie in einem Vertragslande verzollt und dann aus diesem Lande in unverändertem Zustande nach Deutschland eingeführt wird[2]).

Abweichend von diesen Regeln hatte sich der Begriff der Nationalisierung im Verkehr mit Österreich-Ungarn auf Grund der oben erwähnten Vertragsbestimmung gestaltet. Hier hatten sich die Kontrahenten den Genuß der Vertragstarife schon für den Fall der „Einfuhr aus dem freien Verkehr“ des anderen Staates gegenseitig zugesichert. Als in Österreich nationalisiert kann also eine aus einem bei uns nicht meistbegünstigten Staate stammende Ware bis zum Inkrafttreten des neuen Handelsvertrages schon dann gelten und muß sie in Deutschland zum Vertragssatze eingelassen werden, wenn sie im Ankunftshafen verzollt und demnächst weiter nach Deutschland befördert wird.

---

[1]) Vgl. die oben 30, 31 sowie in Anm. 1 auf 31 einzeln erwähnten Handelsverträge.

[2]) Vgl. aber wegen Österreich-Ungarn unten 136, 137.

Findet in Österreich eine Bearbeitung der aus einem nicht meistbegünstigten Lande eingegangenen Ware statt, so wird die bearbeitete Ware nach dem Wortlaute der älteren Vertragsbestimmung nur dann der deutschen Tarifbegünstigung teilhaftig, wenn die Bearbeitung im freien Verkehr erfolgte. Insoweit besteht mithin zwischen der Behandlung Österreich-Ungarns und derjenigen der übrigen Vertragsstaaten kein Unterschied.

Durch den neuen Handelsvertrag ist nunmehr jene für den Verkehr mit Österreich-Ungarn geltende Sondervorschrift beseitigt. Der mit Österreich-Ungarn vereinbarte Vertragstarif findet Anwendung auf die österreichisch-ungarischen Boden- und Gewerbserzeugnisse.

Nach den hier entwickelten Grundsätzen wird nicht nur dann verfahren, wenn es gilt, meistbegünstigte Waren von solchen zu unterscheiden, die dem autonomen Tarif unterliegen, sondern auch bei Zollkriegen, wenn es gilt, festzustellen, ob die eingehenden Waren aus anderen Ländern als demjenigen, mit dem wir im Zollkriege liegen, stammen. Es bedarf keiner Ausführung, daß die bisherige Sonderbestimmung des österreichischen Handelsvertrages unter solchen Umständen wohl geeignet sein kann, die Wirksamkeit eines Zollkrieges zu unserm Nachteil zu beeinträchtigen. Die Erkenntnis dieses Nachteils hat zur Änderung der Vorschrift im neuen Vertrage Anlaß gegeben[1]).

Jene Sondervorschrift hatte übrigens noch zu einer, sonst nicht vorkommenden Vereinbarung im deutsch-österreichischen Handelsvertrage geführt. Von den Vergünstigungen, die sich zwei Staaten gegenseitig zugestehen, sind nach allgemeiner und jedenfalls zutreffender Ansicht die zu diesen etwa gehörenden Zollausschlüsse, also Gebietsteile, die zwar zum Staatsgebiet, aber nicht zum Zollgebiet gehören, nicht ausgeschlossen. Wenn daher ein fremder Staat den „deutschen Boden- und Gewerbserzeugnissen“ Tarifbegünstigungen vertragsmäßig zugestanden hat, so gelten diese ohne weiteres auch für die beispielsweise im Hamburger Freihafen gewonnenen Waren. Wäre aber, wie in den übrigen Tarifverträgen, auch in dem mit Österreich-Ungarn geschlossenen der Freihäfen nicht besonders Erwähnung getan worden, so wäre angesichts des bisherigen Wortlauts des Ver-

---

[1]) StenB. d. RT. 1903/1905, Aktenst. 543 G. 1, Denkschrift 26.

trages die gegenseitige Zubilligung der Tarifbegünstigungen an die Freihafenerzeugnisse ausgeschlossen gewesen. Denn als „im freien Verkehr befindlich“ werden zollrechtlich nur Waren angesehen, die innerhalb des Zollgebiets von zollamtlichen Kontrollen freigelassen sind. Die hiernach im Bedürfnis liegende besondere Vorschrift für die Freihäfen war dann im Schlußprotokoll zu dem Vertrage getroffen worden. Sie geht dahin, daß die Vergünstigungen der Vertragstarife für die aus den beiderseitigen Zollausschlüssen (Freigebieten) kommenden Waren dann Platz greifen, wenn diese Waren oder die Stoffe, unter deren Verwendung sie im Zollausschlusse gefertigt wurden, in dem Lande, zu welchem der betreffende Zollausschluß gehört, erzeugt sind oder in dieses Land zollfrei eingehen können, und wenn sie mit einem zu vereinbarenden Ursprungszeugnisse versehen sind[1]).

Die Freihafenerzeugnisse sind hiernach, solange diese Bestimmungen gelten, im Genuß der Begünstigungen beim Verkehr zwischen Deutschland und Österreich-Ungarn wesentlich beschränkt. Im Hamburger Freihafen hergestellte Waren, die weder aus deutschen, noch aus bei der Einfuhr in das deutsche Zollgebiet zollfreien fremden Rohstoffen oder Halbfabrikaten hergestellt sind, haben keinen Anspruch auf vertragsmäßige Behandlung bei der Einfuhr nach Österreich. Anderseits können z. B. die häufig aus Österreich eingehenden sog. Medizinalungarweine, welche in den Freihäfen von Triest oder Fiume durch Nachsüßen von türkischem oder griechischem Wein hergestellt werden, keinen Anspruch auf Ablassung zum deutschen Vertragssatze erheben.

Mit dem Inkrafttreten des Zusatzvertrages hört indessen diese besondere Behandlung der beiderseitigen Freihäfen auf. Die betreffenden Sondervorschriften sind durch Art. 5 Ziff. V des Zusatzvertrages beseitigt. Auch im Verkehr mit Österreich-Ungarn werden künftig die Erzeugnisse der Freihäfen gegenseitig nicht anders behandelt, wie diejenigen des übrigen Staatsgebietes.

An die Stelle der Sondervorschriften sind aber zwei wichtige neue getreten. Einerseits ist nicht ausgeschlossen, als in Österreich-Ungarn bezw. Deutschland nationalisiert auch solche Waren zu

---

[1]) Schlußprotokoll zu Art. 3 des Vertrages (RGBl. 1892, 71), vgl. ferner wegen des vorhergehenden Behr, Zollausschlüsse und freie Niederlagen, in der Zeitschrift für Zollwesen und Reichssteuern **1** 230/232 und die daselbst erwähnte Literatur.

behandeln, die nicht im freien Verkehr, sondern im zollbegünstigten Veredelungsverkehr durch Verarbeitung ausländischer Waren erzeugt sind. Anderseits soll die Anwendung der Vertragstarife von Beibringung von Ursprungszeugnissen bei Waren, die für das Ausfuhrland von größerer wirtschaftlicher Bedeutung sind, nur abhängig gemacht werden, wenn hierfür ein dringendes handelspolitisches Bedürfnis vorliegt[1]).

Die durch die Bestimmungen des Bundesrats und für die Zukunft durch § 9 gegebenen Direktiven können ihren Zweck, die finanziellen oder wirtschaftspolitischen Interessen des Reichs vor Benachteiligung zu schützen, nur dann erreichen, wenn die etwa geforderten Ursprungs- oder Herkunftsnachweise sorgfältigst geprüft werden. Nicht jedes sich äußerlich als Bescheinigung einer ausländischen Behörde darstellende Papier ist in jedem Falle geeignet, das, was es beweisen soll, auch wirklich zu beweisen. So ist es im spanischen Zollkriege vorgekommen, daß von einer Ware bescheinigt wurde, sie stamme „nicht aus Spanien, sondern aus Amerika“, eine Bescheinigung, die selbstverständlich wertlos war, weil sich die Kampfmaßregeln nicht nur gegen das Mutterland, sondern auch gegen die damals noch dazu gehörigen Kolonien in Amerika richteten. Es ist ferner während des Zollkrieges mit Haiti vorgekommen, daß mit dem Stempel und — an Stelle der Unterschrift — dem gedruckten Namen des Polizeikommissars eines kleinen holländischen Grenzstädtchens versehene Formulare vorgelegt wurden, welche unter ganz allgemeinem Hinweis auf „vorgelegte Nachweise“ den nichthaitianischen Ursprung von Kaffee bescheinigten. Nicht immer sind die einzelnen Abfertigungsstellen so, wie in diesen beispielsweise angeführten Fällen, selbst in der Lage, die Unbrauchbarkeit ihnen vorgelegter Zeugnisse zu erkennen. Wiederholt hat die Zollverwaltung wichtige Mitteilungen, namentlich über nicht genügende Sorgfalt einzelner ausländischer Stellen bei Ausstellung von Zeugnissen, anderen Behörden, besonders deutschen Konsulaten, zu danken gehabt. Auch eine dauernde Mitwirkung anderer Behörden bei Beschaffung der für die Beurteilung des Warenursprunges nötigen Unterlagen findet hier und da statt.

---

[1]) StenB. d. RT. 1903/1905, Aktenst. 543 G. 6 V, aber G. 6 IV Ziff. 3 (Brüsseler Konvention); vgl. auch Denkschrift Anl. III. 43, ferner A Ziff. III zu Aktenst. 623.

So ist, als der Verdacht rege geworden, daß kanadisches, bekanntlich nicht mehr den Vertragssätzen unterliegendes Getreide, über Hafenplätze des Nordostens der Union als amerikanisches nach Deutschland gelangte, das Handelsstatistische Bureau in Hamburg beauftragt worden, von allen Getreidezufuhren aus jenen Häfen der Zollverwaltung fortdauernde Mitteilung zu machen. Ähnliche Anordnuugen hat man im haitianischen Zollkriege in Hamburg getroffen, um zu verhüten, daß haitianischer Kaffee durch Umladung in einem europäischen Hafen, oder haitianische kampfzollpflichtige Waren überhaupt durch Versendung von der Nachbarrepublik Domingo aus von den Kampfzollsätzen frei blieben. Die Zollverwaltung ist dann in der Lage, durch besondere Prüfung den Ursprung von Waren festzustellen, die ohne dies, weil aus Vertrags- oder meistbegünstigten Staaten kommend, als meistbegünstigte behandelt worden wären.

Es leuchtet ein, daß bei Zollkriegen der Grundsatz, Waren, welche beim Eingange aus einem bestimmten Lande kampfzollpflichtig sind, nur insoweit zu den vertragsmäßigen oder allgemeinen Sätzen einzulassen, als ihre Abstammung aus einem anderen Lande, als dem bekämpften, feststeht, zu großen Belästigungen des Handels mit diesen Waren führen muß. Besonders drückend werden diese Verhältnisse für Freihafenplätze, wenn die Waren nicht sogleich über die Zollgrenze eingebracht, sondern im Freihafen umgepackt, geteilt, gelagert und zu ganz verschiedenen Zeiten nach und nach eingebracht werden. Der Handel muß diese Verhältnisse um so härter empfinden, je kleiner die aus dem bekämpften Lande eingebrachte Menge der Waren im Verhältnis zu der Gesamtmenge ist, in der diese Waren über den Hafenplatz eingehen. Es war daher schon früher der Wunsch laut geworden, in den Zollausschlüssen nur die aus dem bekämpften Lande stammenden, von der Kampfmaßregel betroffenen Waren unter Kontrolle zu nehmen, die nicht unter solche Kontrolle genommenen aber dann beim Übertritt über die Zollgrenze ohne weiteren Nachweis als nicht kampfzollpflichtig zu behandeln. Ein in diesem Sinne bei dem spanischen Zollkriege in Hamburg unternommener Versuch schlug indessen fehl. Es fehlte an einem Mittel, die Anmeldung aller kampfzollpflichtigen Waren im Freihafen zur Kontrollierung zu erzwingen. Infolgedessen blieben einzelne derartige Waren unkontrolliert, und damit entfiel die

Berechtigung, bei den nicht kontrollierten Waren auf den Nachweis, daß sie nicht kampfzollpflichtig seien, zu verzichten.

Erst bei dem haitianischen Zollkrieg wurde der Gedanke auch richtig in die Tat übersetzt. Durch ein hamburgisches Gesetz wurde dem Senat die Ermächtigung erteilt, die Interessenten zu verpflichten, sowohl die bei Inkrafttreten der Kaiserlichen Verordnung schon im hamburgischen Freihafen oder im Zollausschlußgebiet Cuxhaven befindlichen, also noch vom Kampfzoll freien, wie die später auf irgend einem Wege dahin gelangten kampfzollpflichtigen Waren anzumelden und während der Lagerung amtlicher Kontrolle zu unterstellen. Für den Fall der Zuwiderhandlung wurden hohe Geldstrafen, sowie die Einziehung der der Kontrolle entzogenen Waren oder Ersatz ihres Wertes angedroht. Mit der Entgegennahme der Anmeldungen und der Ausübung der Kontrolle wurde die Zollverwaltung beauftragt.

Dieses Vorgehen hat den gewünschten Erfolg gehabt. Der Reichskanzler hat die Bundesstaaten davon verständigt, daß alle mit einer Bescheinigung der hamburgischen Zollbehörde über den nichthaitianischen Ursprung vorgeführten, bei der Herkunft aus Haiti kampfzollpflichtigen Waren ohne weiteres zum allgemeinen oder zum Vertragssatze abgelassen werden können. Die die haitianischen Provenienzen um das vielfache übersteigenden Einfuhren an solchen Waren, namentlich an Kaffee, über Hamburg aus anderen Ländern bleiben also von allen lästigen Kontrollen frei, nicht nur, wenn sie in Hamburg, sondern auch wenn sie an irgend einem Orte im Innern zur Verzollung vorgeführt werden[1]).

Alle bisher erörterten Vorschriften über die Art, wie der Ursprung eingehender Waren festzustellen ist, haben das miteinander gemein, daß sie auf autonomen Entschließungen deutscher Instanzen beruhten. Für eine einzige Ware gelten in dieser Beziehung andere Grundsätze. Wie oben[2]) dargelegt, unterliegt gegenwärtig der Zucker infolge einer zwischen verschiedenen Staaten zustande gekommenen Vereinbarung einer besonderen

---

[1]) Vgl. Verhandlungen zwischen Senat und Bürgerschaft 1901, 212, Hamb. GS. Abt. III, 12. Wegen ähnlicher, in Bremen getroffener Anordnungen vgl. GBl. der freien Hansestadt Bremen 1901, 37.

[2]) Oben 58 ff.

Tarifbehandlung. Zweck der Vereinbarung war, dem Prämienwesen entgegenzutreten, und als ein Mittel zur Erreichung dieses Zweckes wurde die Erhebung von Zollzuschlägen für Zucker beschlossen, welcher aus Prämien gewährenden Ländern stammt. Es lag nahe, behufs wirksamer Durchführung dieser Vereinbarung einen Ursprungsnachweis für eingehenden Zucker zu fordern. Das gleiche Bedürfnis machte sich im Reichstage von dem Gesichtspunkte aus geltend, daß, nachdem der Zollschutz der deutschen Zuckerindustrie durch die Verabredungen über den Überzoll vermindert war, jede Benachteiligung unserer Industrie durch Eindringen prämiierten Zuckers zum ermäßigten Satze besonders sorgfältig verhütet werden mußte[1]).

So wurde einerseits durch den letzten Absatz des den Eingangszoll behandelnden § 80 unseres Zuckersteuergesetzes allgemein vorgeschrieben, daß der Ursprung des Zuckers bei der Einfuhr nachzuweisen ist. Anderseits vereinbarte die gemäß Artikel 7 der Brüsseler Konvention zusammengetretene ständige Kommission in Erledigung eines ihr durch Artikel 8 erteilten Auftrages Vorschläge zu Bestimmungen, welche verhindern sollten, daß Prämienländer für ihren Zucker die Vorteile der Konvention erlangten. Nach diesen Vorschlägen, welche für allen ausländischen in einen Vertragsstaat eingehenden Zucker Ursprungszeugnisse verlangten, wird auch bei uns bei Ausführung der oben erwähnten deutschen Gesetzesbestimmung verfahren. Danach ist das Zeugnis im Erzeugungs-, Herkunfts- oder Bearbeitungslande durch die von der Regierung dieses Landes zu bezeichnende fiskalische Behörde auszustellen. Es wird von der ausstellenden Behörde für einen bestimmten, höchstens ein Jahr betragenden Zeitraum ausgestellt und muß außer der Art und Menge des Zuckers, Art, Zahl und Bezeichnung der Packstücke, Ursprungs- oder Herkunftsland, auch die Art der Beförderung (Eisenbahn, Seeschiff, Flußschiff usw.) ergeben. Für Zucker, der in einem Nichtvertragsstaate einer Zubereitung unterlegen hat, muß das Zeugnis außerdem ersehen lassen, daß der Zucker aus einer Fabrik kommt, welche keinen Zucker aus Ländern verarbeitet, auf die der Zuschlagszoll Anwendung findet.

---

[1]) Vgl. StenB. d. RT. 1900/1902, Anl. 6 4273 ff.

V. Von der Ermittlung des Gewichts der Waren.

Wie oben[1]) angeführt, wird zollgesetzlich verstanden

unter Roh- (Brutto-) gewicht das Gewicht der Ware in völlig verpacktem Zustande, mithin in ihrer gewöhnlichen Umgebung für die Aufbewahrung und mit ihrer besonderen für den Transport,

unter Tara das Gewicht der für den Transport nötigen äußeren Umschließung und

unter Rein- (Netto-) gewicht das Rohgewicht nach Abzug der Tara.

Diese Begriffsbestimmungen lassen zwar im allgemeinen wohl erkennen, welches Gewicht die Abfertigungsbeamten behufs der Zollfeststellung zu ermitteln haben, wenn Bruttoverzollung und wenn Nettoverzollung vorgeschrieben ist. In der Praxis würden aber diese Definitionen doch keineswegs ausreichen, eine zutreffende Entscheidung darüber, welches Gewicht im einzelnen Falle der Feststellung zugrunde zu legen ist, zu ermöglichen. Die im Handel vorkommenden Umschließungen sind so mannigfach, daß es sehr oft zweifelhaft sein kann, ob sie als „gewöhnliche Umschließung für die Aufbewahrung“ oder als „besondere Umschließung für den Transport“ anzusehen sind. Es bedurfte eingehender Vorschriften, welche geeignet waren, den Beamten für die Entscheidung solcher und anderer, bei der Feststellung des zollpflichtigen Gewichts sich ergebender Zweifel als Richtschnur zu dienen.

Sie sind zusammengefaßt in den vom Bundesrat erlassenen Bestimmungen über die Tara[2]). Ein näheres Eingehen auf die Einzelheiten der Bestimmungen ist nicht Aufgabe dieser Darstellung. Es genügt, einzelne besonders wichtige, auf dem Gesetz oder Bundesratsbeschlüssen beruhende Grundsätze hervorzuheben.

Vor allem sind hier Vorschriften zu erwähnen, welche bezwecken, die die Regel bildende Reingewichtsverzollung möglichst wenig umständlich und langwierig zu gestalten.

Bei der Ermittlung des Reingewichts von Flüssigkeiten wird das Gewicht der unmittelbaren Umschließungen (Fässer, Flaschen, Kruken u. dgl.) nicht in Abzug gebracht, sondern mit zum Reingewicht der Flüssigkeit gerechnet. Die Vorschrift ist

---

[1]) 88, 89.

[2]) Vgl. den später allerdings mehrfach geänderten Text RZBl. 1888, 184.

in dieser Allgemeinheit erst im neuen Gesetze enthalten. Gegenwärtig gilt noch zugunsten einiger Flüssigkeiten, bei denen gewisse Umschließungen für den Transport und die Aufbewahrung notwendig dieselben sind — z. B. gewöhnliche Fässer bei Sirup — die alte Vorschrift, daß das Gewicht dieser Umschließung die Tara ist. Diese aus der Zeit des alten Zollvereins stammende, in das VZG. übergegangene und auch bei der Reform von 1879 gegen den Antrag der Regierungen aufrecht erhaltene Bestimmung wird also mit Inkrafttreten des neuen Gesetzes endlich verschwinden. Es wäre nun möglich, daß einzelne Importeure die Wirkung der neuen Vorschrift durch Verwendung möglichst leichter Fässer usw. abzuschwächen versuchten. Um derartigen, namentlich im Verkehr der Zollausschlüsse mit dem benachbarten Zollgebiet denkbaren Versuchen entgegenzutreten, ist der Bundesrat ermächtigt, vorzuschreiben, daß bei der Verzollung von Flüssigkeiten, welche in nicht handelsüblichen unmittelbaren Umschließungen eingehen, dem Eigengewicht der Flüssigkeiten das Gewicht der handelsüblichen Umschließung hinzuzurechnen ist[1]).

Die kleinen, zur unmittelbaren Sicherung der Ware nötigen Umschließungen (außer den bereits erwähnten Flaschen und Kruken auch Papier, Pappe, Bindfaden u. dgl.) werden ebensowenig, wie den Waren anhaftende oder beigemischte Unreinigkeiten oder fremde Bestandteile bei Feststellung des Nettogewichts in Abzug gebracht[2]).

In letzterer Beziehung ist jedoch durch eine Bestimmung des VZG., welche nur festlegte, was durch Verwaltungsvorschriften früher bereits zugelassen war, eine Ausnahme vorgeschrieben worden[3]). Um Härten zu vermeiden, welche sich bei genauer Durchführung des zuletzt erwähnten Grundsatzes bei Einfuhr zu Wasser eingegangener havarierter Waren ergeben könnten, ist bestimmt, daß, wenn das Gewicht einer Ware infolge einer Havarie durch eingedrungenes Wasser oder andere fremde Bestandteile (z. B. Sand, Schlamm) vermehrt ist, entweder ein dem

[1]) § 3 Abs. 3, 5 d. G., Begr. 23, VZG. § 29 Abs. 4, StenB. d. RT. 1879, 5 Aktenst. 132 A. 787.

[2]) § 29 Abs. 5 VZG. — Eine besondere Vereinbarung ist mit Österreich-Ungarn bezüglich der auf Karten oder in Schachteln von Pappe eingehenden Knöpfe gewisser Arten getroffen (StenB. d. RT. 1903/1905, Aktenst. 543 G. 7).

[3]) Drucks. d. BR. d. ZV. Nr. 10 für 1869, 64, 71, § 29 Abs. 5 a. E. VZG.

Gewicht der fremden Bestandteile entsprechender Abzug von dem ermittelten Gewicht gewährt, oder dasjenige Gewicht zugrunde gelegt wird, das nach Trocknung der Ware unter amtlicher Aufsicht ermittelt wird. Den Interessenten steht die Entscheidung darüber zu, welche der beiden Eventualitäten sie wählen wollen. In Betracht kann in dieser Beziehung z. B. kommen die Art und Menge der fremden Beimischungen, die Höhe der durch die Trocknung und deren amtliche Beaufsichtigung erwachsenden Kosten. In allen Fällen ist aber nach Maßgabe der vom Bundesrat getroffenen näheren Vorschriften Vorsorge zu treffen, daß nicht eine Benachteiligung des Fiskus eintritt, z. B. durch Vorführung von Waren, die bereits im Auslande in havariertem Zustande verladen wurden, bei Festsetzung eines Gewichtsabzuges ferner durch zu geringe Angabe des ursprünglichen Gewichts usw.[1]),

Besonders wesentlich dient aber einer Vereinfachung der Reingewichts-Ermittlung schließlich die Bestimmung, daß für die einzelnen Waren je nach Art der Umschließungen, in denen sie eingehen, Prozente des Rohgewichts festgesetzt werden, die die Tara darstellen und durch deren Abzug vom Rohgewicht mithin das Reingewicht gefunden wird. Ähnliche Bestimmungen gab es bereits für manche Waren zur Zeit des Zollvereins. Sie waren, wie noch heute, im Tarif enthalten und konnten nur auf demselben Wege wie der Tarif, also bis 1867 durch Vereinbarung, seitdem durch Gesetz geändert werden. Dies hinderte eine der Steigerung des Verkehrs und der zunehmenden Mannigfaltigkeit der Verpackungen entsprechende Ausdehnung der Einrichtung. Bei der Reform von 1879 wurde daher die Befugnis, für die einzelnen Waren Tarasätze festzusetzen, dem Bundesrat übertragen, und an dieser zweckmäßigen Regelung ist selbstverständlich auch im neuen Gesetz nichts geändert worden[2]).

Der mit der Einrichtung der Tarasätze verfolgte Zweck einer Erleichterung und Vereinfachung des Verkehrs wird gefördert durch eine ergänzende, früher in der letzten Abteilung des Tarifs

[1]) Anweisung zur Ausführung des VZG. Ziff. 6. Eine Verladung in havariertem Zustande bildet dann kein Hindernis für die Anwendung der erleichternden Vorschriften, wenn nach dem Zollgebiet bestimmte Waren während des Transports dorthin Havarie erlitten haben und in einem nichtdeutschen Bergungshafen umgeladen sind (BRBeschl. vom 12. April 1894 — § 180 d. Prot. — RZBl. 118).

[2]) Vgl. wegen dieser Entwicklung StenB. d. RT. 1879, 5 Aktenst. 132 A. 786.

enthaltene Vorschrift des VZG.[1]). Dieselbe überläßt es allgemein der Wahl des Zollpflichtigen, ob er bei Gegenständen, deren Verzollung nach dem Reingewicht stattfindet, die tarifmäßige Tara gelten oder das Reingewicht, entweder durch Verwiegung der Ware ohne die Tara oder der letzteren allein, ermitteln lassen will. Die Zollbehörde hat aber das Recht, Reinverwiegung dann eintreten zu lassen, wenn die vorgefundene Verpackungsart der Waren von der gewöhnlichen abweicht, oder die wirkliche Tara von der vorgeschriebenen sich erheblich unterscheidet[2]).

In bezug auf die Anwendung der Rohgewichtsverzollung ist noch eine Vorschrift zu erwähnen, die bestimmt ist, einer mißbräuchlichen Ausnutzung vorzubeugen. Der Bundesrat ist ermächtigt, vorzuschreiben, daß beim Eingang unverpackter oder nicht handelsüblich verpackter Waren dem Reingewicht zur Ermittlung des zollpflichtigen Gewichts das Gewicht der handelsüblichen Umschließung zugerechnet werden kann[3]).

Bei den bisherigen Erörterungen ist überall davon ausgegangen, daß es sich um die Ermittlung des Gewichts von Waren mit Umschließung, von Umschließungen allein, oder von Waren ohne Umschließung handelt. Als Umschließungen von Waren sind nun schon sprachgebräuchlich die Fahrzeuge, in denen Waren eingehen, im allgemeinen nicht anzusehen. An und für sich müssen also unter allen Umständen die zu verzollenden Waren aus den Fahrzeugen behufs Feststellung des Gewichts entladen werden. Eine strenge Durchführung eines derartigen Verfahrens würde natürlich, wenn es sich um gering belastete Massengüter handelt, zu einer Belästigung aller Beteiligten führen, welche in keinem Verhältnis zu dem in Frage stehenden Zolle stände. Schon zu den Zeiten des Zollvereins hatte sich daher die Praxis herausgebildet, mit derartigen Massengütern gefüllt eingehende Eisenbahnwagen auf Geleiswagen (Zentesimalwagen) in gefülltem Zustande zu verwiegen und von dem so ermittelten Gewicht behufs

---

[1]) Vgl. Tarif von 1873 — RGBl. 244 ff. — 3. Abteilung III d Ziff. 3.

[2]) § 29 Abs. 7 VZG. Eine daselbst im Hinblick auf die besonderen Vorschriften über die Behandlung von Sirup usw. vorgesehene Einschränkung des Wahlrechts ist in der dort vorgeschriebenen Form durch die neue allgemeine Feststellung des Reingewichts der Flüssigkeiten (S. 143) gegenstandslos geworden.

[3]) § 3 Abs. 5 d. G., Begr. 23.

Ermittlung des zollpflichtigen Gewichts, das Gewicht des leeren Wagens abzuziehen. Die ausdrückliche, in den älteren Bestimmungen fehlende Grundlage für dieses Verfahren wurde durch einen BRBeschl. vom Jahre 1883 geschaffen. Derselbe erfuhr in den Jahren 1887 und 1888 Erweiterungen und ging mit diesen in die Anweisung zur Ausführung des VZG. und das Eisenbahn-Zoll-Regulativ über, als diese gelegentlich des Zollanschlusses von Hamburg und Bremen gleich anderen Ausführungsbestimmungen zu den Zoll- und Steuergesetzen neu redigiert wurden. Auch späterhin bis jetzt haben die Bestimmungen mehrfach Erweiterungen erfahren[1]. Ein näheres Eingehen auf die Einzelheiten der Vorschriften würde zu weit führen. Es wird als ihr wesentlichster Inhalt nur folgendes hervorgehoben.

Bei in Eisenbahnwagenladungen eingehenden Massengütern, welche keinem höheren Satze als 5 M. für 1 dz unterliegen, bei in Eisenbahnwagenladungen eingehendem Petroleum und Bier kann mit Genehmigung des Amtsvorstandes das zollpflichtige Gewicht durch Abzug des Gewichts des leeren Wagens von dem des gefüllten Wagens ermittelt werden. Auch bei anderen Waren ist dies mit Genehmigung des Amtsvorstandes zulässig, wenn deren Verwiegung auf den gewöhnlichen Wagen infolge besonderer Umstände unverhältnismäßige Schwierigkeiten bietet. Statt des durch zollamtliche Verwiegung ermittelten Gewichts des leeren Wagens kann mit Genehmigung des Warendisponenten und sofern besondere Bedenken nicht entgegenstehen der Berechnung das eisenbahnseitig an den Wagen vermerkte Gewicht zugrunde gelegt werden, falls seit dessen Feststellung nicht mehr als 3 Jahre vergangen sind. Ist das auf diese Weise ermittelte Gewicht niedriger, als das deklarierte, so ist das letztere für die Zollberechnung maßgebend.

Die letztere Vorschrift könnte zu Härten in solchen Fällen führen, in denen die Beteiligten die zollamtliche Verwiegung des leeren Wagens gern vornehmen lassen möchten, hierzu aber nicht

[1] Vgl. wegen der Entwicklung Drucks. d. BR. 1882 Nr. 97, 1883 Nr. 32, Prot. 1883 § 155, Drucks. 1887 Nr. 86, Prot. 1887 § 399, 1888 § 308, Drucks. 1888 Nr. 80, 7, 8, Ziff. 11 Anweisung zur Ausführung des VZG., § 23 Eisenbahn-Zoll-Regulativ, Drucks. 1894 Nr. 11, Prot. 1894 § 11, Drucks. 1900 Nr. 151, Prot. 1900 § 678, Drucks. 1904 Nr. 16, Prot. 1904 § 57. Vgl. auch oben 86 Anm. 4.

in der Lage sind, weil die endgültige Entleerung bei einer Station stattfinden soll, wo keine Zollstelle ist. Diese Erwägung hat dazu geführt[1]), allgemein zuzulassen, daß, wenn die eingegangenen Massengüter nach Eisenbahnstationen ohne Zollstelle weitergeführt werden sollen, die Verwiegung des leeren Wagens am Entladungsorte unter gewissen Voraussetzungen und Bedingungen durch auf die Wahrnehmung des Zollinteresses besonders verpflichtete Beamte der Bahnverwaltung vorgenommen wird.

Auf Grund von Verwaltungsvorschriften werden derartige Verwiegungen von Massengütern auf Zentesimalwagen hier und da, z. B. in Hamburg, auch dann vorgenommen, wenn sie nicht in Eisenbahn-, sondern in anderen Wagen eingehen.

Die amtliche Anschreibung des ermittelten Gewichts erfolgt nach Kilogramm und soweit erforderlich, nach Dezimalbrüchen eines Kilogramms, jedoch ist dabei über zwei Stellen nach dem Dezimalkomma nicht hinauszugehen.

Diese Regelung beruht übrigens nicht, wie man denken sollte, auf der für den Norddeutschen Bund erlassenen, später auch in den übrigen deutschen Staaten eingeführten Maß- und Gewichtsordnung von 1868. Noch lange Jahre nachher sind die Zölle und Steuern nach Zentnern und Pfunden angeschrieben und erhoben worden. Erst der Bismarcksche Tarif von 1879 legte der Festsetzung der Gewichtszölle die Einheit von 100 kg zugrunde, und erst durch BRBeschl. vom 16. Juni 1880 wurde die Gewichtsanschreibung für das gesamte Gebiet der gemeinschaftlichen indirekten Abgaben, wie oben angegeben, geregelt[2]).

Für diese, sowie ähnliche Anordnungen ist durch § 5 Abs. 2 d. G. die gesetzliche Grundlage geschaffen worden[3]).

Zum Schluß ist zu bemerken, daß die Ermittlung des der Verzollung zugrunde zu legenden Gewichts nicht immer durch Verwiegung erfolgt. Durch Anm. 3 zu Tarifnummer 239 ist der Bundesrat ermächtigt, anzuordnen, daß zur Ermittlung der zollpflichtigen Menge Mineralleuchtöl 125 l bei einer Temperatur

---

[1]) Vgl. die in der vorigen Anm. erwähnte Drucks. Nr. 11 für 1894.

[2]) Drucks. d. BR. Nr. 40 für 1880, Prot. § 443 für 1880, RZBl. 1880, 493; vgl. ferner RGBl. 1870, 647 Art. 80 Ziff. 11, 654, 1871 397, 1875 1.

[3]) Begr. 24, vgl. auch 98 Anm. 2, 156.

von 15° C. einem dz gleich geachtet werden. Die Verzollung auf Grund bloßer Verwiegung würde bewirken, daß Leuchtöl, welches, wie das russische, größere Dichte besitzt und daher geringere Literzahl liefert, höher belastet würde[1]). Durch das Weinlager-Regulativ ist vorgeschrieben, daß, wenn auf einem Weinlager — wo die An- und Abschreibung der gelagerten Weine nach dem Maßgehalt erfolgt — Wein aus Fässern in Flaschen umgefüllt wird, die Verzollung des Flaschenweins nach dem auf Gewicht zurückzuführenden Maßgehalt erfolgt, wobei für 1 l Maßgehalt 1,17 kg Gewicht zu rechnen ist. Durch Verwaltungsvorschrift ist ferner verschiedentlich für lose in Schiffsgefäßen eingehendes Getreide die sog. kubische Vermessung zugelassen, bei der der Maßgehalt ermittelt und dieser unter Zugrundelegung des Gewichts einer Maßeinheit in Gewicht umgerechnet wird.

VI. Von der Ermittlung des Maßes oder des Wertes der Waren.

Ebensowenig, wie es näherer Vorschriften über die Ermittlung der Stückzahl für nach Stückzöllen zollpflichtige Waren bedarf, sind solche im allgemeinen erforderlich für die Verzollung von gesalzenen Heringen nach Maß. Es kommt nur darauf an, daß die Beamten sich mit den bei dieser Ware handelsüblichen Umschließungen dergestalt bekannt machen, daß sie nicht handelsübliche sofort als solche erkennen, um den dann in Frage kommenden anderweiten Zollsatz anwenden zu können.

Wichtige nähere Vorschriften sind aber ergangen wegen der Anwendung der verschiedenen Erhebungsmaßstäbe für Holz und insbesondere der Ermittlung des Festmeterinhalts. Wie bereits kurz erwähnt[2]), beruht die Zulassung zweier Erhebungsmaßstäbe auf der Absicht, die Schwierigkeiten bei der Abfertigung von Bau- und Nutzholz zu vermindern. Es ist aber ferner auch gezeigt[3]), daß es bei harten und deshalb schwereren Hölzern bei dem gegenwärtig noch geltenden Verhältnis der Maßzoll- zu den

---

[1]) Begr. 169. Durch den Handelsvertrag mit Rußland (StenB. d. RT. 1903/1905, Aktenst. 543 C. 107) ist die Bestimmung dergestalt gebunden, daß der Einbringer wählen darf, ob er die zollpflichtige Menge in der angegebenen Weise durch Umrechnung von Maß in Gewicht oder durch Verwiegung ermitteln lassen will.

[2]) Oben 84.

[3]) Oben 72.

Gewichtszollsätzen vorteilhafter für den Zollpflichtigen ist, nach Festmetern verzollen zu lassen. Anderseits ist es — und hieran wird sich auch vielleicht nach Inkrafttreten der im neuen Tarif vorgesehenen verschiedenen Behandlung des harten und des weichen Holzes nichts wesentliches ändern — vielfach als für die Zollpflichtigen vorteilhafter empfunden worden, weiche Hölzer nach Gewicht zu verzollen. Infolgedessen bestand die Gefahr, daß, wenn die Entscheidung der Frage: ob Maß- oder Gewichtsverzollung im einzelnen Falle anzuwenden, lediglich der freien Wahl der Interessenten überlassen bliebe, der Grundgedanke der ganzen Einrichtung verwischt und lediglich der Vorteil der Zollpflichtigen maßgebend würde. Dieser Gefahr zu begegnen, wurde durch einen BRBeschl. vom 29. Januar 1880 das Wahlrecht der Interessenten unter Abwägung der sich bei den verschiedenen Arten der Einfuhr von Holz ergebenden Abfertigungsschwierigkeiten beschränkt. Es wurde bestimmt, daß Bau- und Nutzholz in der Regel beim Eingange in Flößen, Schiffen oder auf gewöhnlichen Landwegen nach Rauminhalt, bei dem Eingange auf der Eisenbahn nach der Wahl des Zollpflichtigen entweder nach Rauminhalt oder nach Gewicht zu deklarieren und zu verzollen ist und daß, falls eine Erklärung über den gewählten Maßstab nicht abgegeben wird, die Zollbehörde ihn zu bestimmen hat.

Um zu vermeiden, daß etwa bei strikter Anwendung dieser Regeln infolge besonderer örtlicher Verhältnisse sich Unzuträglichkeiten ergäben, sind dann die obersten Landesfinanzbehörden noch ermächtigt, im Falle besonderen Bedürfnisses Abweichungen anzuordnen. Diese Anordnungen sind öffentlich bekannt zu machen [1]. Solche ausnahmsweisen Bestimmungen sind denn auch hier und da getroffen worden. Besonders zu erwähnen ist, daß im Interesse einer erleichterten Abfertigung auch die Ermittlung des Raummeterinhalts statt des Festmeterinhalts von einzelnen obersten Landesfinanzbehörden für gewisse Fälle gestattet ist. Namentlich ist mehrfach zugelassen, daß nur der Raummeterinhalt durch Vermessung ermittelt und aus diesem der Festmeterinhalt unter Zugrundelegung einer bestimmten Verhältniszahl durch Berechnung gewonnen wird [2].

[1] Vgl. oben 6, ferner Drucks. d. BR. Nr. 180 für 1879, Prot. § 56 für 1880.

[2] Appelt-Behrend, 273, 274, vgl. auch oben 83.

Eine wesentliche Einschränkung hat die Anwendbarkeit der bezeichneten Vorschriften durch eine Bestimmnng im neuen russischen Vertragstarif gefunden. Dort ist bezüglich des nicht besonders genannten Bau- und Nutzholzes sowie der Eisenbahnschwellen — Tarifnummer 74, 75, 76, 80 — dem Einbringer das Wahlrecht eingeräumt, ob er nach Gewicht oder nach Festmetern verzollen lassen will[1]).

Bei Anwendung der Wertzölle kommt es, wie früher angedeutet[2]), besonders darauf an, zu verhüten, daß der Zollberechnung ein zu geringer Wert zugrunde gelegt wird. Die diesem Zwecke dienenden Bestimmungen des § 93 VZG. beruhen auf Verabredungen, die dieserhalb in dem Handelsvertrage mit Frankreich vom Jahre 1862 getroffen und dann auch im Schlußprotokoll zum Handelsvertrage mit Österreich vom Jahre 1868 als maßgebend bezeichnet wurden. Grundsätzlich ist hiernach die schriftliche Wertdeklaration des Einführenden maßgebend. Erscheint diese Deklaration aber den Abfertigungsbeamten zu niedrig, so hat die Zollbehörde ein Vorkaufsrecht, dergestalt, daß sie die Waren gegen Zahlung des deklarierten Wertes mit einem Zuschlage von 5 % an den Importeur behalten kann. Statt der Ausübung des Vorkaufsrechts kann die Behörde auch die Abschätzung des Warenwertes durch Sachverständige verlangen. Dasselbe Recht steht dem Deklaranten zu, wenn er sich der Ausübung des Vorkaufsrechts nicht ohne weiteres unterwerfen will.

Die Sachverständigen, von denen einen der Vorstand der Lokalzollbehörde, den anderen der Deklarant bestimmt, denen aber unter Umständeu noch ein Obmann hinzutreten kann, fungieren dann als Schiedsgericht. Übersteigt ihre Schätzung, die binnen 14 Tagen nach Einsetzung des Schiedsgerichts erfolgen muß, die Deklaration nicht um mehr als 5 %, so fallen die Kosten der Untersuchung der Zollbehörde zur Last und die abgegebene Deklaration ist für die Zollberechnung maßgebend. Anderenfalls trägt der Deklarant die Kosten und die Zollbehörde hat das Recht zu entscheiden, ob sie den Zoll unter Zugrundelegung des Schiedsspruchs berechnen oder ihr Vorkaufsrecht ausüben will[3]).

---

[1]) StenB. d. RT. 1903/1905, Aktenst. 543 Anl. XIII 32.

[2]) Vgl. oben 88, ferner Drucks. d. BR. d. ZV. 1869, Nr. 10 73, Nr. 63 7.

[3]) Im Abs. 8 des § 93 ist noch die Bestimmung enthalten, daß, wenn

VII. Von der Ablehnung der Abfertigung zu geringer Warenmengen.

Man sollte meinen, daß, wenn auch, wie früher gezeigt[1]), für die von einzelnen Ämtern zu verzollenden Waren der geringeren Bedeutung dieser Ämter wegen Höchstgrenzen festgesetzt sind, nach unten hin in dieser Beziehung Grenzen nicht gezogen und somit die Abfertigung auch der kleinsten Warenmengen zum Übergang in den freien Verkehr zulässig wäre. Es gibt jedoch auch hier Ausnahmen. Sie beruhen teils auf zolltechnischen, teils auf anderen Erwägungen.

Auf zolltechnischen Erwägungen beruht die Bestimmung des § 51 Abs. 2 VZG., daß der Eingangszoll von Waren, welche auf Begleitschein II abgefertigt werden, mindestens 15 M. betragen muß. Die Bestimmung beruht in dieser Form auf einer Anregung der Bundesratsausschüsse, der Regierungsentwurf zum VZG. hatte die Vorschrift des § 51 der Zollordnung von 1838, welcher einen Mindestzoll von 30 M. forderte, wiederholt[2]). Der einschränkenden Vorschrift liegt ohne Zweifel der Gedanke zugrunde, daß der Vorteil, den die Interessenten durch die Gewährung einer kurzen Zahlungsfrist für den Zollbetrag erlangen, bei ganz geringfügigen Summen in keinem richtigen Verhältnis stehen würde zu der Mühewaltung, die den Zollbehörden durch die Ausfertigung und Erledigung der Begleitscheine II erwächst.

Ähnlichen Zwecken, also der Vermeidung einer unnötigen Bemühung der Organe der Zollverwaltung, dient die Bestimmung des § 20 Abs. 1 des Privatlager-Regulativs, nach welcher die Direktivbehörden ermächtigt sind, Minimalgrenzen für die Abmeldungen vorzuschreiben, mit denen Waren von unter amtlichem Mitverschluß stehenden Teilungslägern zur Entnahme von der Niederlage, also auch zur Verzollung, abgemeldet werden.

Seit einigen Jahren ist eine derartige Beschränkung aus anderen als zolltechnischen Gründen für unser Zolltarifrecht infolge der Gesetzgebung über die Schlachtvieh- und Fleischbeschau bedeutsam geworden. Das Gesetz vom 3. Juni 1900 enthält in seinem § 12 nicht nur Einfuhrverbote, z. B. für Würste,

---

die Sachverständigen einen Wert feststellen, der den deklarierten um 10 % übersteigt, der berechnete Zoll um die Hälfte zu erhöhen ist.

[1]) Oben 91 ff.

[2]) Drucks. d. BR. d. ZV. Nr. 10 für 1869 15, Nr. 63 für 1869 5.

sondern daneben auch für an sich zur Einfuhr zugelassenes Fleisch Bedingungen, an deren Erfüllung im einzelnen Falle die Zulassung geknüpft wird. Die Bedingungen bezwecken, eine besonders eingehende und sorgfältige Untersuchung des ausländischen Fleisches zu ermöglichen, welche Sicherheit gibt, daß nicht gesundheitsschädliches fremdes Fleisch in den Inlandsverbrauch kommt[1]). Unter diesen Bedingungen, welche für frisches und für zubereitetes Fleisch verschieden gestaltet sind, befinden sich die, daß frisches Fleisch im allgemeinen nur in ganzen Tierkörpern eingeführt werden darf, und daß bei Pökelfleisch, außer Schinken, Speck und Därmen das Gewicht der einzelnen Stücke mindestens 4 kg betragen muß. Geringere Mengen dieser Waren dürfen also zum freien Verkehr nicht abgefertigt werden.

Dritter Abschnitt: Zollbefreiungen und Zollbegünstigungen.

Vorbemerkung.

Der zusammenhängenden Darstellung der Zollbefreiungen und Zollbegünstigungen des Tarifrechts sind einige Bemerkungen über die in Frage kommenden Begriffsbestimmungen vorauszuschicken.

Vor Eintritt in die Erörterung der äußeren Anordnung des Tarifs wurde hervorgehoben, daß als Zolltarif im eigentlichen Sinne anzusehen ist die in der Anlage zum Zolltarifgesetz enthaltene, nach bestimmten Grundsätzen geordnete Zusammenstellung von Waren oder Warengruppen mit der für jede einzelne getroffenen zwingenden Vorschrift, ob sie zollfrei oder ob und in welcher Höhe sie zollpflichtig ist. Es wurde ferner betont, daß es für diese Begriffsbestimmung als unerheblich anzusehen sei, ob die als Tarifsätze bezeichneten Bestimmungen auf der autonomen Gesetzgebung oder auf internationalen Vereinbarungen beruhen. Soweit hiernach diese Bestimmungen besagen, daß einzelne Waren keinem Zolle unterliegen, soweit also bei ihnen in der im allgemeinen zur Aufnahme der Zollsätze bestimmten Spalte das Wort „frei“ erscheint, hängt ihre Anwendnng im

---

[1]) Vgl. Schmidt, Die Fleischbeschau-Zollordnung, Berlin 1903, 136, 137, 6, 194.

einzelnen Falle lediglich davon ab, ob die vorgeführte Ware den im Tarif vorgesehenen Merkmalen entspricht und ob sie, sofern internationale Vereinbarungen in Frage stehen, aus den in Betracht kommenden Ländern herstammt. Die lediglich an diese Voraussetzungen geknüpften Bestimmungen darüber, daß gewisse Waren zollfrei sein sollen, kann man als Zollfreiheiten bezeichnen. Mit diesen haben wir es hier nicht zu tun. Von den Erwägungen, welche dazu geführt haben oder dazu führen können, solche Zollfreiheiten zu schaffen, ist[1]) bei Besprechung der leitenden Grundsätze des Tarifs und der Bedeutung der Handelsverträge für dessen Gestaltung gehandelt worden.

Unter Zollbefreiungen sind im Gegensatz hierzu die Fälle zu verstehen, in denen einzelne Waren oder Warengattungen, für welche durch Tarifsatz Zollfreiheit nicht gewährt ist, unter besonderen Umständen und bei Erfüllung besonderer Bedingungen Befreiung von der Entrichtung des nach dem Tarif geschuldeten Zolles gewährt wird oder gewährt werden kann.

Unter Zollbegünstigungen sind die Fälle zu verstehen, in denen unter besonderen Umständen und bei Erfüllung besonderer Bedingungen zwar nicht Befreiung von der Entrichtung des nach dem Tarif geschuldeten Zolles, aber doch Entrichtung in einem geringeren als dem tarifmäßigen Betrage, oder unter erleichternden Formen zugestanden wird oder zugestanden werden kann.

I. Zollbefreiungen.

1. Geschichtliches. Einteilung.

Die Zollbefreiungen stellen sich sämtlich als aus Zweckmäßigkeits- oder Billigkeitsgründen vorgeschriebene Erleichterungen gegenüber der strikten Durchführung desjenigen Grundsatzes dar, der oben[2]) als der Grundsatz der gleichmäßigen Wirkung des Tarifs bezeichnet wurde.

Die alten Tarife des Zollvereins, zuletzt der vom 1. Januar 1860 ab gültige[3]), enthielten in einer besonderen Abteilung alle Waren, welche weder einem Ausgangs- noch einem Eingangszolle unterlagen. Es erschienen hier sowohl die Zollfreiheiten wie die

---

[1]) Oben 60, 61, 65 ff.

[2]) Oben 48.

[3]) Beilage zu den Jahrbüchern der Zollgesetzgebung usw. für 1859.

Zollbefreiungen. Unter der Aufzählung befanden sich nämlich nicht nur Waren, für welche überhaupt kein Zoll festgesetzt war, sondern auch solche, welche zwar an sich zollpflichtig waren, mit Rücksicht auf die besonderen Zwecke aber, denen sie bei der Grenzüberschreitung dienten, oder im Zollgebiet dienen sollten, von der Verzollung befreit werden. Die Waren der ersteren Art, also die, für welche Zollfreiheiten bestimmt waren, wurden zuerst in dem vom 1. Juli 1865[1]) ab gültigen Tarif und sodann stets in den eigentlichen Einfuhrtarif übernommen. Die Waren der letzteren Art fanden Aufnahme in derjenigen Abteilung des Vereins-Zoll-Tarifs, welcher den eigentlichen Einfuhr-Tarif enthielt, und wurden ihm unter der Überschrift „Vorbemerkungen" vorangestellt. In einer anderen Abteilung des alten Tarifs, die die Überschrift „Allgemeine Bestimmungen" trug, waren ebenfalls noch einige Zollbefreiungen, nämlich diejenigen geringfügiger Warenmengen, enthalten. Bei der Reform des Tarifwesens im Jahre 1879 fanden alle zuletzt erwähnten Befreiungsfälle, Zollbefreiungen, Aufnahme in dem neu geschaffenen Zolltarifgesetz. Sie sind sodann mit einzelnen Änderungen und Ergänzungen in das neue Gesetz übergegangen und in dessen §§ 5, 6, 7, 8 enthalten. Seit 1879 haben dann auch in der Anlage zum Zolltarifgesetz selbst einzelne Zollbefreiungen Erwähnung gefunden. Ebenso fanden sich solche schon von Schaffung des VZG. an in diesem Gesetz, und auch in einzelnen Handelsverträgen sind derartige Bestimmungen enthalten[2]).

Daß alle diese im Zolltarif, im Zolltarifgesetz und im VZG. sowie in den Handelsverträgen zerstreuten Vorschriften über Zollbefreiungen nicht mit den Bestimmungen der §§ 111—118 VZG. durcheinander zu werfen sind, ist bereits betont. Der Unterschied liegt darin, daß die Befreiungen, die uns hier beschäftigen, entweder nur für gewisse Waren, oder zwar ohne diese Beschrän-

---

[1]) Beilage zu den Jahrbüchern der Zollgesetzgebung usw. für 1865.

[2]) Vgl. StenB. d. RT. 1903/1905, Aktenst. 543, namentlich C. (Rußland) 4 (gebrauchte Haushaltungsgegenstände von Anziehenden), E. (Schweiz) 2, F. (Serbien) 4 (Umschließungen, Schutzdecken usw.), E. (Schweiz) 5 ff. (Musterkarten, gebrauchte Kleidungsstücke, Anzugsgut, Ausstattungsgut, Erbschaftsgut, Reisegerät, Fahrzeuge, endlich Material zum Bau von Brücken über Grenzgewässer unter Vorbehalt jedesmaliger Vereinbarung). Im allgemeinen lehnen sich die Vereinbarungen mehr oder weniger eng an den Wortlaut des Zolltarifgesetzes an.

kung, aber lediglich mit Rücksicht auf die Menge oder den Erhaltungszustand zugelassen sind, während die §§ 111 ff. ohne Rücksicht auf Beschaffenheit, Menge und Gattung für Waren aller Art gelten. Keiner der in diesen §§ erwähnten Fälle, die man vielleicht im Gegensatz zu den Zollfreiheiten und den Zollbefreiungen als Zollfreilassungen bezeichnen könnte, hat auch jemals seinen Platz an irgend einer Stelle des Tarifs gefunden.

Was die Einteilung der Zollbefreiungen anbetrifft, so läßt sie sich nach verschiedenen Gesichtspunkten durchführen. Es ist vorauszuschicken, daß eine Einteilung sich jedenfalls für eine zusammenhängende systematische Darstellung des Zolltarifrechts nicht empfiehlt, nämlich die nach den Gesetzen, in denen sich die Bestimmungen befinden. Eine derartige Einteilung wäre für rein äußerlich zu halten. Innere Gründe scheinen nicht für die Unterbringung der einen Befreiung in diesem, der anderen in jenem Gesetz zu sprechen. Beispielsweise würden die Bestimmungen über die Zollbefreiung der Erzeugnisse der deutschen Seefischerei an und für sich ebensogut wie im Tarifgesetz auch in dessen Anlage ihren Platz haben finden können. Anderseits wäre die bedingungsweise Zollbefreiung von Tee zur Teinfabrikation auch im Tarifgesetz unterzubringen gewesen. In beiden Fällen haben wohl nur Zweckmäßigkeitserwägungen rein formeller Art für das gewählte Verfahren gesprochen. In dem zuerst als Beispiel gewählten Falle wäre der Tarif vielleicht zu umständlich geworden, wenn bei den verschiedenen Erzeugnissen der Seefischerei die für die deutschen Erzeugnisse maßgebenden besonderen Erleichterungen in Anmerkungen jedesmal hätten bemerkt werden müssen. Anderseits hätte die besondere Bestimmung wegen des Tees, wenn sie ihren Platz im Tarifgesetz gefunden hätte, möglicherweise von weniger geübten Beamten übersehen werden können.

Die Befreiungen des Tarifrechts sollen hier eingeteilt werden in solche, die vorgesehen sind im Hinblick auf

1. das geringe Gewicht von Waren,
2. deren Erhaltungszustand,
3. deren Eigenschaft als Erzeugnisse deutschen Gewerbfleißes,
4. deren Bestimmung während oder nach der Überschreitung der Grenze.

Innerhalb der einzelnen durch diese Einteilung gegebenen Abschnitte wird dann noch unterschieden werden, ob den Zollpflichtigen ein Rechtsanspruch auf Gewährung der Zollbefreiungen zusteht, oder nicht. In letzterer Beziehung gibt der Wortlaut der Vorschriften überall deutliche Hinweise. Bezüglich einer Reihe von Befreiungen ist der Bundesrat ermächtigt, sie zuzulassen. Andere sind zwar unmittelbar durch das Gesetz vorgesehen, aber in der Form, daß die Befreiung erfolgen „kann", daß ihre Gewährung im einzelnen Falle von einer „Erlaubnis" abhängig gemacht wird. In solchen Fällen besteht natürlich kein Rechtsanspruch. Ist aber die Befreiung von einer allgemeinen oder besonderen Gestattung nicht abhängig gemacht, so ist ein Rechtsanspruch als vorhanden anzuerkennen. Die Ware ist also, wenn auch die Zollbefreiung noch an Bedingungen geknüpft ist, beim Vorhandensein der letzteren zollfrei, keineswegs ist ein Nachweis dieses Vorhandenseins beim Eingang Voraussetzung der Zollbefreiung[1]).

2. Zollbefreiung geringfügiger Warenmengen.

Hierher gehörige Vorschriften, wie sie auch schon in den Tarifen des Zollvereins sich finden[2]), bezwecken, im Interesse der Verwaltung und des Verkehrs die Berechnung und Erhebung von Zollbeträgen zu vermeiden, deren Geringfügigkeit in keinem Verhältnis zu der durch die Berechnung, Buchung usw. entstehenden Mühewaltung stehen würde. Deshalb ist im neuen Gesetz bestimmt, daß

> von der Verzollung befreit sind mit der Post eingehende Warensendungen von 250 g Rohgewicht und weniger und alle der Gewichtsverzollung unterliegenden Waren in Mengen unter 50 g, ferner
>
> Zollbeträge von weniger als 5 Pf. überhaupt nicht, höhere Zollbeträge nur, soweit sie durch 5 teilbar sind, unter Weglassung der überschießenden Pfennige erhoben werden.

Die Praxis hat die Vorschrift über die Zollbefreiung der Mengen unter 50 g dahin ausgelegt, daß auch bei größeren Gewichtsmengen die bei der Abrundung auf 50 g überschießenden

---

1) Vgl. Löbe, 85.

2) Vgl. z. B. Zolltarif für die Zeit vom 1. Oktober 1851 ab, 5. Abteilung Ziff. X.

Gewichtsmengen unberücksichtigt zu bleiben haben. Um für die Zukunft ein einheitliches Verfahren zu sichern, ist durch einen neu in das Gesetz aufgenommenen Zusatz dem Bundesrat die Bestimmung darüber vorbehalten, inwieweit auch abgesehen von jenen positiven Vorschriften bei der Gewichtsermittlung Bruchteile eines Kilogramm unberücksichtigt bleiben dürfen[1]).

Es bedarf keiner Ausführung, daß Bestimmungen, wie die in Rede stehenden, unter Umständen zum Schaden des Fiskus ausgenutzt werden können. Ähnlich wie bisher ist daher auch für die Zukunft dem Bundesrat die Befugnis beigelegt, im Falle des Mißbrauchs für einzelne Warengattungen oder für einzelne Grenzstrecken Beschränkungen anzuordnen[2]).

Tatsächlich sind auch bisher schon solche Beschränkungen angeordnet worden. Die erste erfolgte durch einen BRBeschl. von 1882 gegenüber mit der Post über die Grenzen gegen Österreich-Ungarn und die Zollausschlüsse eingehenden Waren im Gewicht von mindestens 50 g, sofern sie einem Zolle von mindestens 100 M. für 1 dz unterlagen. Eine weitere Beschränkung erfolgte im Jahre 1885, nachdem die Erfahrung gemacht war, daß seit der damals erfolgten beträchtlichen Erhöhung der Zölle auf Taschenuhren solche in großem Umfange in Postsendungen unter 250 g eingingen. Es wurde die Befreiung beseitigt bezüglich aller mit der Post über verschiedene, besonders genannte Grenzstrecken eingehenden Taschenuhren, Werke und Gehäuse von solchen.

Die volle Durchführung des zuerst erwähnten Beschlusses wurde dann aber seitens einzelner kaufmännischer Kreise in Hamburg und Bremen, welche von den außerhalb der Zollgrenze liegenden Gebietsteilen aus in großen Mengen Warenproben versandten, als erhebliche Belästigung um so mehr empfunden, als ihre ausländischen Konkurrenten zum Teil, nämlich soweit für sie die betreffenden Grenzstrecken nicht in Betracht kamen, der gleichen Beschränkung nicht unterlagen. Infolgedessen wurde durch BRBeschl. aus den Jahren 1896 und 1897 die Beschränkung für Tee- und gewisse Spirituosenproben, welche aus dem hambur-

---

[1]) § 5 Abs. 1 a. E., Begr. 24; vgl. auch oben 146. Nach dem Handelsvertrag mit der Schweiz dürfen Mengen unter $^1/_2$ kg nicht als 1 kg gerechnet werden (StenB. d. RT. 1903/1905 Aktenst. 543 E. 7).

[2]) § 5 Abs. 3, vgl. dazu Begr. 24 u. KommB. 4347.

gischen Freihafen und dem bremischen Freibezirk eingingen, wieder beseitigt[1]).

Zu erwähnen ist in diesem Zusammenhange, daß auch in einigen Handelsverträgen für gewisse an sich zollpflichtige Waren Zollbefreiung gebunden ist, wenn sie in geringfügigen Mengen eingehen. Dies gilt für frische Weinbeeren zum Tafelgenuß und frisches Obst der in der Tarifnummer 47 bezeichneten Art, wenn sie in Postsendungen von einem Gewicht bis 5 kg einschließlich eingehen[2]).

3. Zollbefreiung gebrauchter, abgenutzter, beschädigter oder verdorbener Waren.

Der sich aus dem Grundsatz der gleichmäßigen Wirkung des Tarifs ergebende, in den Vorbemerkungen zum AWV. besonders ausgesprochene Satz, daß es für die Tarifierung regelmäßig unerheblich ist, ob die Gegenstände neu oder gebraucht sind, ist schon von jeher nicht ohne Ausnahmen gewesen. Die Notwendigkeit hierfür ergab sich zum Teil von selbst, wenn anders nicht der Personenverkehr über die Grenze durch unerträgliche Belästigungen erschwert werden sollte.

Hierher gehört die Vorschrift, daß gebrauchte Kleidungsstücke und Wäsche, welche nicht zum Verkauf oder zur gewerblichen Verwendung eingehen, zollfrei bleiben[3]). Die Worte „zur gewerblichen Verwendung" sind erst durch das neue Gesetz hinzugefügt worden, um beispielsweise die Zollbefreiung dann auszuschließen, wenn die Sachen als Modelle oder in einem Verleihgeschäft Verwendung finden sollen. Als gewerbliche Verwendung ist dagegen nach der Begründung die Einfuhr zur Reinigung und zur Ausbesserung nicht anzusehen; es bedarf daher hier nicht erst der Bewilligung eines Veredelungsverkehrs[4]).

Wie die Zollbefreiung der gebrauchten Kleidungsstücke usw. hat auch diejenige der von Anziehenden zur eigenen Be-

---

[1]) Drucks. d. BR. Nr. 72 für 1882, Nr. 177 für 1885, Nr. 111 für 1896, Nr. 83, 138 für 1897, Prot. § 327 für 1882, § 658 für 1885, § 533 für 1896, §§ 456, 722 für 1897.

[2]) StenB. d. RT. 1903/1905, Aktenst. 543 A. 28, 30, B. 40, D. 13, F. 26, G. 15.

[3]) § 6 Ziff. 3 d. G., hierzu Begr. 25, KommB. 4347.

[4]) Begr. 25. Vgl. auch oben 153 Anm. 2 (Handelsvertrag mit der Schweiz).

nutzung eingebrachten gebrauchten Gegenstände ihre Wurzeln im alten Tarifrecht des Zollvereins[1]).

Das alte Gesetz beschränkte das gebrauchte Anzugsgut auf Hausgeräte und Effekten, Fabrikgerätschaften und Handwerkszeug. Nachdem aber in der preußischen Praxis unter „Effekten" alle beweglichen Sachen verstanden waren[2]), hat der Entwurf unter Hinweis auf die „seitherige Handhabung" der Bestimmung für diese eine allgemeinere Fassung vorgeschlagen[3]).

Neu in das Gesetz aufgenommen ist die Vorschrift, daß aus dem Auslande zurückkommende gebrauchte Koffer, Reisetaschen und sonstiges Reisegerät, wenn darin Gebrauchsgegenstände von Reisenden in das Ausland verbracht worden sind, zollfrei bleiben[4]).

In den bisher erörterten Fällen haben die Einbringer, sofern die im Gesetz vorgesehenen tatsächlichen Voraussetzungen erfüllt sind, einen Anspruch auf Zollbefreiung. Einschränkungen sind bezüglich des Anzugsgutes vorgesehen. Einerseits für einen besonderen Fall durch eine Bestimmung des neuen Gesetzes, welche an die früher erörterten Vorschriften über Kampfzölle erinnert[5]). Da nämlich in verschiedenen Ländern Zollbefreiung für Anzugsgut nicht oder nicht in dem Umfange, wie in Deutschland, gewährt wird und sich aus dieser Ungleichheit für Deutschland Nachteile ergeben können, ist der Reichskanzler ermächtigt, unter Zustimmung des Bundesrats anzuordnen, daß die betreffenden deutschen Vorschriften gegenüber Angehörigen von Staaten, die nicht Gegenseitigkeit gewähren, ganz oder teilweise außer Anwendung bleiben sollen, Hier besteht also der Rechtsanspruch nur solange, als nicht von der dem Reichskanzler beigelegten Ermächtigung Gebrauch gemacht ist.

Anderseits dürfen künftig gebrauchte Maschinen zur Benutzung im Gewerbe- und Landwirtschaftsbetriebe nur ausnahmsweise auf besondere Erlaubnis zollfrei gelassen werden.

---

[1]) Vgl. Abteilung I Ziff. 14 des Zolltarifs für die Jahre 1840, 1841, 1842.

[2]) Vgl. z. B. den bei Appelt-Behrend 11 Anm. 27 angezogenen Erlaß.

[3]) § 6 Ziff. 4 Abs. 1 d. G., Begr. 25. Vgl. ferner oben 153 Anm. 2 (Handelsverträge mit Rußland und der Schweiz)).

[4]) KommB. 4348, ferner oben 153 Anm. 2 (Handelsvertrag mit der Schweiz).

[5]) § 6 Ziff. 4 Abs. 3 d. G., Begr. 25, KommB. 4348.

Die Ausnahmevorschrift soll eine Prüfung dahin ermöglichen, ob die Zollbefreiung als wirtschaftlich gerechtfertigt anzusehen ist[1]).

Soweit die zuletzt erwähnten Gegenstände als Anzugsgut in Betracht kommen, ist hiernach die Entscheidung über die Zollbefreiung lediglich von dem freien Ermessen der Verwaltung abhängig. Dasselbe gilt allgemein von den als Erbschaftsgut eingehenden gebrauchten Sachen. Daß gebrauchtes Erbschaftsgut, dessen Zollbefreiung zuerst in den Instruktionspunkten zum AWV.[2]) ausgesprochen war, von jeher nur auf besondere Erlaubnis freigegeben wurde, beruht offenbar auf der Erwägung, daß die Feststellung der Tatsache, ob es sich um Erbschaftsgut handelt. häufig besonders schwierig ist. Eine Erweiterung hat die Vorschrift im neuen Gesetz insofern erfahren, als sie sich nicht mehr nur auf gebrauchte Hausgeräte und Effekten, sondern allgemein auf gebrauchte Sachen bezieht[3]).

Ein Bedürfnis, für zerbrochene und verdorbene Waren Zollbefreiung zuzugestehen, trat zunächst im Begleitscheinverkehr hervor. Auf der 5. Generalkonferenz wurden Bestimmungen vereinbart, die sich hierauf und zugleich auf die Zollbefreiung gänzlich zugrunde gegangener Begleitscheingüter bezogen. Da als zuständig zur Bewilligung solcher Zollbefreiungen damals noch teils die Direktiv-, teils die obersten Landesfinanzbehörden erklärt waren, wurden bei der Redaktion des VZG. zur Verminderung des Schreibwerks die Hauptämter für zuständig erklärt. Zugleich fand der jenen älteren Vorschriften zugrunde liegende Gedanke erweiterte Anwendung. Auf dem VZG. beruht im wesentlichen der heutige Rechtszustand vor dem Inkrafttreten des neuen Gesetzes. Er ist folgender:

Zollbefreiung tritt ein

1. wenn auf Begleitschein I abgefertigte Güter erweislich auf dem Transport durch Zufall zugrunde gehen,
2. wenn solche Güter, die unter amtlichem Verschluß oder amtlicher Begleitung abgelassen sind, am Be-

---

[1]) § 6 Ziff. 4 Abs. 1 a. E. d. G., Begr. 25, KommB. 4347. Vgl. aber eine Erleichterung StenB. d. RT. 1903/1905, Aktenst. 543 E. 5 (Handelsvertrag mit der Schweiz).

[2]) Vgl. oben 114.

[3]) § 6 Ziff. 5 d. G., Begr. 25, KommB. 4348. Vgl. ferner oben 153 Anm. 2 (Handelsvertrag mit der Schweiz).

stimmungsorte in zerbrochenem oder verdorbenem Zustande, aber — falls Verschluß angelegt war — mit unverletztem Verschlusse ankommen. Die in verdorbenem Zustande ankommenden Gegenstände müssen dann unter amtlicher Aufsicht vernichtet werden, die zerbrochen ankommenden sind „nötigenfalls“ unter zollamtlicher Aufsicht so zu zerstören, daß sie völlig unbrauchbar werden.

Die gleichen Bestimmungen gelten für auf Ladungsverzeichnis abgefertigte Waren. Ferner werden auf öffentlichen Niederlagen gänzlich verdorbene und unbrauchbar gewordene Waren nach amtlicher Vernichtung zollfrei gelassen. Dieselbe Bestimmung gilt nach dem Privatlager-Regulativ auch für auf Transit- und Teilungslägern unter amtlichem Mitverschluß verdorbene usw. Waren. Sie ist ferner durch die Anweisung zur Ausführung des VZG. auf die im Schiffsansageverkehr und die mit der Post eingehenden Waren ausgedehnt worden[1]). Aus dieser Rechtslage haben sich nun Ungleichheiten nach doppelter Richtung ergeben.

Einerseits hat auf die Vergünstigung, für verdorbene Waren Zollbefreiung zu erlangen, wohl derjenige Anspruch, der die Waren mit der Post aus dem Auslande einführt, nicht aber beispielsweise der, welcher sie auf einem Landwege über die Grenze bringt.

Anderseits besteht für Begleitscheingut, das, mag es mit oder ohne Verschluß abgelassen sein, durch Zufall zugrunde geht, also z. B. durch Feuer völlig vernichtet wird, Anspruch auf Zollbefreiung, dagegen kann Begleitscheingut, das ohne Verschluß oder amtliche Begleitung läuft, und das dann infolge eines zufälligen Unglücks zwar völlig unbrauchbar, aber immerhin nicht vollständig vertilgt ist, selbst dann die Zollbefreiung nicht erlangen, wenn es nachträglich unter amtlicher Aufsicht vernichtet wird.

Zur Beseitigung solcher Ungleichheiten ist das neue Gesetz dazu übergegangen, die bestehenden Vorschriften zu verallgemeinern. In solche Verallgemeinerung sind auch die Bestimmungen über die Abfälle einbezogen werden. Der geltende

---

[1]) Drucks. d. BR. d. ZV. Nr. 10 für 1869, 68, §§ 48, 67, 103 Abs. 4 VZG., § 20 Abs. 3, Privatlager-Regulativ Ziff. 14 Abs. 4 Anweisung zur Ausführung des VZG.

Tarif und besonders das AWV. führen eine große Anzahl von Abfällen namentlich auf und enthalten dann eine ganze Reihe einzelner Bestimmungen darüber, wie nicht besonders genannte Abfälle zu behandeln sind, und wie zu verfahren, wenn Zweifel darüber bestehen, ob diese und jene Abfälle nicht auch noch anderweit verwendet werden können. Im neuen Tarif sind nur wenige Abfälle besonders aufgeführt, und alle übrigen oben erwähnten Fragen werden im neuen Gesetz im allgemeinen gleichmäßig für Abfälle und für zerbrochene usw. Waren geordnet. Nach dem neuen Gesetz werden

1. im Tarif nicht besonders genannte Abfälle, sowie zerbrochene und abgenutzte Gegenstände wie die Rohstoffe, von denen sie herstammen, behandelt, wenn sie nur zu denselben Zwecken, wie diese, verwendet werden können, oder die Verwendung zu anderen Zwecken nach Anordnung der Zollbehörde durch geeignete Maßnahmen ausgeschlossen wird.

   Wird nicht schon hierdurch die Zollbefreiung der Abfälle usw. herbeigeführt, sind also die betreffenden Rohstoffe zollpflichtig[1]), so tritt

2. Zollbefreiung ein, wenn die Abfälle und verdorbenen Waren zu Düngezwecken bestimmt sind und ihre Verwendung zu anderen Zwecken entweder ausgeschlossen erscheint, oder nach Anordnung der Zollbehörde durch geeignete Maßnahmen ausgeschlossen wird. Endlich bleiben

3. verdorbene Waren, auch wenn sie nicht zu Düngezwecken bestimmt sind, zollfrei, wenn sie unter amtlicher Aufsicht vernichtet werden.

Das wichtigste Ergebnis dieser Neuregelung ist, daß der Einbringer künftig verdorbene Waren, auf welchem Wege sie auch in den freien Verkehr übergehen, zollfrei abgelassen erhalten muß, wenn er ihre Vernichtung unter amtlicher Aufsicht oder ihre Versetzung in einen Zustand, der sie zu einer anderen Verwendung als zu Düngungszwecken ungeeignet erscheinen läßt, herbeiführt[2]).

---

[1]) Vgl. oben 65 ff.

[2]) Vgl. wegen dieser Entwicklung §§ 48, 103 Abs. 4 VZG., § 26 Niederlage-

4. Zollbefreiung von Erzeugnissen deutschen Gewerbfleißes.

Von dem Gesichtspunkte aus, daß es sich um Erzeugnisse deutschen Gewerbfleißes handelt, haben Anspruch auf Zollbefreiung:

a) Gewisse landwirtschaftliche Erzeugnisse,

b) Erzeugnisse der deutschen Seefischerei.

Zu a. Falls von Wohn- und Wirtschaftsgebäuden aus, welche innerhalb der Zollgrenze belegen sind, außerhalb der Zollgrenze belegene Grundstücke bewirtschaftet werden, bleiben die Erzeugnisse des Ackerbaues und der Viehzucht von diesen Grundstücken zollfrei. Dasselbe gilt von den Erzeugnissen der Waldwirtschaft, hier aber nur dann, wenn die im Zollauslande belegenen Grundstücke mindestens schon seit dem 15. Juli 1879, dem Tage der Verkündung des Bismarckschen Zolltarifs, Zubehör des inländischen Grundstücks bilden. Diese im Interesse der Landwirtschaft treibenden Grenzbevölkerung getroffene Vorschrift ist aus dem alten Gesetz in das neue übernommen worden.

Die Einfügung des 15. Juli 1879 als Stichtages erfolgte bei der Tarifnovelle von 1885, welche eine Erhöhung der Holzzölle brachte, offenbar, um Mißbräuchen entgegenzutreten[1]).

In diesem Zusammenhang ist ferner eine besondere Befreiungsvorschrift aus der Anlage zum neuen Zolltarifgesetz zu erwähnen. Im Interesse der heimischen Zuckerfabriken und Landwirte ist die bestehende Zollpflichtigkeit von getrockneten ausgelaugten Rübenschnitzeln zum Satze von 1 M. für 1 dz im neuen Tarif ausdrücklich festgelegt worden. Die ausnahmslose Durchführung der Bestimmung würde zu einer Härte gegenüber solchen Rübenbauern geführt haben, die, wie es an der österreichischen Grenze vorkommt, Rüben an ausländische Fabriken liefern und von diesen die ausgelaugten Schnitzel in gedarrtem Zustande zurückerhalten. Auf Anregung der Kommission wurde daher gedarrten Rübenschnitzeln, welche für inländische, an ausländische Zucker-

---

Regulativ, §§ 12, 20 Privatlager-Regulativ, § 8 Weinlager-Regulativ, geltendes AWV. 1—6, § 7 des neuen G., Begr. 30, KommB. 4351.

[1]) § 6 Ziff. 1 d. G., Begr. 24, vgl. StenB. d. RT. 1884/1885, 5 Aktenst. 156, 566. — Vgl. hierzu auch in bezug auf gewisse Erleichterungen des Grenzverkehrs StenB. d. RT. 1903/1905, Aktenst. 543, Denkschrift Anl. V 11 ff., Anl. VIII 17 ff.

fabriken gelieferte Zuckerrüben an inländische Produzenten vertragsmäßig zurückgewährt werden, Zollbefreiung zugebilligt[1]).

Zu b. Was die Erzeugnisse der deutschen Seefischerei anbetrifft, welche nicht, wie frische Fische, tarifmäßig zollfrei sind, so hat bisher ein allgemeiner Anspruch auf Zollbefreiung nicht bestanden. Es ist nur durch einen BRBeschl. von 1874, welcher ältere, auf verschiedenen Generalkonferenzen vereinbarte bezügliche Bestimmungen zusammenfaßte, einerseits die Fischerei an den deutschen Seeküsten für nicht abgabepflichtig und anderseits für zulässig erklärt worden, derartige Erzeugnisse, auch wenn sie anderswo, also auf dem offenen Meere, gewonnen sind, teils auf Reichsrechnung, teils auf Rechnung der Einzelstaaten zollfrei zu lassen. Durch einen BRBeschl. von 1887 ist die Ermächtigung auch auf solche Erzeugnisse ausgedehnt worden, die auf den Schiffen gekocht und dann in zollamtlich gekennzeichneten Blechbüchsen unter luftdichtem Verschluß aufbewahrt werden[2]).

Die Bedingungen der Befreiung waren im allgemeinen durch den BRBeschl. von 1874 festgesetzt. Nur für die Küstenfischerei war den Direktivbehörden der Erlaß von Kontrollvorschriften vorbehalten, welche verhindern sollten, daß Muschel- und Schaltiere, welche nicht an deutschen Küsten gebrochen waren, zollfrei von den Küstenfischern eingebracht wurden. Die Verschiedenheit der daraufhin getroffenen Vorschriften hatte zur Folge, daß tatsächlich in einzelnen Staaten auch außerhalb der deutschen Küstengewässer gefangene Austern und Hummern auf gemeinschaftliche Rechnung zollfrei gelassen wurden, in anderen nicht. Diese Ungleichheit ist schon vor dem Zustandekommen des neuen Gesetzes durch einen BRBeschl. von 1902 beseitigt worden. Das neue Gesetz hat aber auch in anderer Beziehung Erweiterungen der Befreiung eintreten lassen[3]).

Vor allem ist wichtig, daß nach dem Wortlaut des Gesetzes jetzt ein Rechtsanspruch auf die Zollbefreiung zugestanden und dem Bundesrat nur vorbehalten ist, die erforderlichen Über-

---

[1]) Begr. 145, Anm. zu Tarifnummer 195, StenB. d. RT. 1900/1903, S 6905.

[2]) Drucks. d. BR. Nr. 58, Prot. § 264 für 1874, Drucks. d. BR. Nr. 26 § 1, Prot. § 104 für 1887.

[3]) Drucks. d. BR. Nr. 49, Prot. § 252 für 1902, Begr. 24/25, KommB. 4347.

wachungsvorschriften zu erlassen. Die Zollbefreiung erstreckt sich allgemein auf die von deutschen Fischern und von Mannschaften deutscher Schiffe gefangenen Fische, Robben, Wal- und anderen Seetiere und die davon gewonnenen Erzeugnisse. Ausgeschlossen sind nur nach dem Wortlaut die in fremdländischen Küstengewässern gewonnenen Schal- und Krustentiere. Hierzu gehören aber nach dem Gesetz nicht mehr die gegenwärtig noch ausgeschlossenen, an der Küste von Helgoland gewonnenen Tiere dieser Art. Die Begründung hat, obwohl die Insel nicht vor dem 1. Januar 1910 in das deutsche Zollgebiet einbezogen werden kann, den Verzicht auf jene Beschränkung nicht für bedenklich erachtet, da ein Mißbrauch durch Einführung fremdländischer Austern und Hummern unter dem Vorgeben, es seien Helgoländer, nicht lange unbemerkt bleiben könnte. In der Begründung ist ferner noch ausgesprochen, — was nach dem Gesetzestext nicht zweifelhaft ist, da es sich dann nicht um von deutschen Fischern gefangene Erzeugnisse handeln würde — daß die von den Fängen ausländischer Fischer herrührenden und auf hoher See oder in ausländischen Häfen erworbenen Erzeugnisse keinen Anspruch auf die Befreiung haben.

In der Begründung ist vorgesehen, zur Kontrolle darüber, daß die Befreiung nicht Erzeugnissen zuteil wird, die nach den zuletzt hervorgehobenen Einschränkungen hierauf keinen Anspruch haben, eidesstattliche Versicherungen der Schiffsführer vorzuschreiben. Es würde damit ein Kontrollmittel, das schon in dem BRBeschl. von 1874 vorgesehen war, sonst aber dem Tarifrecht fremd ist, für diesen Einzelfall auch ferner konserviert bleiben. Man kann zweifelhaft sein, ob sich dies Verfahren empfiehlt. Es liegt die Gefahr nahe, daß bei der naturgemäßen Häufigkeit derartiger Versicherungen deren Abgabe zu einer bloßen Form wird. Das ist kein erwünschter Zustand, zumal im RStGB. (§§ 156. 163) die wissentlich oder fahrlässig falsche Abgabe eidesstattlicher Versicherungen mit Gefängnisstrafe bedroht ist.

5. Zollbefreiung wegen des Verwendungszwecks der Waren.

Soweit in den hierher gehörigen Fällen den Beteiligten beim Vorliegen der im Gesetz vorgesehenen tatsächlichen Voraussetzungen ein Rechtsanspruch auf die Befreiungen zusteht, bezwecken diese

a) entweder die Erleichterung des Reiseverkehrs und des großen Warenverkehrs im allgemeinen[1]),
b) oder die Beförderung einzelner wichtiger Gewerbszweige,
c) oder überwiegend oder ausschließlich die Beförderung anderer als gewerblicher Interessen.

Zu a. Zollbefreiung genießen: 1. Gebrauchsgegenstände aller Art, welche Reisende zum persönlichen Gebrauch oder zur Ausübung ihres Berufs auf der Reise mit sich führen, oder die ihnen zu diesem Zwecke vorausgeschickt oder nachgesendet werden. Die Befreiung ist einerseits ziemlich weit ausgedehnt. Es gehören zu den Reisenden nach ausdrücklicher Bestimmung des Gesetzes auch Fuhrleute, Schiffer und Schiffsmannschaften. In der Begründung ist ferner bemerkt, daß zu den Reisenden auch Führer von Beförderungsmitteln aller Art, reisende Handwerker und Hausierer zu zählen sind. Zur Beseitigung früher in der Verwaltungspraxis hervorgetretener Zweifel bestimmt endlich das Gesetz ausdrücklich, daß auch lebende Tiere, die von reisenden Künstlern bei Ausübung ihres Berufs oder zur Schaustellung benutzt werden, hierher gehören. Anderseits geht doch das Gesetz davon aus, daß es sich um Gegenstände handelt, die aus Anlaß einer Reise, also einer im allgemeinen kürzeren Abwesenheit vom Wohnorte eingebracht werden. In dieser Beziehung bemerkt die Begründung, daß von der Befreiung ausgeschlossen bleiben sollen[2]) „alle zum Gebrauch während eines längeren, wenn auch vorübergehenden Aufenthalts im Inlande, z. B. in Pensionen, eingebrachten Gegenstände“. Dem Ermessen der Behörden bei Beurteilung der Frage, ob ein Aufenthalt im Inlande als ein „längerer“ anzusehen ist, oder nicht, ist natürlich hier ein weiter Spielraum gelassen. Feste Grundsätze lassen sich schwerlich aufstellen.

2. Verzehrungsgegenstände, welche Reisende zum eigenen Verbrauche während der Reise mitführen[3]). Was den Begriff der „Reisenden“ anbetrifft, so rechnet das Gesetz ihnen die Fuhr-

---

[1]) Vgl. zu a auch oben 153 Anm. 2 (Handelsverträge).

[2]) § 6 Ziff. 6 Abs. 1, Begr. 25, 26.

[3]) § 6 Ziff. 7.

leute zu. Gemäß der Begründung zu der vorhin erörterten Vorschrift über die Befreiung der Gegenstände des Reisegebrauchs werden ihnen unbedenklich auch die reisenden Handwerker und Hausierer beizuzählen sein, die ebendaselbst genannten „Führer von Beförderungsmitteln aller Art“ jedoch nur insofern, als nicht eine für „Schiffer und Schiffsmannschaften“ vorgeschriebene Einschränkung platzgreift. Sie besteht darin, daß der Bedarf dieser Personen höchstens in einer auf zwei Tage berechneten Menge zollfrei gelassen werden darf.

Die allgemeine Fassung der einschränkenden Anordnung kann zu der Annahme führen, daß sie einen Widerspruch gegenüber der für den Wareneingang seewärts im § 80 Abs. 3 VZG. getroffenen Vorschrift enthalte. Dies ist jedoch nicht beabsichtigt. Die Vorschrift, welche besagt, daß der Schiffsproviant insoweit zollfrei zu lassen ist, als er den mutmaßlichen Bedarf der Schiffsmannschaft während der Dauer des Aufenthalts im Lande nicht übersteigt, soll nach der Begründung unberührt bleiben. Die Einschränkung bezweckt danach nur, Mißbräuche zu verhüten, die bei der Flußschiffahrt in der Nähe von Freihäfen vorkommen können. Da die Flußschiffer jederzeit in der Lage sind, ihren Bedarf zu ergänzen, besteht ein Bedürfnis, ihnen, wenn sie aus Freihafengebieten in zollinländische Gewässer fahren, die Mitnahme von unverzolltem Proviant zu gestatten, nur in sehr geringem Umfange. Über das Maß dieses Bedürfnisses entscheidet gegenwärtig noch lediglich das Ermessen der Abfertigungsbeamten. Diesem Ermessen hat jetzt eine Schranke gezogen werden sollen, um zu verhüten, daß über den Bedarf zollfrei eingelassene Mengen zu anderen, als Proviantierungszwecken, Verwendung finden.

Von dieser Ausnahme abgesehen wird es auch ferner Sache des Ermessens der Abfertigungsbeamten sein, zu entscheiden, ob vorkommendenfalls eingehende Verzehrungsgegenstände als Reisebedarf anzusehen sind[1]).

3. Fahrzeuge aller Art einschließlich der zugehörigen Ausrüstungsgegenstände, sowie Pferde und andere Tiere, einschließlich der zugehörigen Geschirre und Decken, wenn sie

[1]) Begr. 26, KommB. (Erklärung des Regierungsvertreters) 4348.

entweder bei dem Eingang über die Zollgrenze zur Beförderung von Personen oder Waren dienen und nur aus dieser Veranlassung eingehen,

oder aus dem Auslande zurückkommen, nachdem sie beim Ausgange diesem Zwecke gedient haben,

oder dazu bestimmt sind, Personen oder Waren in das Ausland zu verbringen,

ferner Fahrzeuge aller Art, sowie Pferde und andere Tiere von Reisenden auch dann, wenn sie zwar bei der Einfuhr nicht als Beförderungsmittel dienen, aber sich erweislich schon seither im Gebrauch ihrer Besitzer befunden haben und zu deren weiterem Gebrauche bestimmt sind[1]).

Im Gegensatz zu der seitherigen Fassung und um Zweifel auszuschließen, die sich aus ihr ergaben, ist jetzt ausdrücklich ausgesprochen, daß bei dauerndem Verbleib der Fahrzeuge oder Tiere im Inlande deren Zollpflichtigkeit eintritt. Es ist dabei beabsichtigt, die Möglichkeit zu geben, im Falle des Verkaufs eines im Reiseverkehr eingeführten Wagens den Schuldigen zur Bestrafung ziehen zu können[2]).

Abgesehen von der hier erwähnten Einschränkung ist die Befreiung der Beförderungsmittel, wie auch die detaillierte Auseinanderhaltung aller möglichen Fälle in den Abs. 1 bis 3 zeigt, sehr weitgehend. Die Begründung hebt, woüber nach der Fassung des Abs. 1 Zweifel vielleicht bestehen könnten, noch besonders hervor, daß befreit z. B. auch Möbelwagen wären, die ihrerseits auf Eisenbahnwagen eingehen.

Neu im Gesetz ist auch die ausdrückliche Vorschrift, daß Futter, welches zum Reiseverbrauch der unter die eben erörterten Vorschriften fallenden Tiere mitgeführt wird, in einer der Zahl der Tiere und der voraussichtlichen Reisedauer, höchstens jedoch einem Zeitraum von zwei Tagen entsprechenden Menge zollfrei bleibt. Diese Vorschrift schafft für eine ähnliche im geltenden AWV. enthaltene Bestimmung eine gesetzliche Grundlage.

Nach dem Wortlaut der mitgeteilten Bestimmungen über die Zollbefreiung der Fahrzeuge finden die ersteren an sich auch auf Eisenbahnfahrzeuge Anwendung. Im letzten Absatz der Vor-

---

[1]) § 6 Ziff. 8 Abs. 1, 2, 3.

[2]) § 6 Ziff. 8 Abs. 4, Begr. 26, KommB. 4348.

schriften unter Ziff. 8 im § 6 sind aber dem Bundesrat besondere Bestimmungen über die Zollbehandlung der dem durchgehenden Personenverkehr dienenden Eisenbahnfahrzeuge vorbehalten.

4. Die Umschließungen. Daß bei der Verzollung nach Reingewicht die nicht zu diesem Gewicht gehörigen Umschließungen im allgemeinen zollfrei bleiben, ist von jeher Grundsatz des deutschen Tarifrechts gewesen. Ausdrücklich im Gesetz ausgesprochen war aber der Grundsatz bisher nicht. Um in dieser Beziehung Zweifel für die Folge auszuschließen, hat das neue Gesetz die Lücke durch eine ausdrückliche Vorschrift ausgefüllt. Die Beschränkung der Zollbefreiuug auf handelsübliche Umschließungen verhütet, daß mißbräuchlich Waren Zollbefreiung genießen, deren Verwendung als Umschließung für andere Waren nicht erforderlich und nur zum Zwecke der Zollersparnis vorgenommen ist[1]). Aus der allgemeinen Fassung „beim Eingange in den freien Verkehr" folgt, daß es für die Anwendung der Vorschrift unerheblich ist, ob die Waren gleich an der Grenze in den freien Verkehr treten oder erst, nachdem sie im Zollgebiet noch längere oder kürzere Zeit unter amtlicher Kontrolle, insbesondere auf einem Zollager sich befunden haben.

Der Zollbefreiung der Umschließungen liegt der Gedanke zugrunde, daß dieselben in dem Augenblick, wo sie in den freien Verkehr treten, keine selbständigen Waren bilden, sondern nur bestimmt sind, andere Waren bis zu deren Übergang in die Hände des Empfängers unversehrt zu erhalten. Dieser Grund fällt fort, wenn die Umschließungen den bezeichneten Charakter verlieren und die Eigenschaft selbständiger Waren annehmen. Infolgedessen ist schon bisher die Verzollung von Umschließungen, die auf Niederlagen durch Umpacken, Umfüllen ihres Inhalts in andere Umschließungen leer wurden, vorgeschrieben gewesen. Sie erfolgt, soweit die Umschließungen zum Nettogewicht der Waren gehören, nach dem Zollsatz der letzteren, andernfalls nach demjenigen Satze, dem die Umschließungen an sich unterliegen[2]).

---

[1]) § 3 Abs. 5 Satz 1, Begr. 23.

[2]) Vgl. § 23 Abs. 5ff. Niederlage-Regulativ, §§ 12, 17 Privatlager-Regulativ. Die abweichende Vorschrift des § 5 Abs. 3 Weinlager-Regulativ beruht auf dem BRBeschl. vom 21. Juni 1883 (§ 320 Ziff. I d. Prot., Nr. 59 § 3 Ziff. 1 d. Drucks.). Sie ist veranlaßt durch Klagen der Weinhändler darüber, daß bei Anwendung des

Ebenso ist durch einen besonderen BRBeschl.[1]) für an sich zollpflichtige, im Inlande verbleibende Umschließungen, mit denen im Veredelungsverkehr eingeführte, später wieder ausgegangene, oder zum inländischen Schiffsbau nach Maßgabe des Schiffsbau-Regulativs zollfrei verwendete Waren eingingen, Verzollung nach Maßgabe ihrer Beschaffenheit vorgeschrieben.

In Ergänzung der eben erörterten Bestimmungen ist aber durch eine Vorschrift, die zuerst in den Instruktionspunkten zum AWV., später in der 1. Abteilung des Tarifs enthalten war und bei Schaffung des ZollTG. 1879 in dieses überging[2]), unter Umständen Zollbefreiung für Umschließungen auch da gewährt worden, wo sie ohne Inhalt eingehen. Nach dem neuen Gesetz, welches die älteren Bestimmungen in einigen Beziehungen ergänzt hat, steht die Zollbefreiung zu Umschließungen, sowie Schutzdecken und anderen Verpackungsmitteln, auch Webebäumen, Holz- und Papprollen u. dgl., die zum Zweck der Ausfuhr von Waren eingeführt, oder nachdem sie nachweislich dazu gedient haben, aus dem Auslande zurückgebracht werden. Der Nachweis der Wiederausfuhr der leer zur Befüllung eingehenden Umschließungen binnen angemessener Frist ist zu erfordern, auch kann Sicherstellung des Zolles verlangt werden. Von dem Nachweis der Wiederausfuhr und der Sicherstellung des Zolles kann aber nach einer zur Vereinfachung des Abfertigungsverfahrens getroffenen Vorschrift des neuen Gesetzes abgesehen werden, wenn die Gegenstände gebraucht sind und kein Zweifel darüber besteht, daß sie zur Ausfuhr von Waren bestimmt sind.

Eine erhebliche Änderung der bestehenden Vorschriften, die tarifrechtlich interessant gewesen wäre, war von den deutschen Jute-Industriellen beantragt worden. Ausländische Säcke sollten stets zollpflichtig sein, doch sollte, wenn sie unter Festhaltung der Identität befüllt wieder ausgingen, die Hälfte des Zolles zurückvergütet werden. Regierungsseitig wurde

---

allgemeinen Grundsatzes die Emballagen von ihnen zweimal verzollt werden müßten: einmal unmittelbar bei Übergang der leeren Fässer in den freien Verkehr, und ferner mittelbar bei Verzollung der mit Faßwein gefüllten Flaschen, da dabei das Gewicht eines Liters Wein höher angenommen sei, als es in Wirklichkeit betrage (vgl. oben 147).

[1]) Vom 12. Dezember 1889 § 577 d. Prot., RZBl. 1890, 1.

[2]) Vgl. oben 6, 7.

hervorgehoben, daß ein Bedürfnis für besondere Behandlung der Säcke nicht vorliege, und die Durchführung der Maßregel den Handel und die Zollverwaltung unverhältnismäßig stark belästigen würde. Auch könnte etwaigen Mißbräuchen der bestehenden Vorschriften, z. B. durch Benutzung der fremden Säcke im Inlande, durch Bestimmung kurzer Fristen für die Wiederausfuhr vorgebeugt werden. In der Kommission wurde der Antrag in erster Lesung angenommen, in zweiter nur deshalb abgelehnt, weil die Interessen der Jute-Industrie weitgehende Berücksichtigung durch Erhöhung der Zölle auf Jutewaren gefunden hatten[1]).

Zu b. Von den im Interesse einzelner Gewerbszweige vorgeschriebenen Befreiungen sind zunächst zwei zu behandeln, deren eine den Handel mit fremden Waren in Deutschland und deren andere einen besonders wichtigen Industriezweig zu befördern geeignet ist. Gemeint sind die Zollbefreiung der Muster und der Materialien für den Schiffsbau.

Nach dem geltenden Gesetz sind Musterkarten und Muster in Abschnitten und Proben, die nur zum Gebrauche als solche geeignet sind, zollfrei. Durch das AWV. ist dann die Zollbefreiung für Nahrungs- und Genußmittel ausgeschlossen, ohne Zweifel mit Recht, da eben hier die Proben auch noch anderen Zwecken dienen können. Das neue Gesetz hat die Einschränkung ausdrücklich erwähnt. Von dieser Einschränkung sind aber auf Anregung der Kommission wieder Proben und Muster von Kaffee, Kakao, Zucker, Rohtabak und getrockneten Früchten im Gewicht bis zu 350 g ausgenommen, d. h. diese Warenmengen haben ebenfalls Anspruch auf die Befreiung. Die Anregung der Kommission beruhte auf dem Wunsche, den Empfängern von Nahrungsmittelproben Belästigungen zu ersparen, die ihnen erwachsen, wenn die Proben 250 g übersteigen. Bis zu diesem Gewicht sind die Proben ohne Rücksicht auf die einschränkende Vorschrift des AWV. auf Grund der allgemeinen Bestimmung im § 5 d. G.[2]) zollfrei. Gingen aber solche Proben von höherem Gewicht ein, so entständen Schwierigkeiten, weil

---

[1]) Vgl. AWV. von 1860 ab Instruktionspunkt 4, altes G. § 5 Ziff. 6, neues G. § 6 Ziff. 9, Begr. 26, 27, KommB. 4348, 4349. Vgl. ferner auch StenB. d. RT. 1903/1905, Aktenst. 543 E. (Schweiz) 2, F. (Serbien) 4 und G. (Österreich-Ungarn) 7 (wieder eingehende Umschließungen von Mineralwasser).

[2]) Vgl. oben 155, 156.

für Postsendungen bis 350 g im Auslande keine Inhaltserklärungen erfordert werden[1]).

Gegen die Bestimmung des alten Gesetzes, daß Materialien, die für den Bau, die Ausrüstung und die Ausbesserung von Seeschiffen verwendet werden, zollfrei bleiben, sind im Reichstage wiederholt Bedenken geltend gemacht worden. Sie hatten zum Ausgangspunkt die Interessen der an der Herstellung von Schiffsbaumaterialien beteiligten deutschen Industrien, namentlich der Eisen- und Stahlindustrie. Nach eingehender Erörterung der Frage im Wirtschaftlichen Ausschuß kamen jedoch die Regierungen zu dem Entschlusse, die Zollbefreiung nicht zu beseitigen, sondern im Gegenteil in einer wichtigen Beziehung noch auszudehnen.

Die Frage steht im engsten Zusammenhange mit der Frage der Zollpflichtigkeit der Schiffe. Sind die Schiffe zollfrei, bleiben aber die Schiffsbaumaterialien zollpflichtig, so werden naturgemäß Bestellungen auf Schiffe nicht den zollinländischen, sondern den ausländischen oder den in den deutschen Zollausschlüssen belegenen Werften zufallen. Infolgedessen ist 1879 auch die Zollfreiheit der Materialien für Seeschiffe anerkannt worden. Man hat aber, obgleich damals auch die Flußschiffe zollfrei wurden[2]), für diese die Konsequenz jener Erwägung nicht gezogen, vielmehr die Materialien für diese Schiffe zollpflichtig belassen. Die Folge ist eine starke Benachteiligung der deutschen Flußschiffswerften gewesen. Um diese auszugleichen, hat das neue Gesetz die Befreiungsvorschrift auch auf die Flußschiffe ausgedehnt.

Ausgenommen ist nur einerseits das Kajüts- und Küchengut. Für die Befreiung dieser Gegenstände vom Zolle wurde ein Bedürfnis nicht für vorliegend erachtet. Auch wurde erwogen, daß sie schon jetzt vielfach aus dem Inlande bezogen werden und die für sie aufzuwendenden Zollbeträge verhältnismäßig gering sind. Die Beschränkung ist namentlich geeignet, zu verhüten, daß feine Möbel oder Luxusgegenstände zollfrei eingehen.

Ausgenommen sind anderseits alle Materialien für Luxusschiffe für den Fluß- und Binnenseeverkehr, da diese Schiffe selbst zollpflichtig sind.

---

[1]) Geltendes G. § 5 Ziff. 7, neues G. § 6 Ziff. 10, Begr. 27, KommB. 4349.

[2]) StenB. d. RT. 1879, 5 Aktenst. 132 A. 812, oben 87.

Der Erlaß der näheren Bestimmungen ist auch hier dem Bundesrat vorbehalten[1]).

Während die soeben erörterten Befreiungen im Tarifgesetz vorgesehen sind, enthält einige andere hierhergehörige Fälle der Tarif selbst. Nicht zum Genusse bestimmter gesalzener Fischrogen wird — auf Erfordern nach zuvoriger amtlicher Denaturierung — zollfrei abgelassen. Die Vorschrift beruht auf der Erwägung, daß die Ware vielfach als Futtermittel bei der künstlichen Forellenzucht Verwendung findet. Im Interesse der deutschen Papierfabrikation ist ferner in Anlehnung an eine Vorschrift des geltenden Tarifs Holz, von einer, gewisse Grenzen nicht übersteigenden Länge und Stärke, welches zur Herstellung von Holzmasse oder von Zellulose dienen soll, unter Überwachung der Verwendung vom Zolle befreit. Das gleiche gilt von Wasserfahrzeugen aller Art, welche mit der Bestimmung zum Zerschlagen eingehen[2]).

Zu c. An dieser Stelle ist zu behandeln die Befreiung der Kunstsachen usw. für öffentliche Sammlungen usw. und der Särge usw.

Das alte Gesetz behandelt nebeneinander einerseits die Zollbefreiung für Kunstsachen, welche zu Kunstausstellungen, sowie Gegenstände, welche für öffentliche Sammlungen und ähnliche Anstalten eingehen, anderseits diejenige für altertümliche Gegenstände (Antiken, Antiquitäten), wenn „ihre Beschaffenheit darüber keinen Zweifel läßt, daß ihr Wert hauptsächlich nur in ihrem Alter liegt, und sie sich zu keinem anderen Zwecke oder Gebrauch, als zu Sammlungen eignen.“ Die Zollbefreiung für Antiquitäten suchen wir im neuen Gesetz vergebens. Sie ist schon in den Entwurf nicht aufgenommen, und ein in der Kommission gestellter Antrag auf nachträgliche Aufnahme ist abgelehnt worden. Maßgebend für die Beseitigung der Vorschrift ist vor allem die Erwägung gewesen, daß die wörtlich hervorgehobene Stelle in der Praxis zu Zweifeln und auch zu Mißbräuchen Anlaß gegeben hat. In ersterer Beziehung ist darauf hinzuweisen, daß es tatsächlich viele altertümliche

[1]) Altes G. § 5 Ziff. 10, neues G. § 6 Ziff. 12, Begr. 27, 536, KommB. 4350, StenB. d. RT. 1900/1903, 7 6223.

[2]) Anm. zu Tarifnummer 118, Tarifnummern 86, 925, Begr. 122, 105/106, 537.

Gegenstände gibt, die sehr gut auch zu anderen Zwecken, als zur Aufstellung in Sammlungen dienen können, z. B. altertümliche Möbel, Bronzen. Mißbräuche aber sind dadurch entstanden, daß vielfach gefälschte Antiquitäten, deren Herstellung im Auslande hier und da sogar in Fabriken betrieben wird, unter Inanspruchnahme der Zollfreiheit eingegangen sind. Außerdem wurde erwogen, daß der Antiquitätenhandel ein Geschäft wie jedes andere ist und, zumal es sich hier um Luxusgegenstände handelt, kein Anlaß vorliegt, dieses Geschäft inbezug auf die Zollbelastung günstiger zu behandeln, als andere[1]).

Soweit die Antiquitäten für öffentliche Sammlungen bestimmt sind, sprechen dagegen Rücksichten auf das heimische Kunstgewerbe, welchem die dort aufgestellten fremden Antiquitäten als Vorbilder und Anregung dienen können, für die Zollbefreiung. Diese ergibt sich aber schon aus der vorhin an erster Stelle erwähnten Vorschrift des alten Gesetzes über die Befreiung der zu Kunstausstellungen und für öffentliche Sammlungen eingehenden Gegenstände. Die Vorschrift bezieht sich in der Fassung, die sie durch das neue Gesetz erhalten, auf „Kunstsachen, welche zu Kunstausstellungen oder für öffentliche Kunstanstalten oder öffentliche Sammlungen, sowie andere Gegenstände, die für öffentliche Anstalten oder öffentliche Sammlungen zu Lehr- oder Anschauungszwecken eingehen."

Was die Kunstausstellungen anbetrifft, so hatte die Vorlage die Befreiung wesentlich einschränken und sie nur für Statuen, die für öffentliche Kunstausstellungen eingehen, bestehen lassen wollen, sofern sie Kunstgegenstände sind, und der Staat, in dessen Gebiet sie erzeugt sind, für solche Gegenstände deutschen Ursprunges Gegenseitigkeit gewährt. Man erachtete es nicht für gerechtfertigt, die nach Beendigung einer Ausstellung im Inlande verbleibenden übrigen zollpflichtigen Kunstsachen von der Zollpflicht zu befreien, indem man erwog, daß es sich um Luxusgegenstände handelte, und andere Länder hohe Zölle erhöben. Sofern die Gegenstände wieder ausgeführt werden sollten, wurde eine Zollfreilassung auf Grund des § 114 VZG. ins Auge gefaßt. Die Bedenken der Regierungen vermochten jedoch nicht zu hindern, daß die Kommission die

[1]) Geltendes G. § 5 Ziff. 9, Begr. 27, KommB. 4349.

Befreiung der Kunstausstellungssachen im alten Umfange aufrecht erhielt. Sie schloß sich damit den Ausführungen derjenigen an, welche die Kunst für international erklärten und meinten, wenn andere Länder kurzsichtig genug wären, den Eingang ausländischer Kunstwerke zu erschweren, so brauchte Deutschland ein solches, die Entwicklung der Kunst hinderndes Verfahren nicht mitzumachen.

Besonders hervorzuheben ist noch, daß im Gegensatz zum alten Gesetz, soweit es Naturalien betrifft, die neue Vorschrift ausdrücklich und allgemein nur den für öffentliche Sammlungen eingehenden Gegenständen die Befreiung zugesteht. Bezüglich der nicht öffentlichen wissenschaftlichen Sammlungen wurde ein Bedürfnis nicht für vorliegend erachtet[1]).

In Wiederholung und unter gleichzeitiger Erweiterung einer Vorschrift des AWV., nach welcher auf besondere Erlaubnis namentlich Kränze aus künstlichen Blumen, wenn sie mit Leichen eingehen und nur zur Niederlegung auf dem Sarge oder dem Grabhügel bestimmt sind, zollfrei gelassen werden können, hat das Gesetz schließlich noch folgendes bestimmt. Zollfrei bleiben Särge, in denen Leichen eingehen, und Urnen mit Asche verbrannter Leichen, einschließlich der Kränze und ähnlicher zur Verzierung der Särge, Urnen oder Beförderungsmittel dienenden Gegenstände. Die Einholung einer besonderen Erlaubnis ist also nicht mehr erforderlich. Die Befreiung ist nur abhängig von Erfüllung der sich aus der mitgeteilten Gesetzesbestimmung ergebenden Bedingungen. Um in dieser Beziehung keinen Zweifel aufkommen zu lassen, ist in der Begründung noch besonders ausgesprochen, daß die Befreiung nur gewährt werden soll für Gegenstände, die aus Anlaß eines bestimmten Todesfalls eingehen und auf den gewerblichen Bezug von Kränzen usw. keine Anwendung finden kann. Um die Voraussetzungen auf ihr Vorhandensein prüfen zu können, soll den Abfertigungsbeamten das Recht zustehen, die Gewährung der Zollbefreiung von der Vorlegung der Leichenpässe oder der Zeugnisse der Verbrennungsanstalten abhängig zu machen[2]).

Nach den zahlreichen oben besprochenen Fällen, in denen im Hinblick auf den Gebrauch, den die Waren bei der Grenz-

---

[1]) Altes G. § 5 Ziff. 8, neues G. § 6 Ziff. 11, Begr. 27, KommB. 4349.
[2]) AWV. 237, Begr. 29, KommB. 4350.

überschreitung finden, oder nachher finden sollen, ein Anspruch auf Zollbefreiung begründet ist, sind nun noch solche zu behandeln, in denen aus denselben Erwägungen Zollbefreiung zwar vorgesehen, diese aber noch von Genehmigungen abhängig gemacht ist. Hier muß wieder unterschieden werden, ob

1. noch eine allgemeine Bestimmung darüber vorbehalten ist, daß die Befreiungen überhaupt stattfinden sollen, oder
2. die allgemeine Ermächtigung zur Zollbefreiung bereits erteilt und den Behörden oder Beamten nur die Befugnis beigelegt ist, von Fall zu Fall über die Gewährung der Befreiung zu befinden.

In die erste Kategorie gehören vor allem zwei Fälle, in denen aus internationalen Rücksichten fremdes Staatseigentum oder das Eigentum fremder Staatsangehöriger zollfrei gelassen wird.

Zunächst ist für einen BRBeschl. aus dem Jahre 1883 unter gleichzeitiger Erweiterung desselben die gesetzliche Grundlage geschaffen und Zollbefreiung gewährt für Wappenschilder, Flaggen und andere Gegenstände, die von fremden Regierungen ihren in Deutschland bestellten Vertretungen zum dienstlichen Gebrauch zugesendet werden. Die Befreiung ist aber an die Bedingung geknüpft, daß die betreffenden Staaten Gegenseitigkeit gewähren. Die Abfertigungsbeamten dürfen also von der Erhebung des Zolles von derartigen aus einem bestimmten Staate kommenden Gegenständen erst dann absehen, wenn seitens der zuständigen Reichsbehörde die Gewährung von Gegenseitigkeit seitens eben dieses Staates festgestellt, und daraufhin den Beamten eine entsprechende allgemeine Ermächtigung erteilt ist[1]).

Anderseits ist der Bundesrat ermächtigt, in Fällen, in welchen auf Grund staatlicher Abmachungen Eisenbahnverbindungen zwischen dem Deutschen Reich und einem Nachbarstaate mit einer innerhalb des deutschen Zollgebietes belegenen gemeinschaftlichen Grenz- und Betriebswechselstation hergestellt sind, oder künftig hergestellt werden, für gewisse, im Eigentum des

---

[1]) BRBeschl. vom 28. Mai 1883 § 259 d. Prot., Begr. 29, KommB. 4350, neues G. § 6 Ziff. 13. Die im Entwurf vorgesehene Ausdehnung der Befreiung auf Ordenszeichen, die von Staatsoberhäuptern verliehen sind, ist von der Kommission gestrichen worden. — Vgl. auch BRBeschl. vom 6. November 1902 § 615 d. Prot. Ziff. 3.

fremden Staates oder einer fremden Eisenbahnunternehmung stehende oder von ihnen zu beschaffende Gegenstände Zollbefreiung zu gewähren. Es handelt sich dabei vorzugsweise um Materialien zum Bau und zur Betriebseinrichtung der im Zollgebiet anzulegenden Station und der Anschlußstrecke von dieser bis zur Zollgrenze, um Dienstgegenstände und Dienstausrüstungsstücke der im deutschen Zollgebiet tätigen und angestellten Dienststellen und Beamten.

Die Vorschrift ist übernommen aus § 5 Ziff. 5 Abs. 4 des geltenden Gesetzes, wo sie infolge eines Gesetzes vom 18. April 1886 (RGBl. 123) Platz gefunden hatte. Veranlaßt wurde jenes gesetzgeberische Vorgehen durch ein österreichisch-ungarisches Gesetz aus dem Jahre 1882, durch welches der österreichisch-ungarischen Regierung eine gleichartige Ermächtigung erteilt war. Bei Vorlegung des Entwurfes zum geltenden Gesetz wurde die Bestimmung aus ihrem bisherigen Zusammenhange herausgenommen und in einen besonderen Paragraphen verwiesen. Dies war begründet, denn der einzige Zusammenhang zwischen dieser Vorschrift und den die Zollbefreiung der Transportmittel regelnden Bestimmungen unter Ziff. 5 a. a. O. könnte darin gefunden werden, daß die Bestimmung sich auf den Eisenbahnverkehr bezieht und unter jenen Transportmitteln auch Eisenbahnfahrzeuge erwähnt sind[1].

In die erste Kategorie gehört ferner noch eine besondere, im Tarif für Petroleum getroffene Bestimmung. Schon bei der Tarifreform für 1879, welche den Petroleumzoll brachte, wurde erwogen, daß das Petroleum außer zu Beleuchtungs- und Erwärmungszwecken auch in der Industrie, namentlich bei der Lack- und Kautschukfabrikation zu Lösungszwecken, Verwendung findet, und eine Erschwerung dieser Verwendung durch Zollbelastung für die beteiligten Gewerbszweige nachteilig sein würde. Der Bundesrat wurde daher ermächtigt, Mineralöl, das für andere gewerbliche Zwecke als die Leuchtölfabrikation bestimmt war, unter Verwendungskontrolle zollfrei zu lassen. Bei der Tarifnovelle von 1885, bei der zugleich auf Anregung aus dem Reichstag für mineralische Schmieröle ein besonderer, höherer Zoll festgesetzt wurde, erfolgte im Interesse der heimischen

[1]) Neues G. § 8, Drucks. d. BR. Nr. 15 für 1886, Begr. 30, KommB. 4351.

Petroleumraffinerien eine Erweiterung der dem Bundesrat erteilten Ermächtigung. Sie ging dahin, daß Mineralöl, welches zur Reinigung, Raffinierung oder Destillierung in inländischen Betriebsanstalten bestimmt ist, unter Verwendungskontrolle mit der Maßgabe zollfrei gelassen werden kann, daß gewisse daraus gewonnene Produkte ebenfalls unter Verwendungskontrolle auf Erlaubnisschein[1]) zollfrei bleiben, soweit sie nicht zu Schmier- oder Beleuchtungszwecken Verwendung finden. Gleichzeitig wurde, entsprechend der veränderten Behandlung der Schmieröle, von der i. J. 1879 bewilligten Befreiung auch das für die Schmierölfabrikation verwendete Petroleum ausgenommen. In der Form, die die Bestimmungen damals erhielten, sind sie bis jetzt erhalten geblieben und sie sind auch, zwar nicht wörtlich, aber dem Inhalt nach in den neuen Tarif übernommen worden. Daselbst ist nur, was im AWV. schon jetzt konsequenter Weise bestimmt ist, auch das zur Leuchtgasfabrikation bestimmte Mineralöl ausdrücklich von der Befreiung ausgenommen worden[2]).

In die zweite der oben[3]) erwähnten Kategorien gehört zunächst eine große Gruppe von Gegenständen, die einzige bisher noch nicht erörterte aus dem umfangreichen § 6 d. G., das Ausstattungsgut. Schon von jeher sind im Zollverein neue Ausstattungsgegenstände von Ausländern, welche sich aus Veranlassung ihrer Verheiratung im Inlande niederlassen, zollfrei gelassen worden. Die Vorschrift ist auch in das neue Gesetz übernommen, bei ihrer Formulierung aber die bisherige Praxis berücksichtigt, und für gewisse im AWV. vermerkte Erweiterungen und Beschränkungen eine gesetzliche Grundlage geschaffen worden. So ist ausdrücklich gesagt, daß sich die Vorschrift auch auf Braut- und Hochzeitsgeschenke bezieht und auch auf solche Inländer anwendbar ist, welche länger als zwei Jahre im Auslande wohnhaft waren. Anderseits ist gefordert, daß die Anziehenden aus Anlaß der Verheiratung mit einer im Inlande wohnhaften Person ihren

---

[1]) Vgl. unten 179.

[2]) StenB. d. RT. 1879, 5 Aktenst. 132 A. 833, 1884/1885 Anl., 5 Aktenst. 156, 568, 7 Aktenst. 321, 1782, Aktenst. 359, 1855, RGBl. 1885, 147, AWV. 336, Begr. 168.

[3]) 175.

Wohnsitz nach dem Inlande verlegen. Auch sind von der Befreiung ausdrücklich ausgeschlossen Nahrungs- und Genußmittel, unverarbeitete Gespinste und Gespinstwaren sowie sonstige zur weiteren Verarbeitung bestimmte Erzeugnisse, Rohstoffe aller Art und Tiere.

Aus den oben erörterten Gründen und in der daselbst bezeichneten Art kann ferner auch die Zollbefreiung für Ausstattungsgut gegenüber von Angehörigen eines die Gegenseitigkeit nicht gewährenden Staates beseitigt oder beschränkt werden[1]).

Außer dieser großen Gruppe von Waren sind dann hier noch einige einzelne Waren zu nennen, für welche nach dem Tarif auf besondere Erlaubnis im einzelnen Falle Zollbefreiung gewährt werden kann. Es handelt sich hier überall, wie bei der bereits erörterten Zollbefreiung des Fischrogens und des Mineralöls[2]), um Vorschriften, welche die Einführung oder Erhöhung von Zöllen da zu mildern bestimmt sind, wo ihre strikte Anwendung besonders hart empfunden werden müßte.

In Anmerkungen zu den betreffenden Tarifnummern ist, teilweise in Übereinstimmung mit bereits bestehenden Vorschriften, die Zollbefreiung der Waren für den Fall zugelassen, daß sie zu bestimmten, von den die Zollbelastung begründenden verschiedenen Zwecken verwendet werden. Es gehört hierher die Verwendung von Sämereien zur Gewinnung ätherischer Öle (Anm. zu 22), von Tee zur Gewinnung von Tein (Anm. zu 65), von Gewürzen zur Gewinnung von ätherischen Ölen und von Muskatnüssen und deren Samenmänteln zur Gewinnung von Muskatbutter (Muskatbalsam) (Anm. zu 66 und 67), von Weintrebern zur Kognakbereitung (Anm. zu 196), von an sich zollpflichtigen, unter den künstlichen Düngemitteln im Tarif nicht aufgeführten, aber zu Düngezwecken bestimmten Stoffen (Anm. zu 359/362), von gewissen Seiden (Näh-, Stick-, Häkelseide) zur Weberei, Wirkerei usw. (Anm. zu 391/392)[3]). In allen diesen Fällen erklärt das Gesetz

---

[1]) Vgl. oben 158, vgl. ferner z. B. Abteilung I Ziff. 14 des Zolltarifs für die Jahre 1840 bis 1842, geltendes G. § 5 Ziff. 2, neues G. § 6 Ziff. 4 Abs. 2, 3, Begr. 25, AWV. 21/22.

[2]) Oben 176/177.

[3]) Begr. 85/86, 98, 122, 145, 168, 217.

selbst die Zollbefreiung für zulässig, macht sie also vom jedesmaligen Ermessen der Behörde abhängig. Überall wird die Verwendung amtlich überwacht. Für die Teinfabrikation ist neben der Überwachung der Verwendung noch die amtliche Unbrauchbarmachung für den menschlichen Genuß (Denaturierung) vorgeschrieben. In diesem und einigen anderen Fällen setzt das Gesetz ferner die Erteilung eines „Erlaubnisscheins“ voraus. Dies bedeutet, daß demjenigen, welcher die zollfreie Verwendung vornehmen will, für einen bestimmten Zeitraum eine Höchstmenge bestimmt wird, über die hinaus eine Zollbefreiung ohne weiteres nicht stattfindet.

II. Erleichterungen für Grenzbewohner.

Vor den Zollbegünstigungen sind noch eine Reihe von Vorschriften zu behandeln, die aus einem gemeinsamen Grundgedanken heraus Milderungen gegenüber dem Tarif enthalten, diese Milderungen aber teils in der Form von Zollbefreiungen, teils in der Form von Zollbegünstigungen gewähren. Sie zeichnen sich durch die Besonderheit aus, daß sie, während im modernen Staat gemeinhin alle Abgaben von allen Staatsangehörigen gleichmäßig getragen werden müssen, Erleichterungen zugunsten gewisser Klassen von Deutschen enthalten. Es handelt sich um die besonderen Vorschriften für die Grenzbewohner.

Der alte Tarif enthält eine Reihe von Bestimmungen, welche für Bewohner des Grenzbezirks allgemein oder für bestimmte Grenzstrecken die Befreiung von tarifmäßigen Zöllen oder deren Erhebung in einem ermäßigten Betrage zugestehen. Nachdem eine zugunsten von Industrien des Grenzbezirks beim Bezuge von Nutzholz bis zum 1. Juli 1901 eingeräumt gewesene Vergünstigung mit diesem Tage in Wegfall gekommen ist, kommen noch folgende Vorschriften in Betracht.

1. Zollbefreiungen[1]):
   a) für Bau- und Nutzholz für den häuslichen oder handwerksmäßigen Bedarf von Bewohnern des Grenzbezirks, sofern es in Traglasten eingeht oder mit Zugtieren gefahren wird,

[1]) Tarifnummer 13 c. 1 Anm. b (a), 25 f. Anm. (b), 25 g. 1 Anm. (c), 25 q. 2 Anm. (d).

b) für einzelne Stücke Butter in Mengen von nicht mehr als 2 kg, nicht mit der Post eingehend,

c) für einzelne Stücke Fleisch (frisch oder einfach zubereitet) in Mengen von nicht mehr als 2 kg, nicht mit der Post eingehend,

d) für Mühlenfabrikate aus Getreide und Hülsenfrüchten (außer gewalztem Reis und Reisgrieß) und gewöhnliches Backwerk in Mengen von nicht mehr als 3 kg.

2. Zollbegünstigungen[1]):

a) für flüssige Bierhefe für den eigenen Bedarf der Bewohner in kleinen Mengen bis zu 15 kg in einem Transporte statt 65 M. 3 M. für 1 dz,

b) Zugochsen von $2^1/_2$ bis 5 Jahren, sofern sie zum eigenen Wirtschaftsbetrieb nachweislich notwendig sind, statt 30 M. 20 M. für 1 Stück.

Die Bestimmungen unter 1, sowie die unter 2 b haben allgemeine Geltung. Die unter 2 a aufgeführte ist ausdrücklich auf gewisse Grenzstrecken an der sächsisch-böhmischen und der badisch-schweizerischen Grenze beschränkt. Für die Begünstigung der flüssigen Bierhefe sind keinerlei weitere Bedingungen und Beschränkungen, als die oben angegebenen, vorgesehen. Die Zollermäßigung für Zugochsen ist abhängig gemacht von Erfüllung der „vorgeschriebenen besonderen Kontrollen“. In sämtlichen unter 1 erwähnten Fällen ist der Vorbehalt „der im Falle eines Mißbrauchs örtlich anzuordnenden Aufhebung oder Beschränkung“ der Erleichterung gemacht.

Zu einem kleinen Teil stammen die Erleichterungen (für Bierhefe und Butter) noch aus der Zeit vor der Tarifreform von 1879. Im übrigen sind sie auf jene Reform und die Tarifnovellen von 1885 und 1895, und zwar überwiegend auf Anregungen aus der Mitte des Reichstags zurückzuführen[2]).

Welche Erwägungen lagen nun diesen Bestimmungen zugrunde? Vielleicht mag hier und da das Bestreben obgewaltet haben, den Grenzbewohnern für die Unbequemlichkeiten, die die

---

[1]) Tarifnummer 25 c Anm. (a), 39 c Anm. (b).

[2]) Drucks. d. BR. Nr. 148 für 1872, BRBeschl. vom 4. 5. 1873 § 234 d. Prot., StenB. d. RT. 1879, **5** Aktenst. 132 A. 819, 821, **6** Aktenst. 360 1919, 1923, Aktenst. 393. StenB. d. RT. 1884/1885, Anl. **7** Aktenst. 417, 2043. StenB. d. RT. 1894/1895, Anl. **1** Aktenst. 91, 505, Aktenst. 169, 814. Vgl. auch oben 124, 125.

Kontrollen im Grenzbezirk[1]) für sie mit sich bringen, eine gewisse Entschädigung zu gewähren. Entscheidend ist aber jedenfalls die Absicht gewesen, den Grenzbewohnern diejenige wirtschaftliche Bewegungsfreiheit zu erhalten, die sie vor Einführung oder Erhöhung der in Betracht kommenden Zölle besaßen[2]). Es sollten Härten vermieden werden, die sich beispielsweise ergeben hätten, wenn nach Einführung des Zolles auf frisches ausgeschlachtetes Fleisch im Jahre 1879 Grenzbewohner, die bisher gewohnt waren, ihren Bedarf an Fleisch bei dem täglichen Gange zur Arbeit in das Ausland daselbst zu decken, oder deren Wohnungen der Geschäftsstelle eines ausländischen Lieferanten nahe benachbart, von der nächsten inländischen Bezugsstelle aber weit entfernt lagen, gezwungen gewesen wären, fortan ihren Bedarf mit großen Unbequemlichkeiten und Kosten im Zollgebiet zu decken. Keinesfalls war die Absicht dahin gegangen, diesen Reichsangehörigen eine erhebliche Bevorzugung gegenüber allen übrigen, durch die Wirkungen der Zölle betroffenen zu gewähren.

Tatsächlich führten aber die Erleichterungen vielfach zu einer ganz ungerechtfertigten Besserstellung der Grenzbevölkerung. Der Grundgedanke, daß nur der eigene Bedarf der Beteiligten zollfrei gelassen werden sollte, wurde häufig aus dem Gesicht verloren. Es kam vor, daß oft von verschiedenen Mitgliedern einer Familie am gleichen Tage jedes die Freimengen einbrachte, daß die so über den Bedarf billig beschafften Warenmengen auf inländischen Märkten feilgeboten wurden[3]). Dies führte dazu, daß einerseits sich im benachbarten Auslande Geschäfte entwickelten, die ausschließlich die Lieferung zollbegünstigter Mengen betrieben, anderseits seitens der beteiligten inländischen Gewerbtreibenden (Bäcker, Fleischer, Müller) die lebhaftesten Klagen über die ihnen so erwachsende schwere Konkurrenz geführt wurden. Außerdem stellten sich noch andere Übelstände heraus. Der an sich wenig erwünschte Zustand, daß zahlreiche Inländer, lediglich um sich den durch die Tarifbestimmungen ermöglichten Vorteil zu verschaffen, fortgesetzt die Grenze hin und zurück über-

---

[1]) VZG. §§ 119 ff.

[2]) Vgl. hierzu und zum folgenden Begr. 152 ff.

[3]) Vgl. z. B. RGE. vom 12. 4. 1889, Entsch. i. Str. **19** 131, RGE. vom 31. 3. 92, Amtliche Nachrichten des Hamburgischen Generalzolldirektors 1892, 335.

schreiten, erschwert die Tätigkeit der Grenzaufsichtsbeamten. Die Qualität der eingeführten Kleinmengen ist nicht immer einwandsfrei. Insbesondere ist die Einbringung von Fleisch auf diesem Wege, da die Untersuchung der einzelnen Mengen nicht überall durchführbar ist, in gesundheits- und veterinärpolizeilicher Hinsicht nicht unbedenklich. Endlich aber haben einzelne Vergünstigungen zu bedeutenden Zollausfällen geführt. Sie beliefen sich z. B. im Jahre 1900 bei Mühlenfabrikaten auf 662 000 M., bei Fleisch auf 478 000 M. Im gleichen Jahre belief sich die Gesamteinfuhr an Roggenmehl in das Zollgebiet auf 16 300 dz, an gewöhnlichem Backwerk auf 26 800 dz. Von diesen Mengen sind nicht weniger als 15 300 dz und 24 100 dz zollfrei für Grenzbewohner eingegangen.

Vorgekommene Mißbräuche hatten bezüglich einiger der in Rede stehenden Waren schon hier und da zu Einschränkungen der Erleichterungen geführt. Alle vorstehend geschilderten Unzuträglichkeiten führten dazu, bei Vorbereitung des Entwurfs für das neue Gesetz die Frage eingehend zu prüfen, ob und inwieweit die unter 1 und 2 genannten Erleichterungen überhaupt beizubehalten wären. Das Ergebnis der Prüfung waren die Vorschläge des Entwurfs, welche fast sämtlich ohne Änderung seitens des Reichstags blieben. Der neue gesetzliche Zustand ist folgender[1]:

a) Die Erleichterungen für Butter (1900 noch 8000 dz) und für frische Bierhefe (1900 nur 11 dz) sind, weil nicht mehr im Bedürfnis liegend, beseitigt.

b) Die Erleichterung für Zugochsen (1900 2578 Stück), welche der Entwurf nur noch für einige Jahre bestehen lassen wollte, besteht infolge Anregung der Kommission ohne diese Beschränkung fort. Jedoch wird sie nur gewährt „nach näherer Bestimmung des Bundesrats“, auch ist der ermäßigte Satz, entsprechend der allgemeinen Erhöhung der Viehzölle, von 20 M. auf 30 M. heraufgesetzt (Anm. 2 zu Tarifnummer 103).

c) Die Vergünstigung für Bau- und Nutzholz besteht

[1]) Begr. 152 ff., Anm. zu Tarifnummer 74, Anm. 2 zu Tarifnummer 103, Anm. zu Tarifnummer 109, zu Tarifnummer 162, 164, 165, zu Tarifnummer 198, StenB. d. RT. 1900/1903, 8 6843, 7 5935, 5936, 8 6861 ff., 6906 ff.

ebenfalls noch (Anm. zu Tarifnummer 74). Sie ist jedoch auf bestimmte Arten von Nutzholz beschränkt, es ist Überwachung der Verwendung vorgeschrieben und eine Höchstmenge an Holz für jeden Bezugsberechtigten und jedes Kalenderjahr festgesetzt.

d) Die Vergünstigungen für Fleisch und Mühlenfabrikate usw. haben aufgehört, als gesetzliche Zollbefreiungen zu fungieren. Es ist vielmehr nur (Anm. zu Tarifnummer 108 und 109, Anm. zu Tarifnummer 162, 164, 165 und Anm. zu Tarifnummer 198) dem Bundesrat die Befugnis beigelegt, die in den genannten Tarifstellen aufgeführten Waren mit den bisherigen Beschränkungen zur zollfreien Einfuhr zuzulassen. Dies darf indessen nur „für bestimmte Grenzstrecken im Falle eines örtlichen Bedürfnisses“ geschehen[1]).

Besonders zu erwähnen ist, daß die veränderte Stellungnahme der verbündeten Regierungen zu diesen Erleichterungen auch in dem neuen Handelsvertrage mit Österreich-Ungarn Ausdruck gefunden hat. Im Schlußprotokoll zum Handelsvertrage vom 6. Dezember 1891 unter Ziff. 2 zu Art. 6 sind die Zollbefreiungen für Butter, Fleisch und Mühlenfabrikate gegenseitig zugestanden; nur haben sich beide Teile vorbehalten, sie nach sechsmonatlicher Kündigung ganz oder teilweise außer Kraft zu setzen. Ferner ist die Zollbegünstigung für Zugochsen in der Anl. A zum Vertrage gebunden. An diesem Zustande ist, soweit Fleisch und Mühlenfabrikate in Betracht kommen, durch den jetzt abgeschlossenen Zusatzvertrag nichts geändert. Dagegen ist die Erleichterung für Butter in Wegfall gebracht. Die Ermäßigung des Zolles auf Zugochsen ist auch in der Anl. A des neuen Vertrages gebunden, nur ist der ermäßigte Satz, entsprechend der Änderung unseres autonomen Tarifs, von 20 M. auf 30 M. heraufgesetzt.

Anderseits sind im neuen deutsch-schweizerischen Vertrage für den kleinen Grenzverkehr die Erleichterungen für Fleisch,

---

[1]) Gegenüber der im neuen Gesetz sonst zu Tage tretenden Tendenz möglichster Beschränkung der Vergünstigungen ist als Besonderheit hervorzuheben, daß dem Fleisch auf Anregung der Kommission jetzt auch der frische Schweinespeck gleichgestellt ist. Dies beruht anscheinend auf der von der Kommission beschlossenen Einstellung eines höheren Zolles für Schweinespeck (vgl. StenB. d. RT. 7 5935).

Müllereierzeugnisse und gewöhnliches Backwerk in dem Umfange, wie sie im neuen Tarif für zulässig erklärt sind (also bei Fleisch auch für Schweinespeck), gegenseitig zugestanden. Beide Teile haben sich jedoch vorbehalten, die Erleichterungen an die Erfüllung besonderer Bedingungen zu knüpfen, oder bei Mißbräuchen ganz oder teilweise außer Kraft zu setzen.

Weiter ist durch den Vertrag mit Rußland die Erleichterung für Fleisch insofern gebunden, als das örtliche Bedürfnis, bei dessen Vorhandensein der Bundesrat die Erleichterung zugestehen darf, für die russische Grenze bezüglich der Einfuhr frischen oder einfach zubereiteten Schweinefleisches anerkannt ist. Es ist nur zeitweise Aufhebung der Erleichterung für den Fall vorbehalten, daß ausnahmsweise veterinärpolizeiliche Gründe dies erfordern.

Endlich aber ist durch die neuen Verträge mit Rußland und Österreich-Ungarn die das Bau- und Nutzholz betreffende Vergünstigung, die bisher nicht Gegenstand vertragsmäßiger Vereinbarung war, gebunden, kann daher auch nicht im Falle eines Mißbrauchs aufgehoben oder beschränkt werden.

Es läßt sich nicht leugnen, daß durch diese Vertragsbestimmungen die Erreichung der bei Aufstellung des autonomen Tarifs verfolgten Ziele wesentlich beeinträchtigt wird. In dieser Beziehung kommt besonders in Betracht, daß die Zugeständnisse an Rußland und Österreich-Ungarn wegen des Holzes ebenso wie die die Zugochsen betreffende Vereinbarung ohne weiteres an den Grenzen gegen die übrigen meistbegünstigten Staaten entsprechende Anwendung finden, und dasselbe auch für die Vereinbarung mit Rußland wegen des Schweinefleisches zu gelten haben wird[1]).

III. Zollbegünstigungen.

Die Zollbegünstigungen bestehen darin, daß

1. entweder unter besonderen Voraussetzungen ein geringerer als der tarifmäßige Zoll erhoben, oder

[1]) RGBl. 1892, 77, 28, StenB. d. RT. 1903/1905, Aktenst. 543 G. 8, E. 4, 5, Denkschrift, Anl. XIII. 26, 42, 48. — Daß gewisse Erleichterungen für den „kleinen Grenzverkehr“ festgelegt sind, ist von geringerer Bedeutung, da diese den meistbegünstigten Staaten nicht ohne weiteres zu gute kommen. Dies ist im rumänischen Vertrage ausdrücklich ausgesprochen (Aktenstück 543 D. 3). Vgl. auch oben 130 Anm. 2.

2. der Zoll für die in den freien Verkehr übertretenden Waren nicht sofort bezahlt zu werden braucht, sondern gestundet wird, oder
3. die Möglichkeit gewährt ist, die Zollschuld für in den freien Verkehr übergetretene Waren auf andere Weise als durch bare Zahlung des Zolles zu tilgen, oder
4. ein für eine in den freien Verkehr getretene Ware entrichteter Zoll bei Erfüllung gewisser Bedingungen zurückvergütet werden muß.

1. Erhebung eines geringeren, als des tarifmäßigen Zolles.

Hier sind zunächst einige Vorschriften aus der Anlage des Zolltarifgesetzes zu erörtern, welche für gewisse Waren, sofern sie für bestimmte Zwecke verwendet, oder durch amtliche Denaturierung für andere (Genuß-)Zwecke unverwendbar gemacht werden, zwar nicht Zollbefreiung, aber doch die Anwendung ermäßigter Zollsätze zulassen.

So dürfen nach Abs. 1 der Anm. zu Tarifnummer 100 Pferde, nach Anm. 1 zu Tarifnummer 103 Bullen von Höhenvieh, wenn sie vom Staate oder mit staatlicher Genehmigung zu Zuchtzwecken eingeführt werden, zu bedeutend ermäßigten Sätzen abgelassen werden. Beide Vergünstigungen, bezüglich welcher dem Bundesrat die näheren Bestimmungen durch das Gesetz vorbehalten sind, bezwecken die Förderung der heimischen Viehzucht. Der Vorbehalt der Einführung durch den Staat oder mit staatlicher Genehmigung soll dazu dienen, eine mißbräuchliche Ausnutzung der Vorschrift auszuschließen. Die staatliche Genehmigung soll nach der Begründung nur nach Prüfung des Bedürfnisses und der vom Bundesrat etwa aufzustellenden besonderen Voraussetzungen und — von ganz besonders gearteten, jede Befürchtung eines Mißbrauchs ausschließenden Verhältnissen abgesehen, — nur von Fall zu Fall erfolgen.

Durch den Handelsvertrag mit Österreich-Ungarn ist diese Erleichterung gebunden. Außerdem ist durch den Vertrag mit der Schweiz vereinbart, daß Rinder gewisser Vieharten, wenn sie für Zuchtzwecke in landwirtschaftlichen Betrieben, für Milchkuranstalten oder für Landwirte bestimmter bayerischer Bezirke zur Verwendung im eigenen Wirtschaftsbetriebe eingehen, einem ermäßigten Stückzolle unterliegen. Werden innerhalb eines Jahres, außer im Falle der Not, Rinder, welche zur Verwendung in landwirtschaftlichen Betrieben eingeführt waren, geschlachtet, so ist die Differenz zwischen dem Stückzoll und dem Zoll von 9 M. für 1 dz Lebendgewicht nachzuentrichten[1]).

Einem ermäßigten Zolle unterliegen ferner nach den Anmerkungen zu den Tarifnummern 126, 127, 129 und zu 170 gewisse tierische Fette, sowie Baumwollstearin, wenn sie zur Herstellung von Seife oder Lichten verwendet werden. Die Anwendung der Vergünstigung erfolgt auf Erlaubnisschein und unter der Voraussetzung, daß entweder die Verwendung überwacht oder vorher die amtliche Denaturierung bewirkt wird[2]).

Auf Erlaubnisschein unter Überwachung der Verwendung werden auch nach den Anmerkungen zu Tarifnummer 408 und 412 gewisse Seidenwaren zu niedrigeren, als den für gleichartige Waren im allgemeinen geltenden Sätzen abgefertigt, wenn sie zum Besticken bezw. zur Herstellung von Posamenten verwendet werden[3]).

Ohne die Beschränkung der Verwendung der Waren für einen bestimmten Zweck und ohne weitere Voraussetzungen als die amtliche Denaturierung sind endlich in den Anmerkungen zu den Tarifnummern 128 und 166 geschmolzenes Rinderfett und verschiedene Erzeugnisse der Ölmüllerei ermäßigten Sätzen unterworfen[4]). Aus dem Wortlaut der Bestimmungen ist zu entnehmen, daß hier ein Ermessen der Zollbehörde über die Gewährung der Ermäßigung nicht Platz greift. Die Beteiligten haben vielmehr einen Rechtsanspruch darauf, daß behufs Ermöglichung der Ablassung zum ermäßigten Satze Denaturierung stattfindet.

Eine wichtige Vermehrung haben die hierher gehörigen Fälle durch die Handelsverträge erfahren. Wie schon bisher, unterliegt nach dem neuen Vertrage mit Italien roter Wein und Most, der zum Verschneiden unter Kontrolle, sowie Wein,

---

[1]) Begr. 112/113, 115; StenB. d. RT. 1903/1905, Aktenst. 543, Denkschrift Anl. XIII. 42 ff.

[2]) Begr. 123, 138.

[3]) Begr. 225, 229.

[4]) Begr. 124, 136/137.

der zur Kognakbereitung unter Kontrolle verwendet wird, ermäßigten Zollsätzen. Eine ähnliche Ermäßigung ist jetzt für flüssige Weinhefe, die zur Kognakbereitung unter Kontrolle verwendet wird, in den Verträgen mit Italien und Österreich-Ungarn festgelegt werden.

In allen bisher erörterten Fällen erfolgt die Ermäßigung im Hinblick auf die Verwendung, die die Waren im Zollgebiet finden sollen. Eine nunmehr zu behandelnde, im VZG. enthaltene Bestimmung setzt fest, daß unter Umständen Waren mit Rücksicht auf den Erhaltungszustand, in dem sie sich beim Eingange befinden, nicht nach dem Tarif, sondern nach anderen Grundsätzen zu verzollen sind. Es handelt sich um § 82 VZG. betreffend die beschädigten Strandgüter. Nach ihm ist „für beschädigte Güter, welche aus den an den Küsten von Zollvereinsstaaten gestrandeten Schiffen geborgen sind, und im Wege öffentlichen Ausgebots zum Verkauf gelangen, auf den Antrag der Beteiligten ein Eingangszoll von 10% des Bruttoertrages des Auktionserlöses zu erheben, wenn sowohl die Behörde, welche die Auktion abhält, als die Zollbehörde die stattgehabte Beschädigung der Ware bescheinigt.“

Die dem älteren Recht des Zollvereins fremde Vorschrift ist einer ähnlichen für die Herzogtümer Schleswig-Holstein früher in Geltung gewesenen nachgebildet. Es wurde erwogen, daß an den Küsten von Schleswig-Holstein, besonders an der Nordseeküste, viele Strandgüter geborgen werden, welche teils an das Land antreiben, teils auf den Watten oder in der See aufgefischt oder aus gestrandeten oder gesunkenen Schiffen gerettet werden. An dem Erlöse der geborgenen Güter haben die Berger Anteil. Da aber die geborgenen Güter erheblich entwertet sind, würde, wenn für sie der volle tarifmäßige Zoll entrichtet werden müßte, vielfach der Erlös nicht einmal zur Deckung dieses Zolles ausreichen. Es müßte daher die Vernichtung der Güter erfolgen, die Berger gingen jedes Ersatzes für die beim Bergungsgeschäft aufgewendeten Mühen und Kosten verloren, und die beteiligte Küstenbevölkerung könnte hieraus Anlaß nehmen, auf das Bergungsgeschäft gänzlich zu verzichten, oder zu versuchen, die geborgenen Güter zu verheimlichen. Um solchen Mißständen zu begegnen, war in der alten schleswig-holsteinischen Zollverordnung nachgelassen, auf Antrag der Beteiligten für beschädigte Strandgüter einen Zoll von $12^1/_2{}^0/_0$ des Bruttobetrages der Auktionssumme zu erheben, wenn durch Bescheinigung der beteiligten Behörden die Beschädigung festgestellt war.

Der Entwurf zum VZG., wie er aus der Bearbeitung der Ausschüsse des Bundesrats des Zollvereins hervorging, zeigt den § 82 in der Fassung, die, wie oben angegeben, später Gesetz geworden ist[1]).

Nach dem Wortlaut der Vorschrift ist deren Anwendung abhängig

einerseits vom Nachweis der Beschädigung der Güter,
anderseits davon, daß es sich um Strandgüter handelt.

Durch die Strandungsordnung vom 17. Mai 1874 — RGBl. 73 — (§§ 14, 23) ist Vorsorge getroffen, daß seitens der Strandämter und der ihnen unterstellten Strandvögte die Zollverwaltung von Strandungsfällen Kenntnis erhält und in bezug auf die geborgenen Waren Maßnahmen, welche zur Sicherung des Zollinteresses weiter erforderlich sind, getroffen werden. Sache der hiernach beteiligten Ressorts ist es, die Behörden und Beamten zu bezeichnen, die die öffentliche Versteigerung der Waren herbeizuführen und ihren beschädigten Zustand zu bescheinigen haben.

Was den Begriff der „Strandgüter“ anbetrifft, so setzt der Wortlaut der Vorschrift voraus, daß eine Strandung der Einfuhr vorhergegangen sein muß. Es ist jedoch durch Ziff. 19 Abs. 2 der Anweisung zur Ausführung des VZG. in Anlehnung an die mitgeteilte Entstehungsgeschichte der Vorschrift ausgesprochen, daß zu den Strandgütern nicht bloß Güter zu rechnen sind, welche aus den an den Küsten des deutschen Zollgebietes gestrandeten Schiffen geborgen werden, sondern auch andere, durch Seeunglück beschädigte Güter, z. B. solche, welche an den Küsten des deutschen Zollgebietes antreiben, oder die auf den Watten oder der See aufgefischt, oder die aus auf offener See beschädigten Schiffen gerettet werden. Ebendaselbst ist aber die Anwendbarkeit der Vorschrift ausgeschlossen für solche Güter, welche, nachdem ein Schiff durch Seeunglück beschädigt, aber nicht gestrandet und zur Bergung der Ladung in einen vereinsländischen Hafen gebracht ist, daselbst entlöscht werden. Ob

---

[1]) Drucks. d. BR. d. ZV. für 1869, Nr. 10 71/72, Nr. 63 7.

im einzelnen Falle der § 82 für anwendbar zu erachten ist, oder nicht, kann bei der geringen Bestimmtheit der Vorschriften leicht zweifelhaft werden. Aus der Praxis der hamburgischen obersten Landesfinanzbehörde sei erwähnt, daß die Anwendbarkeit verneint wurde, als ein auf der Reede von Cuxhaven durch Eisgang beschädigtes, nicht gestrandetes Schiff in den dortigen Hafen verholt wurde und daselbst — im Hafen — dicht am Bollwerk auf Grund sank. Anderseits wurde die Frage bezüglich beschädigter Güter aus einem Schiffe bejaht, das auf der Reede von Cuxhaven durch Zusammenstoß mit einem anderen Fahrzeug schwer beschädigt, in sinkendem Zustande durch Schleppdampfer in der Nähe von Cuxhaven auf den Strand gesetzt, sodann aber nach Dichtung des Lecks lenz gepumpt und in den Hafen von Cuxhaven bugsiert wurde, wo die Entlöschung der geladenen, durch die Havarie beschädigten Ware erfolgte.

Zweifelhaft ist in der Hamburger Praxis auch geworden, ob der Paragraph, der nach seinem Wortlaut von Strandungen an der Küste von Zollvereinsstaaten handelt, auch anwendbar ist, wenn die Strandung auf der Unterelbe erfolgte. In Übereinstimmung mit der preußischen Praxis ist die Frage bejaht worden, vor allem deshalb, weil die Unterelbe bis Hamburg die allgemeine Fahrstraße für Seeschiffe bildet.

Die Konsequenz dieser Entscheidung, die Vorschrift auch auf Waren anzuwenden, welche bei Schiffsunfällen in dem Seeverkehr dienenden Häfen beschädigt werden, ist bisher nicht gezogen worden.

Zum Schlusse sei mit Bezug auf die Entstehungsgeschichte der Vorschrift noch bemerkt, daß auch letztere nicht für alle Fälle hat verhüten können, daß beschädigte Strandgüter wegen des darauf ruhenden Zolles unverkäuflich bleiben. Es ist deshalb für solche Güter durch einen BRBeschl. vom 7. Mai 1903 nachgelassen worden, daß, falls bei dem Verkauf kein Gebot erfolgt, zu dem bestimmungsgemäß der Zuschlag erteilt werden kann, oder anzunehmen ist, daß ein entsprechendes Gebot sonst nicht erfolgen werde, die Waren vor der Stellung zum Verkauf unter amtlicher Aufsicht durch Zerkleinern oder in sonst geeigneter Weise in zollfreie oder mit einem niedrigeren Zolle belegte umgewandelt werden, wogegen ein Zoll nicht oder nur nach dem niedrigeren Satze zu erheben ist.

Der BRBeschl. bezieht sich zugleich auf unbeschädigte Strandgüter, auf im Grenzbezirke gefundene Gegenstände, Niederlagegüter, deren Eigentümer unbekannt ist, und im Zollstrafverfahren eingezogene Gegenstände. In allen diesen Fällen sollte nach den vor dem BRBeschl. gültigen Vorschriften grundsätzlich der Zuschlag nur erteilt werden, wenn der volle Zoll gedeckt wird. Nur für Niederlagegüter und im Grenzbezirk gefundene Gegenstände ist den Direktivbehörden die Ermächtigung erteilt, Ausnahmen zu bewilligen, falls der Ausfall an Zoll 10% nicht übersteigt[1]).

2. Zollstundung.

Die Möglichkeit, eine Stundung für geschuldete Zollgefälle gewährt zu erhalten, hat für die Zollpflichtigen schon vor Gründung des Zollvereins bestanden. Von dessen Gründung an hat aber unter den zollgeeinten Staaten die Auffassung geherrscht, daß die Gewährung solcher Kredite nicht Sache des Vereins, sondern der Einzelstaaten ist[2]). Dementsprechend sind in bezug auf den Zollkredit bis zum Zustandekommen des neuen Gesetzes fast keine gemeinschaftlichen Bestimmungen ergangen. Abgesehen von einem BRBeschl. vom 2. Juni 1869, welcher drei Monate als die längste zulässige Kreditfrist bestimmte, handelt es sich vielmehr lediglich um einzelstaatliche Vorschriften. Diese sind allerdings untereinander sehr ähnlich, da ihnen das preußische Kredit-Reglement vom 29. April 1828 als gemeinsames Vorbild diente. Nachdem indessen nach und nach in einzelne Verbrauchssteuergesetze und deren vom Bundesrat erlassene Ausführungsbestimmungen gemeinsame Vorschriften über die Stundung Aufnahme gefunden, hat das neue Gesetz auch für den Zollkredit eine gesetzliche Grundlage geschaffen. Sie besteht in der Vorschrift, daß die Zölle auf Antrag gegen Sicherheitsleistung für eine Frist bis zu drei Monaten nach näherer Anordnung des

---

[1]) Drucks. d. BR. Nr. 68 § 7, Prot. § 365 für 1903, §§ 104, 117, 154, 157 VZG., Ziff. 22, 36 der Anweisung zur Ausführung des VZG.

[2]) Zollvereinigungsvertrag vom 22. März 1833 Art. 23 und Prot. 19 zu dem Vertrage zu Separat-Art. 10a (Verträge und Verhandlungen, **1** 9, 109), ZV.-Vertrag vom 8. Juli 1867 Art. 13 (Verträge und Verhandlungen, **5** 97); ferner Zimmermann, Die Zoll- und Steuerkredite, Zeitschrift für Zollwesen und Reichssteuern **2** 161 ff., 193 ff.

Bundesrats gestundet werden können. Der Wortlaut ergibt, daß die Gewährung der Stundung von dem Ermessen der Behörden abhängig sein soll. Ein Rechtsanspruch auf Stundung, wie er z. B. durch die neuste Novelle zum Zuckersteuergesetz bezüglich der Zuckersteuer geschaffen worden, ist dem Zollpflichtigen nicht eingeräumt[1]).

Mit dieser ersten reichsgesetzlichen Regelung des Zollkredits ist jedoch sogleich eine erhebliche Einschränkung desselben verbunden worden. Das Gesetz hat von der Stundung ausgenommen die Zölle für Getreide, Hülsenfrüchte, Raps und Rübsen, sowie die daraus hergestellten Müllerei- und Mälzereierzeugnisse. Mit dieser Regelung ist bekanntlich Anregungen Rechnung getragen, die im Interesse der deutschen Landwirtschaft wiederholt vom Reichstag zum Ausdruck gebracht worden waren. Die Landwirtschaft sah sich durch die Gewährung von Zollstundung für die bezeichneten Erzeugnisse insofern benachteiligt, als sie in ihr einen besonderen Anreiz zur Einfuhr ausländischer Erzeugnisse und damit einen Grund zum Sinken der Preise der gleichartigen inländischen Waren erblickte. Der Referent der Reichstagskommission erläuterte jenen Anreiz zur Bevorzugung ausländischer Ware bei der Beratung im Plenum zutreffend durch die Bemerkung, daß der Händler, der inländisches Getreide kaufe, auch dann, wenn er es noch etwas liegen lassen wollte, sofort den vollen Preis, in dem ja auch der Zoll zum Ausdruck kommt[2]), bezahlen, falls er dagegen ausländisches Getreide kauft und Zollkredit genießt, den Zoll, also einen Teil des Preises, nicht gleich mitzubezahlen brauche.

Von der Gegenseite wurden demgegenüber die Interessen des Getreidehandels betont. Es wurden Schädigungen desselben insofern befürchtet, als sich in den Zollausschlüssen und im politischen Auslande nahe der Grenze Unternehmungen bilden könnten, die, weil sie unter der Kreditentziehung nicht litten, das Geschäft an sich ziehen würden. Die Maßregel, die übrigens, da sie nur bestimmte Waren betreffe, an sich ungerecht sei,

---

[1]) Drucks. d. BR. d. ZV. Nr. 23, 61 für 1869, Prot. § 79 für 1869, Zimmermann a. a. O. 163, neues G. § 12, Begr. 35, Zuckersteuer-G. § 3 in der Fassung des G. vom 6. Januar 1903.

[2]) Vgl. oben 32.

werde eine Verstärkung der Großbetriebe im Getreidehandel herbeiführen, da mit der Aufhebung der Zollstundung das Erfordernis erhöhten Betriebskapitals zutage treten müßte.

Die Regierungen und die Mehrheit des Reichstags haben indessen diese Bedenken nicht für durchschlagend erachtet und sind auf die Anregungen aus landwirtschaftlichen Kreisen eingegangen, um der Landwirtschaft den unverminderten Genuß der Zölle auf jene Erzeugnisse zu sichern. An und für sich wäre ja nun das Verbot der Stundung dadurch zu umgehen und wirkungslos zu machen gewesen, daß die Händler die betreffenden Waren bis zu ihrer Weiterveräußerung im Inlande in Zollägern unterbrachten. Um dem vorzubeugen, ist gleichzeitig vorgeschlagen und vom Reichstag beschlossen worden, daß im Falle der Aufnahme der genannten Waren in ein Zollager (öffentliche Niederlage oder Privatlager mit oder ohne amtlichen Mitverschluß) bei der Überführung der Waren in den freien Verkehr die zu entrichtenden Zollgefälle für die Dauer der Lagerung mit 4% zu verzinsen sind. Die Vorschriften über das hierbei einzuhaltende Verfahren sind dem Bundesrat vorbehalten worden[1]).

In der Kommission war auch ein später wieder zurückgezogener Antrag gestellt worden, der auf Beseitigung des Zollkredits für alle Waren abzielte und nur bei regelmäßig wiederkehrenden Verzollungen größerer Warenmengen monatliche Zollzahlung gestatten wollte. Die Annahme des Antrages, der ja auch die reinen Finanzzölle umfaßte, hätte konsequenter Weise zur Abschaffung der Stundung der Verbrauchssteuern führen müssen.

3. Tilgung der Zollschuld auf andere Weise, als durch Barzahlung.

Die Betrachtung der Fälle, in denen eine Zollschuld auf andere Weise, als durch Zahlung baren Geldes getilgt werden kann, nötigt zunächst zu einem wirtschaftsgeschichtlichen Rückblick.

Als die Tarifreform von 1879 im Werke war, wurden in den Kreisen des Getreidehandels, des Holzhandels und der

[1]) Begr. 35/36, KommB. 4361, StenB. d. RT. 1900/1903, 7 6412 ff., namentlich 6418; vgl. ferner die Begr. 33 im letzten Abs. erwähnten Reichstagsdrucksachen und Verhandlungen.

Mühlenindustrie lebhafte Befürchtungen rege, daß die Einführung von Getreide- bezw. Holzzöllen für die bezeichneten Gewerbszweige überhaupt oder in bestimmten Beziehungen verderblich werden könnte. Was insbesondere den Getreidehandel anbetrifft, so wurden derartige Befürchtungen gehegt für den Fortbestand der Getreidetransitläger. Solche kamen vor sowohl im Nordosten, wie im Süden Deutschlands. Die nordöstlichen Läger, namentlich in Königsberg und Danzig, hatten noch die Besonderheit, daß in ihnen eine Mischung fremden Getreides mit einheimischem behufs des Exports vorgenommen wurde. Bei den Interessenten wurden nun Zweifel laut, ob auch nach Einführung der Zölle derartige Läger mit der Wirkung der einstweiligen Zollfreiheit der Ware würden zugelassen werden, und die Interessenten in Ost- und Westpreußen waren noch besonders in Sorge, ob auch künftig jene Mischung des Getreides als ein zulässiger Veredelungsverkehr würde angesehen werden. Im Interesse der Beteiligten erachtete es die Reichstagskommission für angezeigt, allen etwaigen Zweifeln der Verwaltungsbehörden durch eine gesetzliche, die Transitläger und die in ihnen vorzunehmende Mischung von Getreide genehmigende zwingende Vorschrift vorzubeugen. Für diese Stellungnahme war, soweit die Läger in Königsberg und Danzig in Betracht kamen, noch die Rücksicht auf die starke Konkurrenz bestimmend, die die russischen Ostsee-Häfen, namentlich Libau und Riga, jenen deutschen Hafenplätzen bei der Getreideausfuhr aus Rußland bereiteten.

Die von der Kommission vorgeschlagene Fassung erlitt im Plenum auf Anregung des Abg. v. Varnbüler, mit dem sich auch Fürst Bismarck einverstanden erklärte, eine Änderung dahin, daß unterschieden wurde zwischen solchen Transitlägern, in welchen ausschließlich zum Absatz in das Ausland bestimmte, und solchen, in welchen sowohl zum Absatz in das Ausland wie in das Inland bestimmte ausländische Waren gelagert werden. Für die Läger ersterer Art, später reine Transitläger genannt, wurde die Zulassung festgelegt, hinsichtlich der Läger der anderen Art, der gemischten Transitläger, wurde nur ausgesprochen, daß sie zugelassen werden könnten. Die Scheidung beruhte auf der Erwägung, daß nicht alle Transitläger der heimischen Landwirtschaft gleichmäßig unschädlich sind. Entsprechend den allgemeinen Grundsätzen trat eine Entlastung des Lagerinhabers bezüglich des Zolles für das zum Lager gebrachte ausländische Getreide nur insoweit ein, als dieses Getreide, sei es gemischt oder ungemischt, ausgeführt wurde. Die Identität wurde durch Buchführung festgehalten.

Im Interesse des Transithandels mit Holz, an dem im Nordosten, in bezug auf russisches Holz, namentlich Memel und Danzig, daneben auch Stettin vorzugsweise beteiligt waren, wurden in ähnlicher Weise, je nach der Bestimmung der gelagerten Hölzer, auch zugelassen (reine Transitläger) oder für zulässig erklärt (gemischte Transitläger) Transitläger für Holz. Ebenso wurden zugelassen bezw. für zulässig erklärt, wie beim Getreide die Mischungen, beim Holz gewisse Bearbeitungen der gelagerten Hölzer, nur mit dem Unterschiede, daß die Bearbeitung auch außerhalb der Läger stattfinden durfte.

Um schließlich die in erheblichem Umfange für den Export arbeitenden Mühlen vor Schädigungen zu bewahren, wurde ihnen eine Erleichterung dahin gewährt, daß sie, falls sie ihre Fabrikate ausführten, den Zoll für das zur Herstellung der Fabrikate verwendete ausländische Getreide nicht zu zahlen brauchten. Dem Bundesrat wurde die Feststellung des Verhältnisses überlassen, nach dem aus der Menge der Fabrikate die Menge des erforderlich gewesenen Getreides zu berechnen war. Man glaubte durch diese Regelung allen in Betracht kommenden Interessen gerecht geworden zu sein. Die Exportmühlen wären, wenn die ausgeführten Fabrikate mit dem Zoll für die Rohware belastet geblieben wären, auf dem Weltmarkte nicht mehr konkurrenzfähig gewesen und hätten den Betrieb auf das Inland beschränken müssen. Dies hätte viele Arbeiter brotlos gemacht und den kleineren, nur für das Inland arbeitenden Mühlen nichts genützt, da sie dann die Konkurrenz der Großbetriebe um so empfindlicher zu fühlen bekommen hätten. Anderseits sah man in dem Gedeihen der großen Mühlen für die Landwirtschaft insofern einen Vorteil, als ihr die für sie wertvollen Abfälle der Mühlenindustrie zuflossen[1]).

Eine erste Abänderung dieses 1879 geschaffenen Rechtszustandes erfolgte schon nach wenigen Jahren. Die zuletzt

---

[1]) G. vom 15. Juli 1879 § 7 RGBl. 210, StenB. d. RT. 1879, 6 Aktenstück 362, 372, 3 2163 ff., besonders die Reden des Referenten 2163/2169, des Abg. v. Varnbüler 2169/2170 und des Fürsten Bismarck 2170/2171.

erwähnte Erleichterung für die Mühlenindustrie setzte stets voraus, daß das Getreide, durch dessen Ausfuhr in Form von Mühlenfabrikaten die Schuld des Müllers an Zoll für ausländisches Getreide vermindert werden konnte, ebenfalls ausländisches war. Mit anderen Worten, nur insoweit, als die ausgeführten Fabrikate aus ausländischem Rohstoff hergestellt waren, trat ein Zollnachlaß für den ausländischen Rohstoff ein. Es wurde also gewissermaßen ein Nachweis der Identität des eingeführten und des in veredeltem Zustande wiederausgeführten Rohmaterials verlangt. Die Regelung wurde von den Exportmüllern als eine hemmende Erschwerung angesehen, für deren Beseitigung sie, und zwar wiederum unter dem Beifall der kleineren Müller und der Landwirtschaft, eintraten. Nachdem der Reichstag sich in einer Resolution in gleichem Sinne ausgesprochen hatte, wurde auf Vorschlag der Regierungen die Gesetzesvorschrift dahin geändert, daß der Zoll für die ausländische Rohware insoweit nachgelassen wurde, als eine Ausfuhr von Fabrikaten erfolgte, ohne Rücksicht darauf, ob zu deren Herstellung unverzollte oder aus dem Inlande zur Mühle gebrachte Rohware verwendet war. Es kam also nur noch darauf an, auf Grund des vom Bundesrat festgestellten Ausbeuteverhältnisses zu berechnen, welche Menge Rohmaterial zur Herstellung der ausgeführten Fabrikate erforderlich gewesen war. Der Identitätsnachweis in bezug auf die Ware war somit in der Hauptsache beseitigt. Es wurde nur daran festgehalten, daß die Ausfuhr der Fabrikate von demselben Gewerbtreibenden und aus derselben Fabrik bewirkt werden mußte, von welchem bezw. in welche die Rohware eingeführt wurde. Außerdem wurde, um einen nicht im Bedürfnis liegenden und zu einer Schädigung der heimischen Landwirtschaft geeigneten Handel mit Rohware von den Mühlen aus zu verhüten, die Veräußerung unverarbeiteter Rohware ohne Genehmigung der Steuerbehörde verboten[1]).

Als bei der nächsten Tarifnovelle von 1885 eine erhebliche Erhöhung bezw. Neueinführung von Zöllen für Ölfrüchte erfolgte, wurde im Interesse der für den Export arbeitenden heimischen Ölmüllerei dieser eine ganz gleichartige Erleichterung, wie sie 1882 den Getreidemüllern zugestanden war, für fremde Ölfrüchte gewährt. Auch hier wurde also mit den zuletzt

[1]) StenB. d. RT. 1882/1883, 5 Aktenst. 8, G. vom 23. Juni 1882, RGBl. 59.

bezeichneten Einschränkungen auf den Identitätsnachweis verzichtet[1]).

Bei derselben Gelegenheit, wo auch die Holzzölle eine Erhöhung erfuhren, wurden ferner die 1879 beschlossenen Vorschriften über die Transitläger für Holz erweitert. Einerseits wurden die von den Lägern aus zulässigen Bearbeitungsarten vermehrt. Anderseits wurde bestimmt, daß bei der Ausfuhr der in den Transitlägern bearbeiteten Hölzer für die bei der Bearbeitung entstandenen Abfälle gewisse Nachlässe an dem zur Last geschriebenen Zoll eintreten sollten. Diese Nachlässe sind, in Prozenten ausgedrückt, durch das Gesetz festgesetzt[2]).

Eine ganze Reihe von Jahren blieben nun die erwähnten Bestimmungen unberührt. Doch begannen schon bald wichtige Änderungen sich vorzubereiten, und nachdem die Regierungen ihren ursprünglich ablehnenden Standpunkt gegenüber den aus dem Reichstage an sie herantretenden Anregungen aufgegeben hatten, kamen solche Änderungen i. J. 1894 wirklich zu stande. Es handelt sich um die soviel besprochene Aufhebung des Identitätsnachweises für Getreide.

Es ist früher gezeigt[3]), daß die Wirkung der Getreidezölle bei uns im allgemeinen die gewesen ist, daß sich der Inlandspreis ungefähr um den Betrag des Zolles über dem Weltmarktpreis gehalten hat. Infolgedessen lieferte seit der Einführung und wiederholten Erhöhung der Getreidezölle die Ausfuhr von Getreide keinen lohnenden Ertrag. Unter dem hierdurch bedingten Rückgang der Ausfuhr litten besonders die östlichen und nördlichen Gegenden des Reichs, und zwar sowohl die Landwirte, als die an der Ausfuhr interessierten Handelskreise. Denn in diesen Gebieten wurde regelmäßig mehr Getreide gewonnen, als für den örtlichen Konsum gebraucht wurde. Der Absatz des Überschusses aber nach dem Süden und dem Westen Deutschlands, wo die Getreideproduktion hinter dem Getreidebedarf zurückblieb, war durch die Höhe der Transportkosten und dadurch erschwert, daß in jenen Gegenden ausländischen Getreidesorten vor den aus dem

---

[1]) StenB. d. RT. 1884/1885, **7** Aktenst. 321, 359, **4** 2358 ff., G. vom 22. Mai 1885, RGBl. 94 zu III.

[2]) StenB. d. RT. 1884/1885, **6** Aktenst. 270, **7** Aktenst. 321, 359, **3** 1998, G. vom 22. Mai 1885, RGBl. 93/94 unter II.

[3]) Vgl. 32.

Norden und Osten stammenden inländischen der Vorzug gegeben wurde.

Als ein Mittel, diesen Nachteilen im Interesse der auch sonst mit wirtschaftlichen Bedrängnissen kämpfenden preußischen Provinzen abzuhelfen und die Getreideausfuhr neu zu beleben, wurde nun eine Einrichtung angesehen, die es ermöglichte, für Getreide, das aus dem freien Verkehr ausgeführt wurde, eine gleiche Menge ausländischen Getreides zollfrei einzuführen. Es sollte also ausländisches Getreide zollfrei bleiben, obgleich nicht dieses Getreide selbst, sondern statt dessen anderes, inländisches Getreide, sei es unverändert, sei es nach zuvoriger Vermischung mit anderem Getreide in das Ausland ausgeführt wurde. Da sonst grundsätzlich im deutschen Zollrecht ein zollfreier Durchfuhr- und ein zollfreier Veredelungsverkehr nur dann gewährt wird, wenn die Identität der wieder ausgehenden mit der eingegangenen Ware nachgewiesen wird, so bedeutete jenes neue Verfahren einen Bruch mit diesem Prinzip, der Identitätsnachweis wurde für Getreide aufgehoben. Was, wie erwähnt[1]), i. J. 1882 bei den Mühlenkonten noch mit gewissen, wenn auch überwiegend formellen Einschränkungen zugestanden war, wurde nun ganz allgemein gewährt.

Natürlich war diese aus wirtschaftlichen Rücksichten für geboten erachtete Maßnahme für die Reichsfinanzen nicht ohne Wirkung. Die Einnahmen an Zoll verminderten sich um den Zoll für dasjenige Getreide, das zum Ersatz des in das Ausland verbrachten eingeführt werden mußte. Man erachtete indessen diesen Einnahmeausfall, der bei Einbringung des Gesetzentwurfs auf etwa 650000 M. geschätzt wurde, als kein Hindernis für die Einführung der Maßregel. Dagegen wurde sie, um sie als eine ausnahmsweise auch äußerlich erscheinen zu lassen, auf die Hauptgetreidearten — Roggen, Weizen, Hafer und Gerste — sowie Hülsenfrüchte, denen der Reichstag dann noch Raps und Rübsaat hinzufügte, beschränkt.

Was die Form anbetrifft, in der der gesetzgeberische Gedanke zu verwirklichen war, so waren zwei Wege in Vorschlag gebracht worden. Entweder sollten bei der Einfuhr von Getreide Quittungen ausgestellt werden, auf Grund deren bei der

---

[1]) Oben 195.

Ausfuhr einer entsprechenden Menge gleichartigen Getreides usw. der entrichtete Zoll zurückzuvergüten war. Oder es sollten bei der Ausfuhr Bescheinigungen ausgestellt werden, auf Grund deren eine entsprechende Menge von Waren der nämlichen Art zollfrei eingeführt werden konnte. Man hat sich für den letzteren Weg, die Ausstellung von Einfuhrscheinen bei der Ausfuhr, entschieden. Bestimmend war vor allem, daß, da die Einfuhr von Getreide sehr viel größer ist, als die Ausfuhr, die zur Zollrückvergütung berechtigenden Scheine in einer das Bedürfnis weit übersteigenden Menge vorhanden und deshalb erheblichen Wertschwankungen unterworfen gewesen sein würden, und daß die Einrichtung nicht sowohl, wie beabsichtigt, die Ausfuhr, sondern die Einfuhr befördert hätte. Von den Einfuhrscheinen nahm man an, daß regelmäßig die Nachfrage nach solchen das Angebot übersteigen und deshalb ihr Verkaufswert nur wenig hinter dem nominellen Zollwert zurückbleiben würde. Es war also eine Beeinträchtigung der Wirksamkeit der Zölle durch die Einfuhrscheine nicht zu befürchten. Um aber derartige Befürchtungen ganz auszuschließen, wurde der Bundesrat ermächtigt, die Anrechnung der Scheine zum Nennwert auch bei Begleichung der Zölle für andere Waren als Getreide zuzulassen.

Die Neuerung führte konsequenter Weise auch zu Änderungen der Vorschriften über bereits bestehende Einrichtungen, nämlich die Getreidetransitläger und die Mühlenkonten. Einerseits lag kein Grund mehr vor, auf den Transitlägern, soweit in ihnen Waren gelagert wurden, welche für die Erteilung von Einfuhrscheinen in Betracht kamen, durch Buchkontrolle die Identität der Ware festzuhalten. Es stand beispielsweise nichts mehr im Wege, eine Verminderung der Zollschuld für zum Lager gebrachtes ausländisches Getreide durch Ausfuhr von dahin verbrachtem inländischem Getreide herbeizuführen. Anderseits wurde erwogen, daß die Inhaber von Kontenmühlen durch die bis dahin geltenden Vorschriften genötigt waren, wenn sie von der Vergünstigung Gebrauch machen wollten, eine der Menge der ausgeführten Fabrikate entsprechende Menge Rohmaterial aus dem Auslande einzuführen. Um ihnen größere Bewegungsfreiheit und zugleich den deutschen Landwirten in erweitertem Maße die Möglichkeit des Absatzes ihres Getreides an Kontenmühlen zu gewähren, wurde den Inhabern der letzteren das Recht gegeben, statt der bisherigen Erleichterung den Antrag auf Erteilung von Einfuhrscheinen für die den ausgeführten Fabrikaten entsprechenden Mengen Rohmaterial zu stellen. Sie waren mithin in der Lage, sich bei der Ausfuhr ihrer Fabrikate Einfuhrscheine zu verschaffen, ohne Rücksicht darauf, ob sie vorher eine entsprechende Menge ausländischen Getreides zur Mühle gebracht hatten.

Alle diese den Mühlen zugestandenen Erleichterungen wurden gleichzeitig auch den Mälzereien gewährt. Maßgebend war die Feststellung, daß der vor der Bismarckschen Tarifreform sehr erhebliche Export von Malz nach verschiedenen ausländischen Staaten infolge der gesteigerten Inlandspreise für Gerste seitdem außerordentlich zurückgegangen war[1]).

Der Entwurf zum neuen Gesetz zielte darauf ab, die Vorschriften in der Gestalt, die sie 1894 erhalten hatten, im großen und ganzen bestehen zu lassen. Immerhin wurden, abgesehen von verschiedenen redaktionellen Änderungen, doch auch einzelne Neuerungen von mehr oder minder erheblicher tarifrechtlicher Bedeutung in Vorschlag gebracht.

Auf Grund der Erwägung, daß bei den Holztransitlägern die Größe der bei der Bearbeitung der Hölzer entstehenden Abfälle je nach der Verschiedenartigkeit der Bearbeitung dem Wechsel unterworfen ist, sollten, um eine den tatsächlichen Verhältnissen entsprechende, richtigere Bemessung der Abfallprozente zu ermöglichen, diese nicht mehr im Gesetz festgelegt, sondern ihre Bestimmung dem Bundesrat vorbehalten bleiben[2]).

Unter den für die Erteilung von Einfuhrscheinen für Getreide in Betracht kommenden Fruchtarten ist neben dem Weizen auch eine besondere Art desselben, der Spelz, namentlich aufgeführt. Ganz neu aufgenommen ist im Anschluß an frühere Anregungen aus dem Reichstag der Buchweizen. Er war früher nur deshalb nicht erwähnt, weil eine nennenswerte Ausfuhr nicht stattfand. Neuerdings gab der vermehrte Anbau dieser Fruchtart Anlaß zu dem Wunsche, ihn durch Erleichterung der Ausfuhr noch weiter zu fördern[3]).

---

[1]) Vgl. StenB. d. RT. 1893/1894, **2** Aktenst. Nr. 209, 222, 237, 238, 239, 243, 251, 257, 265, **3** 1641 ff., 1712 ff., 1847 ff., RGBl. 1894, 335.

[2]) Begr. 34.

[3]) Begr. 32.

Gegen die Einschränkung, daß gegen einen Getreideeinfuhrschein immer nur eine entsprechende Menge der nämlichen Getreideart zollfrei eingeführt werden darf, hatten sich nicht nur die am Getreidehandel Beteiligten, sondern auch die Landwirte gewendet, letztere deshalb, weil der Verkaufswert der Scheine infolge ihrer beschränkten Verwertbarkeit etwas hinter ihrem Nennwert zurückbleibt. Den bezeichneten Wünschen hat der Entwurf dadurch Rechnung getragen, daß im Gesetz unmittelbar die Verwendbarkeit der Einfuhrscheine zur Begleichung des Zolles für irgend eine derjenigen Warengattungen, für welche Einfuhrscheine erteilt werden, festgelegt ist[1]).

Vorzugsweise bereiteten aber bei der Vorbereitung des neuen Gesetzes die Fragen der ferneren Beibehaltung der gemischten Getreidetransitläger und der Mühlenkonten Schwierigkeiten.

Gegen die gemischten Getreideläger ist schon seit vielen Jahren von landwirtschaftlicher Seite eingewendet worden, daß sie, da seit der Beseitigung des Identitätsnachweises der Getreidehandel genügende Bewegungsfreiheit besitze, nicht mehr im Bedürfnis lägen und tatsächlich in der Hauptsache nicht für den Ausfuhr- und Durchfuhrhandel, sondern zur Versorgung des Inlandes benutzt würden. Auf diese Weise schädigten sie aber die Landwirtschaft, da es möglich sei, ausländisches Getreide wegen der mit dem Lager verbundenen zinsfreien Zollstundung über den Bedarf einzuführen und so den Preis des inländischen Getreides herabzudrücken. Die Vertreter des Getreidehandels setzten dem Vorschlage der Landwirte, die Läger zu beseitigen, die gleichen Bedenken entgegen, wie demjenigen, den Zollkredit für Getreide aufzuheben[2]). Der Entwurf nahm einen vermittelnden Standpunkt ein. In der wohl zutreffenden Auffassung, daß die hauptsächlichsten Beschwerden der Landwirtschaft durch die Beseitigung der zinsfreien Getreidelagerung[3]) hinfällig werden würden, wurde die Forderung der gänzlichen Aufhebung der Läger für zu weitgehend erachtet. Da aber anderseits anerkannt wurde, daß ein Teil der Läger nur in geringem Maße der Aus-

[1]) Begr. 32, § 11 Ziff. 6 Abs. 2, Ziff. 1 Abs. 1 d. G.

[2]) Oben 191.

[3]) Vgl. oben 192.

fuhr dient, war man darauf bedacht, für die Folge die eingehendste Prüfung der Bedürfnisfrage sicherzustellen. Solche Läger sollen daher auch künftig nur an vom Bundesrat zu bestimmenden Orten und außerdem nur dann bewilligt werden, wenn ein dringendes Bedürfnis anzuerkennen ist. Nach der Begründung soll die Bedürfnisfrage jedenfalls dann bejaht werden, wenn der Absatz überwiegend in das Ausland stattfindet, oder durch die Läger die Ausfuhr inländischen Getreides erleichtert wird. Bestehende Läger, die den zu stellenden Anforderungen nicht entsprechen, sollen aufgehoben werden. Eine Einschränkung hat die Befugnis des Bundesrats, darüber zu befinden, an welchen Orten solche Läger errichtet werden dürfen, durch den Zusatzvertrag mit Rußland erfahren. Daselbst ist vereinbart — Art. 2 Ziff. I. 5 — daß für die Dauer des Vertrages der Bundesrat von seinem Rechte, die Genehmigung zur Errichtung solcher Läger in Königsberg, Danzig, Altona, Mannheim und Ludwigshafen zu widerrufen, keinen Gebrauch machen wird[1]).

Wie aus den mitgeteilten Angriffen gegen die gemischten Transitläger sich von selbst ergibt, richteten sie sich nur gegen diejenigen Läger solcher Art, in welchen die gegen Einfuhrschein ausführbaren Getreidearten und Ölfrüchte gelagert werden. Für die nicht hierher gehörenden Getreidearten und Ölfrüchte, also z. B. Mais, sind gemischte Transitläger in derselben Art, wie sie 1879 eingeführt wurden, auch nach dem neuen Gesetz zulässig[2]).

Was die Konten für Getreidemühlen und Mälzereien anbetrifft, so ist gegen ihre fernere Zulassung eingewendet worden, daß sie nicht mehr im Bedürfnis liege, nachdem der Identitätsnachweis beseitigt, und die Zulassung der Einfuhrscheine erfolgt sei. In der Tat genügten ja diese Maßnahmen, um den Exportmühlen im Bezuge ausländischen Getreides, der durch die Konten hatte erleichtert werden sollen, die größtmögliche Freiheit zu schaffen. Die Beibehaltung der Konten nach Aufhebung des Identitätsnachweises gewährte den Mühlen nur außerdem noch den Vorteil einer mehrmonatlichen Zollstundung für das zur Mühle gebrachte

---

[1]) Begr. 32, 33, § 11 Ziff. 1 Abs. 3 a. E. d. G., StenB. d. RT. 1903/1905, Aktenst. 543 C. 8, Denkschrift 12.

[2]) § 11 Ziff. 1 Abs. 4 d. G., oben 193. 194.

ausländische Getreide. Dieser Vorteil kommt aber vorwiegend den kapitalskräftigen Großbetrieben zu statten, die in der Lage sind, sich große Vorräte zu halten. Aus diesen Gründen, und da die Abnahme des Bedürfnisses im tatsächlichen Rückgang der Zahl dieser Betriebe von 149 i. J. 1894/1895 auf 42 am Schlusse des Jahres 1899 zum Ausdruck kam, schlugen die Regierungen im Entwurf die Beseitigung der Konten vor[1]).

Ganz ist aber diese Einrichtung aus dem Tarifrecht doch nicht verschwunden: die Ölmühlenkonten sind bestehen geblieben. Wären auch sie gefallen, so hätten die deutschen Ölmühlen, soweit sie andere Ölfrüchte als Raps und Rübsen, also namentlich Erdnüsse, Mohn und Sesam, die bei uns garnicht oder nur in geringfügiger Menge gewonnen werden, verarbeiten, im Auslande nicht mehr konkurrieren können. Für die Raps und Rübsen verarbeitenden Ölmühlen ist durch den Entwurf die Erteilung von Einfuhrscheinen, infolge einer früheren Anregung aus dem Reichstage, in gleicher Weise, wie für die Getreidemühlen, bei der Ausfuhr der Fabrikate zugestanden worden. Die Konsequenz dieser Neuerung wäre nun gewesen, den Ölmühlen hinsichtlich der Verarbeitung von Raps und Rübsen die Kontierung für die Folge ebenso zu entziehen, wie sie den Getreidemühlen entzogen ist. Hiervon hat man indessen im Interesse der Vereinfachung der Kontrolle abgesehen, da andernfalls bei Ölmühlen, die außer Raps und Rübsen auch andere Ölfrüchte verarbeiten, die Kontierung für einen Teil der Waren zugelassen gewesen wäre, für einen andern nicht[2]).

Die Vorschläge des Entwurfs sind durchweg Gesetz geworden. Eine einzige von der Kommission beschlossene Änderung, welche bezweckte, die Erteilung von Einfuhrscheinen auch bei der Ausfuhr von Sämereien und Saaten vorzuschreiben, hat die Zustimmung des Plenums nicht gefunden[3]).

Es ist vorstehend versucht worden, ein Bild von der Entwicklung dieser wichtigen Einrichtungen zu liefern. Weshalb aber gehört dieses Bild in eine Darstellung des Tarifrechts?

---

[1]) Begr. 34, § 11 Ziff. 3 d. G.

[2]) Begr. 34, 35, § 11 Ziff. 4 d. G.

[3]) KommB. 4354, StenB. d. RT. 1900/1903, 7 6311, 6410.

Der Grund liegt nicht darin, daß die maßgebenden gesetzlichen Vorschriften ihren Platz im Zolltarifgesetz gefunden haben. Die Unterbringung der Bestimmungen über die Getreidetransitläger in der Form, die sie 1879 erhielten, und für die Läger, in denen für die Erteilung von Einfuhrscheinen nicht in Betracht kommende Waren gelagert werden, seitdem behalten haben, im Zolltarifgesetz wurde von dem Berichterstatter der Reichstagskommission als „nicht schön" bezeichnet. Diesem Urteil ist insofern beizutreten, als es sich bei jenen Vorschriften im wesentlichen um eine Anwendung von Grundsätzen des allgemeinen Zollrechts auf bestimmte Waren handelt[1]. Sie sind bei der obigen geschichtlichen Erörterung hauptsächlich deshalb erwähnt worden, weil sie die Grundlage späterer Bestimmungen bildeten. Der sonstige Inhalt, mithin der größte Teil des § 7 des alten, des § 11 des neuen Gesetzes hat dagegen mit vollem Recht seinen Platz im Tarifgesetz als einer der wichtigsten Quellen des Tarifrechts erhalten, da er durchaus tarifrechtlicher Natur ist. Der Zusammenhang der in Betracht kommenden Vorschriften mit dem Tarifrecht ist darin begründet, daß nach ihnen der nach dem Tarif berechnete Zoll für bestimmte Waren nicht in barem Gelde bezahlt, sondern auf andere Weise abgegolten werden kann. Die Vorschriften äußern diese tarifrechtliche Wirkung nach folgenden Richtungen[2].

I. Der Inhaber von Einfuhrscheinen ist berechtigt, Weizen, Spelz, Roggen, Hafer, Gerste, Hülsenfrüchte, Raps oder Rübsen aus dem Auslande dergestalt in den freien Inlandsverkehr zu bringen, daß er statt barer Zahlung des Zolles Einfuhrscheine, welche über eine der genannten Getreidearten lauten und deren Zollwert der einzuführenden Getreidemenge entspricht, zurückgibt. Unter gewissen Bedingungen kann er auch bei Verzollung

---

[1]) Die Unterbringung der Vorschriften im VZG. wäre freilich auch nicht besonders glücklich zu nennen gewesen, da Anwendungen zollrechtlicher Grundsätze auf einzelne Waren sonst in den Ausführungsvorschriften zu diesem Gesetz vorgesehen sind (z. B. Anweisung zur Ausführung des VZG. Ziff. 28. 29. 30 zu § 115). Für die Aufnahme der Bestimmungen über die Getreidetransitläger in das Tarifgesetz läßt sich jedenfalls das anführen, daß sie durch Änderungen des Tarifs veranlaßt wurden.

[2]) Im folgenden (zu I bis IV) ist der nach Inkrafttreten des neuen Gesetzes zur Geltung gelangende Rechtszustand zugrunde gelegt.

bestimmt bezeichneter anderer Waren Einfuhrscheine statt barer Zahlung in Anrechnung bringen.

II. Der Inhaber einer Ölmühle hat für die auf sein Mühlenkonto abgefertigten ausländischen Ölfrüchte einen Zoll insoweit nicht bar zu entrichten, als er aus seiner Mühle Fabrikate aus gleichartigen Ölfrüchten des freien Verkehrs zur Ausfuhr bringt. Die Barzahlung mindert sich um den Betrag des Zolles für die Rohware, welche unter Zugrundelegung des festgesetzten Ausbeuteverhältnisses den ausgeführten Fabrikaten entspricht.

III. Der Inhaber eines Transitlagers für Holz braucht für die zum Lager, von da aber nicht zur Ausfuhr gebrachten, sondern in den freien Verkehr übergehenden ausländischen Hölzer einen Zoll insoweit nicht bar zu entrichten, als andere gelagerte Hölzer, nachdem sie während der Lagerzeit bearbeitet worden, ausgeführt sind und der bei der Bearbeitung entstandene Abfall sich innerhalb der vorgeschriebenen Grenzen hält. Der auf den Abfall entfallende Zoll wird von dem bar zu entrichtenden abgerechnet.

IV. Auf Getreidetransitlägern für Waren, über welche Einfuhrscheine erteilt werden können, findet eine Verzollung von ausländischem Getreide, welches in den freien Verkehr übergeht, insoweit nicht statt, als im entscheidenden Augenblick ein entsprechender Lagerbestand an inländischer Ware vorhanden ist: die Zollschuld mindert sich durch Aufnahme inländischen Getreides in das Lager.

In diesen kurzen Sätzen kann man vielleicht die hauptsächlichsten Wirkungen der erörterten gesetzlichen Bestimmungen auf das Tarifrecht zusammenfassen. Die näheren Bestimmungen zu den jetzt geltenden Gesetzesvorschriften sind in einer Reihe von Regulativen gegeben, auf die näher einzugehen hier zu weit führen würde. Nur auf einige vorzugsweise wichtige Bestimmungen, die ihren Ursprung in besonderen Vorschriften des alten Gesetzes, oder in den bei den Reichstagsdebatten des Jahres 1894 geäußerten Auffassungen hatten, soll besonders hingewiesen werden.

1. Um zu verhüten, daß die Bestimmungen über die Einfuhrscheine zu defraudatorischen Zwecken durch Ausfuhr minder-

wertigen oder mit Unreinigkeiten versetzten Getreides mißbraucht werden, ist bestimmt, daß Einfuhrscheine nur bei der Ausfuhr von Getreide erteilt werden, welches marktgängige Beschaffenheit hat.

2. Um einerseits der Zollverwaltung eine Übersicht darüber zu sichern, bis wann die Realisierung der erteilten Einfuhrscheine zu erwarten ist, anderseits dem Handel ausreichende Bewegungsfreiheit in der Verfügung über die Scheine zu gewähren, ist für die Verwertung der Scheine eine Frist von 6 Monaten vorgeschrieben. Die Frist beginnt vom Tage der Ausstellung an, soweit es sich darum handelt, gegen Rückgabe des Scheines eine dessen Zollwert entsprechende Menge der in Betracht kommenden Getreidearten zollfrei einzuführen. Sie beginnt dagegen erst vier Monate nach dem Ausstellungstage, sie endet mithin erst zehn Monate nach diesem Tage, wenn der Schein zur Begleichung des Zolles für andere Waren dienen soll. Die letztere Beschränkung sollte verhüten, daß die Einfuhrscheine zur Erlangung zinsloser Vorschüsse aus der Reichskasse mißbraucht werden. Dies wäre in der Weise möglich, daß Getreide verzollt, der Zoll für drei Monate gestundet, das Getreide dann aber sogleich wieder ausgeführt und der bei der Ausfuhr erhaltene Einfuhrschein bei der Verzollung anderer Waren statt baren Geldes in Anrechnung gegeben würde. Die Einschränkung, welche den Interessenten die Verwertung der Einfuhrscheine über verzolltes und dann wieder ausgeführtes Getreide zur Begleichung des Zolles für andere Waren erst dann gestattet, wenn sie den ihnen gewährten Zollkredit abgewickelt haben, wird bei Inkrafttreten des neuen Gesetzes voraussichtlich entbehrlich werden, da dasselbe eine Zollstundung für die bei Erteilung von Einfuhrscheinen in Betracht kommenden Waren nicht mehr kennt.

3. Um zu verhüten, daß zum Schaden der Reichskasse mehr Getreide gegen Einfuhrschein ausgeführt, als in das Zollgebiet eingeführt wird, ist vorbehalten, daß die Anrechnungsfähigkeit der Scheine auf andere Waren durch Bekanntmachung des Reichskanzlers zeitweilig ausgeschlossen werden kann.

4. Die Waren, bei deren Verzollung Einfuhrscheine in Zahlung gegeben werden dürfen, sind aus der Zahl der mit Finanzzöllen belegten, aus deren Verzollung hohe Einnahmen erwachsen, gewählt. Dadurch sollte verhütet werden, daß die Scheine an Wert

verlieren und den Preis der landwirtschaftlichen Erzeugnisse drücken[1]).

Wie schließlich zu erwähnen, ist im Hinblick auf die Festsetzung verschiedener Zollsätze für Gerste in den neuen Handelsverträgen im Zusatzvertrage mit Österreich vereinbart, daß bei der Ausfuhr von Gerste Einfuhrscheine nur unter Zugrundelegung des niedrigsten der verschiedenen Zollsätze für Gerste ausgefertigt werden dürfen. Dadurch wird verhütet, daß zum Schaden der Reichskasse und der heimischen Landwirtschaft die Ausfuhr von Gerste eine künstliche Steigerung erfährt[2]).

4. Rückvergütung des Zolles.

Eine gewisse Durchbrechung des Identitätsprinzips bei der Durchfuhr bedeuten schließlich auch diejenigen Vorschriften, welche Fälle der letzten Art der Zollbegünstigungen enthalten: die Vergütung eines rechtmäßig bezahlten und endgültig vereinnahmten Zollbetrages. Solche Vorschriften sind namentlich enthalten im § 31 des Tabaksteuergesetzes vom 16. Juli 1879, wo bestimmt ist, daß inländischen Tabakfabrikanten bei der Ausfuhr ihrer Fabrikate oder deren Niederlegung in einer öffentlichen Niederlage oder einem Privatlager unter amtlichem Mitverschluß nicht nur eine Vergütung der Steuer für den verwendeten inländischen, sondern auch des Zolles für den verwendeten ausländischen Tabak gewährt werden kann. Die Vergütung erfolgt nach Sätzen, welche, je nachdem die Fabrikate in Schnupf- und Kautabak, Rauchtabak, Zigarren oder Zigaretten bestehen, in festen Sätzen für je 1 dz Rein-

---

[1]) StenB. d. RT. 1893/1894, Anl. 2 Aktenst. 209, 1087 (zu 1), 3 1716 ff., 1847 ff. (zu 2, 3), 3 1857 (zu 4).

[2]) StenB. d. RT. 1903/1905, Aktenst. 543 G. 6, Denkschrift 28, ferner zu Aktenst. 623 Ziff. VI. XVI. XXIX.

Am Schlusse dieses Abschnitts mag übrigens erwähnt werden, daß schon lange vor der Beseitigung des Identitätsnachweises für Getreide auf diesen Nachweis in einem besonderen, dem Gebiete des Zollagerrechts angehörigen Falle verzichtet worden ist (Drucks. d. BR. Nr. 59, Prot. § 320 für 1883). Es handelt sich um die später in das Niederlage-Regulativ übergegangene Vorschrift, daß Umschließungen von Flüssigkeiten, die auf Niederlagen durch Umfüllen entleert wurden, beim Übergang in den freien Verkehr, wenn statt ihrer Umschließungen aus dem freien Verkehr in das Lager gelangen, nur insoweit verzollt zu werden brauchen, als ihr Gewicht das der neu aufgenommenen übersteigt. (Vgl. oben 168.)

gewicht der Fabrikate bestimmt sind. Die näheren Bedingungen sind in einem Regulativ des Bundesrats festgelegt[1]). Ein weiterer Fall der Zollrückvergütung ist in einem besonderen Gesetze behandelt. Es ist das Gesetz, betreffend die Vergütung des Kakaozolles bei der Ausfuhr von Kakaowaren.

Die beteiligten Gewerbtreibenden hatten seit Jahren bereits darauf hingewiesen, daß die Ausfuhr an Schokolade und Kakaowaren sehr darunter litte, daß zur Fabrikation verzollter Kakao verwendet werden mußte. Der Verzollung konnten die Beteiligten nur im Wege des Veredelungsverkehrs entgehen, die für diesen grundsätzlich erforderte Festhaltung der Identität des zur Veredelung zugelassenen Kakaos ließ sich aber nach Lage der Sache nur durch ständige Überwachung der Fabrikation ermöglichen. In diesem Sinne wurde durch einen BRBeschl. vom 5. Juli 1888 gestattet, Gewerbtreibenden, die in zollsicher abgeschlossenen Räumen unter ständiger Überwachung Kakaopräparate für die Ausfuhr herstellen, bei der Ausfuhr der hergestellten Waren den Zoll für den verwendeten Kakao zu erlassen. Von dieser Erleichterung wurde aber nur in vereinzelten Fällen Gebrauch gemacht, da die Kontrolle die Herstellung kostspieliger baulicher Einrichtungen erforderlich machte. Infolgedessen entschloß sich die Regierung, um die auch im Interesse der heimischen Zuckerindustrie dringend erwünschte Steigerung der Ausfuhrfähigkeit der deutschen Kakaofabrikate herbeizuführen, nach dem Vorbilde Frankreichs eine Einrichtung anzuregen, bei welcher — abgesehen von einer Vergütung der Zuckersteuer für den verwendeten inländischen Zucker — eine Vergütung des Zolles für den verwendeten Rohkakao stattfindet, sobald die im freien Verkehr hergestellten Kakaofabrikate ausgeführt oder in eine öffentliche oder unter amtlichem Mitverschluß stehende Privatniederlage aufgenommen werden.

Der Gesetzentwurf, welcher lediglich dies Verfahren für zulässig erklärt und dem Bundesrat überläßt, die näheren Bestimmungen zu treffen, wurde nach kurzer Debatte vom Reichstag angenommen und unter dem 22. April 1892 als Gesetz verkündet.

Die Ausführungsbestimmungen des Bundesrats, welche im Jahre 1903 infolge der Herabsetzung der Zuckersteuer und auf

[1]) Neue, inzwischen in Einzelheiten wieder geänderte Redaktion RZBl. 1888 834 ff.

Grund der Erfahrungen, die bei der Handhabung im ersten Jahrzehnt ihres Bestehens gemacht waren, verschiedentlich geändert und neu redigiert worden sind, gewähren die Vergütung bei der Ausfuhr oder Niederlegung von Kakaomasse in Teig-, Pulver- oder sonstiger Form, sowie von Schokolade, von kakaohaltigen Zuckerwaren und Haferkakao, sofern diese Waren bestimmt vorgeschriebenen Voraussetzungen entsprechen. Die Kontrolle bezweckt vor allem, zu verhüten, daß die Vergütung zum Schaden des Fiskus für Fabrikate gewährt wird, die statt Kakao in mehr oder minder erheblichem Umfange Surrogate überhaupt oder Zusätze in einem die zugelassene Menge übersteigenden Maße enthalten. Um derartigen Mißbräuchen vorzubeugen, ist besonders vorgeschrieben, daß nur den Herstellern der Waren auf Grund eines jederzeit widerruflichen Zusagescheins, welcher die schriftliche Übernahme verschiedener Verpflichtungen — Buchführung, Unterwerfung unter Konventionalstrafen für den Fall der Vorführung nicht vorschriftsmäßiger Waren usw. — voraussetzt, die Vergütung gewährt wird. Sie erfolgt nach Sätzen, welche für 1 dz der erwähnten Gruppen von Kakaowaren fest bestimmt sind, und zwar im Hinblick auf die durch den neuen Tarif erfolgte Herabsetzung des Kakaozolles in je zwei verschiedenen Sätzen. Die Normierung der Sätze beruht auf der Annahme, daß in den verschiedenen Kakaowaren mindestens bestimmte Mengen Kakao bezw. Zucker enthalten sind. Ob dies der Fall ist, wird bei der Ausfuhr durch Untersuchung von Proben seitens eines auf die Wahrnehmung der Ansprüche der Verwaltung verpflichteten Chemikers auf Kosten des Antragstellers ermittelt[1]).

Vierter Abschnitt: Tarifbeschwerden — Tarifauskünfte.

Erachten die Abfertigungsbeamten die Zugehörigkeit einer abgefertigten Ware zu einer bestimmten Tarifnummer für festgestellt, eine Zollbefreiung aber nicht für vorliegend und die der Zollberechnung zugrunde zu legende Menge (bezw. Wert) für hinreichend sicher ermittelt, so berechnen sie den Zoll.

[1]) Drucks. d. BR. Nr. 50 für 1892, StenB. d. RT. 1890/1892, 7 5145 ff., 5152, RGBl. 1892, 601, Prot. d. BR. § 410 für 1888, Drucks. d. BR. Nr. 91, Prot. § 473 für 1903. — Vgl. auch RZBl. 1888 652 ff. (Rückvergütung von Salzzoll).

Dieser ist, wenn nicht Stundung bewilligt wird, sogleich bei der Aushändigung der Ware zu zahlen, und zwar, soweit nicht durch die Bestimmungen über die Einfuhrscheine Ausnahmen vorgesehen sind[1]), in deutscher Reichswährung nach den Vorschriften des Münzgesetzes.

Nicht immer aber ist mit der Entscheidung der Abfertigungsbeamten der einzelne Fall endgültig tarifrechtlich erledigt. Einerseits ist der Zollpflichtige berechtigt, eine ihm nicht zusagende Entscheidung anzufechten, anderseits haben die den Abfertigungsbeamten vorgesetzten Instanzen der Verwaltung das Recht, derartige Entscheidungen, die sie, sei es bei der regelmäßigen Revision der Zollregister, sei es auf anderem Wege, als unrichtig erkennen, aufzuheben. Grundlegende Bestimmungen enthalten in dieser Beziehung die §§ 12 und 15 des VZG.

Der § 12, dessen schon früher als der gesetzlichen Grundlage für die Einrichtung des AWV. gedacht wurde[2]), sagt über das Beschwerderecht des Zollpflichtigen:

„Beschwerden über die Anwendung des Tarifs im einzelnen Fall werden im Verwaltungswege entschieden.“

Ergänzend bestimmt § 15, daß die Ansprüche auf Ersatz wegen zuviel oder zur Ungebühr entrichteter Gefälle verjähren binnen Jahresfrist, von dem Tage an gerechnet, an welchem die Ware in den freien Verkehr gesetzt, oder an welchem der Zoll für die auf Privatkreditlager abgefertigten Waren festgestellt oder die Abfertigung auf Begleitschein II erfolgt ist.

Das Recht der Verwaltung, zu wenig erhobene Beträge an Zoll nachzufordern, ist im § 15 insofern begrenzt, als auch „alle Forderungen und Nachforderungen von Zollgefällen“ an die oben erwähnte Verjährungsbestimmung gebunden sind.

Diese Vorschriften, welche ihrem Kern nach schon im Tarifrecht des alten Zollvereins bestanden und bei Erlaß des VZG. nur etwas klarer gefaßt worden sind[3]), sind nun Gegenstand vielfacher Angriffe geworden, die insbesondere auch bei den jetzt schwebenden Erörterungen über die Revision des VZG. nament-

---

[1]) Vgl. oben 198 ff.

[2]) Oben 108.

[3]) Zollgesetz vom 23. Januar 1838 §§ 14, 17, Drucks. d. BR. d. ZV. Nr. 10 für 1869, 55/56, Nr. 63, 3.

lich in Meinungsäußerungen von Handelskammern wieder zum Ausdruck gelangt sind.

Zu § 15 ist in der früher[1]) erwähnten Kommission des deutschen Handelstages und in dessen Ausschuß beschlossen worden, dahin zu wirken, daß das Nachforderungsrecht der Zollbehörde beseitigt und lediglich auf den Fall beschränkt werden möchte, daß sich ein Importeur einen Irrtum der Zollbehörde arglistig zunutze machte. Eine solche Regelung könnte vom Standpunkt der Verwaltung aus kaum als eine Verbesserung des geltenden Gesetzes angesehen werden. Denn dann wäre zwar der Zollpflichtige in der Lage, jeden versehentlich zuviel erhobenen Betrag zurückzufordern. Der Fiskus dagegen müßte selbst auf die Nachforderung offenbar infolge von Schreib- oder Rechenfehlern unerhoben gebliebener Zollbeträge tatsächlich verzichten, da der Nachweis, daß der Importeur sich einen Irrtum der Behörde arglistig zunutze gemacht, kaum jemals zu erbringen sein würde. Viel weniger bedenklich wäre an sich die Erfüllung der von einem Vertreter der Minderheit der Kommission gegebenen Anregung, die Nachforderungsfrist von einem Jahre auf einen Monat herabzusetzen. Die Verwirklichung dieses Gedankens würde aber wohl auf unüberwindliche praktische Schwierigkeiten stoßen, da in so kurzer Zeit die Prüfung der Register und die Feststellung und Geltendmachung der vorgekommenen Irrtümer schwerlich möglich sein dürfte.

Was den § 12 anbetrifft, so ist, und nicht nur jetzt, sondern aus der Mitte des Reichstags heraus schon vor Jahrzehnten, bemängelt worden, daß die Verwaltungsbehörden zur Entscheidung über Beschwerden in Zolltarifsachen ausschließlich zuständig sind. Man hat statt dessen richterliche Entscheidung teils durch Schiedsgerichte, teils durch Verwaltungsgerichte, teils durch die ordentlichen Gerichte gewünscht. Alle drei Alternativen haben schwere Bedenken insofern gegen sich, als sie eine große Verschiedenheit der in den verschiedenen Teilen des Reichs ergehenden Entscheidungen nach sich ziehen müßten. Am größten wäre diese Verschiedenheit bei etwa von Fall zu Fall berufenen Schiedsgerichten, weil hier von Bildung einer

---

[1]) Oben 109. Vgl. wegen Stellungnahme des Handelstages selbst Handel und Gewerbe XII. Jahrg. 233. 432.

festen Praxis keine Rede sein könnte. Aber auch bei den Verwaltungs- und den ordentlichen Gerichten wäre die Verschiedenheit groß. Es würde, da ein Reichsverwaltungsgericht nicht besteht, im Verwaltungsgerichtsverfahren überhaupt nicht möglich sein, eine Übereinstimmung verschiedener Entscheidungen der Verwaltungsgerichte verschiedener Bundesstaaten herbeizuführen. Im ordentlichen Gerichtsverfahren wäre dies ja, freilich erst nach längerer Zeit, durch das Reichsgericht möglich. Dem ordentlichen Gerichtsverfahren steht aber wieder das Bedenken entgegen, daß die ordentlichen Gerichte dem Tarifwesen in seinen Einzelheiten zu fremd gegenüberstehen und überwiegend auf die Gutachten Sachverständiger angewiesen sein würden.

Einige Handelskammern, namentlich die zu Hamburg haben sich denn auch für die Beibehaltung des bisherigen Zustandes ausgesprochen. Die Kommission des Handelstages und ebenso dessen Ausschuß, sowie der Handelstag selbst sind allerdings zu einem noch anderen Ergebnis gelangt. Sie haben sich in Übereinstimmung mit wiederholten Anregungen aus dem Reichstag für die Schaffung einer richterlichen Zentralstelle im Reiche erklärt, welche nach Anhörung von Sachverständigen auf Beschwerden über Anwendung des Zolltarifs entscheiden soll. In gleicher Richtung bewegt sich ein Antrag, der bei der zweiten Beratung der Handelsverträge im Reichstag eingebracht und dem Reichskanzler als Material überwiesen wurde. Die Erfüllung der Forderung, eine solche Zentralstelle für Tarifsachen, häufig Reichstarifamt genannt, ins Leben zu rufen, würde aber ohne Änderung der Reichsverfassung nicht möglich sein. Wie bei Besprechung der Rechtsquellen des Tarifrechts hervorgehoben, ist die Verwaltung der Zölle Sache der Einzelstaaten[1]). Dieser Grundsatz würde durchbrochen, wenn eine Reichsinstanz geschaffen würde, die befugt wäre, eine von einer obersten Landesfinanzbehörde getroffene Tarifentscheidung aufzuheben oder abzuändern. Ebenso würden sich aus der Schaffung eines Reichstarifamts Einschränkungen der durch Art. 7 der Reichsverfassung dem Bundesrat eingeräumten Befugnisse, soweit sie die Tarifgesetzgebung betreffen, ergeben.

[1]) Oben 4. Vgl. ferner Handel und Gewerbe XI. Jahrg. 610, XII. Jahrg. 233, 432 und jetzt StenB. d. RT. 1903/1905, Aktenst. 624 Ziff. 2 (Antrag Blell und Genossen), Verhandlungen 4721 ff.

Es fragt sich aber, ob wirklich zwingende Gründe für eine Änderung des § 12 sprechen. Als solche können theoretische Erwägungen, z. B. daß der jetzige Zustand mit den sonstigen Einrichtungen des Rechtsstaates nicht vereinbar sei, nicht in Betracht kommen. Entscheidend können nur die Bedürfnisse des praktischen Lebens sein. Hier ist natürlich in erster Linie notwendig, daß die ergehenden Entscheidungen richtig sind. Die Zusammensetzung der verschiedenen Instanzen der Landeszollverwaltung verbürgt in dieser Beziehung ein tadelloses Funktionieren[1]).

Abgesehen von der Richtigkeit der Entscheidungen haben Handel und Verkehr Interesse daran, daß

1. die Auslegung des Tarifs möglichst gleichmäßig erfolgt, namentlich
2. infolge verschiedener Tarifauslegung für bereits abgefertigte Waren nicht Zoll nachgefordert wird und
3. die Entscheidung darüber, wie im einzelnen Falle der Tarif auszulegen ist, möglichst rasch erfolgt.

Daß diese Zwecke, wenn richterliche Entscheidung in Tarifsachen eingeführt würde, keineswegs immer zu erreichen wären, wurde gezeigt. Dagegen werden sie innerhalb des Rahmens der jetzt gültigen gesetzlichen Vorschriften bis zu einem gewissen Grade erreicht durch Bestimmungen, die der Bundesrat vor einigen Jahren über die Erteilung amtlicher Auskünfte in Tarifsachen erlassen hat[2]),

Die Direktivbehörden sind nach diesem Beschlusse verpflichtet, auf Anfragen über die Zolltarifierung von Waren, deren Schlußabfertigung bei einer Zollstelle des Direktivbezirks beabsichtigt wird, sowie über die dabei in Betracht kommenden Tarabestimmungen und Tarasätze amtliche Auskunft zu erteilen. Soweit nicht die Direktivbehörde darauf verzichtet, hat der Fragesteller einige Proben der Ware vorzulegen. Ist dies nach

[1]) Als interessant ist hier noch anzuführen, daß, obgleich in Hamburg nach Landesrecht der Rechtsweg in Zoll- und Steuersachen, abgesehen von Zolltarifsachen, offensteht, seit Gründung der hamburgischen Zollverwaltung bis zum Frühjahr 1904 nicht mehr als 14 Klagen in Zoll- und Steuer-Sachen anhängig gemacht sind, unter denen sich sogar noch einige befanden, die Zolltarifsachen betrafen. Fast alle Klagen wurden zurückgenommen oder abgewiesen.

[2]) BRBeschl. vom 20. Januar 1898 § 33 d. Prot.

der Beschaffenheit der Waren nicht möglich, sind genaue Beschreibungen oder Abbildungen derselben einzureichen. Die Kosten der Untersuchung der Ware und des Transports der Proben fallen dem Fragesteller zur Last. Mit der Auskunft ist eine identifizierte Probe, soweit solche eingereicht, dem Fragesteller mitzuteilen. Eine zweite identifizierte Probe bleibt bei der Direktivbehörde, eine dritte erhält zugleich mit der Auskunft diejenige Zollstelle des Direktivbezirks, bei welcher nach Angabe des Fragestellers die Schlußabfertigung erfolgen soll.

Bezüglich der Auskunft gelten zwei wichtige Grundsätze:

a. Sie kann mit einer Beschwerde nicht angefochten werden. Die Vorschrift dient dazu, unnötigen Zeitverlust durch Herbeiführung mehrerer Entscheidungen über Waren zu vermeiden, die vielleicht niemals zur Einfuhr kommen. Ist der Fragesteller mit einer Auskunft nicht zufrieden, bleibt ihm unbenommen, eine kleine Menge der Ware einzuführen, und gegen deren der Auskunft entsprechende Tarifierung gemäß § 12 VZG. Beschwerde zu erheben.

b. Wird die Auskunft von der Direktivbehörde selbst oder einer höheren Instanz in einem dem Fragesteller ungünstigen Sinne abgeändert, so findet keine Nacherhebung von Zollgefällen für solche Warensendungen des Fragestellers statt, welche vor der Mitteilung der Änderung an die Zollstelle bei dieser der Auskunft gemäß zur Schlußabfertigung gelangt sind.

Ausnahmen finden nur statt, wenn der Fragesteller bei dem Auskunftsersuchen Angaben, die er bestimmungsgemäß zu machen hatte, wider besseres Wissen nicht oder nicht zutreffend gemacht hat. Anderseits sind die obersten Landesfinanzbehörden sogar ermächtigt, auf Grund der der Auskunft zugrunde liegenden Entscheidung noch drei Monate nach deren Abänderung die vom Fragesteller eingeführten Waren ferner abfertigen zu lassen, wenn der Fragesteller nachweist, daß die Einfuhr infolge von Verträgen stattfindet, welche er vor der Bekanntgabe der Änderung an die Abfertigungsstelle in gutem Glauben abgeschlossen hat. Selbstverständlich kann diese Ermächtigung der obersten Landesfinanzbehörden nicht Platz greifen, wenn die ursprüngliche Auskunft ihre Bedeutung durch Änderung der Gesetzgebung,

Änderung des AWV. oder Änderung anderer öffentlich bekannt gemachter Ausführungsvorschriften verliert. Andernfalls würden die betreffenden Entschließungen der obersten Landesfinanzbehörden mit den allgemeinen oder besonderen Bestimmungen über das Inkrafttreten der Reichsgesetze usw.[1]) in Widerstreit geraten können. Als „öffentlich bekannt gemachte Ausführungsvorschriften" werden im allgemeinen nur die im RZBl. bekannt gemachten Bundesratsbeschlüsse anzusehen sein. Entscheidungen der obersten Landesfinanzbehörden können nicht wohl in Frage kommen, da Entscheidungen in Tarifsachen mit allgemeiner Verbindlichkeit nur durch Gesetz oder durch den Bundesrat erlassen werden können. Dem Bundesrat liegt es ja beispielsweise auch ob, die im neuen Tarif vorgesehenen Vergünstigungen für Grenzbewohner[2]) im Falle eines örtlichen Bedürfnisses für gewisse Grenzstrecken in Kraft zu setzen. Die von den Direktiv- oder Landeszentralbehörden innerhalb ihrer Befugnisse getroffenen und in den Zentral-, Amts- usw. Blättern der einzelstaatlichen Zollverwaltungen abgedruckten Verfügungen zur Auslegung der Tarifbestimmungen sind den „öffentlich bekannt gemachten Ausführungsvorschriften" im obigen Sinne nicht zuzuzählen.

Wird durch eine Verfügung letzterer Art eine Tarifauskunft abgeändert, so ist dem Fragesteller davon, wenn die Änderung innerhalb eines Jahres nach der Auskunfterteilung erfolgt, von Amts wegen, später nur auf Anfrage Mitteilung zu machen.

Insbesondere die unter b mitgeteilten Bestimmungen erscheinen geeignet, das zu Beginn dieses Abschnitts unter 2 bezeichnete Ziel: möglichste Vermeidung von Nachforderungen für bereits abgefertigte Waren, in sehr weitem Umfange erreichen zu lassen. Solche Nachforderungen können nur noch vorkommen, wenn eine Auskunft vor der Einfuhr nicht erbeten war, oder der Fragesteller bei dem Auskunftersuchen fahrlässig oder dolos gehandelt hat. Ändert sich aber eine Tarifauslegung, ohne daß Auskunft erteilt war, bei Direktiv- oder höheren Behörden, so

---

[1]) Vgl. namentlich Art. 2 der Reichsverfassung.

[2]) Oben 183.

kann die Praxis helfen. Es empfiehlt sich, daran festzuhalten, daß, wenn infolge solcher veränderter Auffassung eine strengere Auslegung an Stelle einer milderen tritt, Nacherhebungen für die noch unter der Herrschaft der früheren Bestimmung geschehenen Verzollungen nicht stattfinden, im umgekehrten Falle aber auch keine Zurückzahlungen erfolgen.

Die Erreichung des zu 3 erwähnten Zieles wird dadurch angestrebt, daß die Auskunftssachen seitens der Behörden mit besonderer Schleunigkeit bearbeitet werden.

Der Förderung des zu 1 erwähnten Strebens dient endlich die Vorschrift am Schlusse des BRBeschl., daß die Reichsbevollmächtigten für Zölle und Steuern von den erteilten Auskünften, sofern es sich nicht um ganz untergeordnete Fragen handelt, oder eine Verschiedenheit der Ansichten über die Tarifierung nach Lage der Sache ausgeschlossen erscheint, dem Reichsschatzamt mit tunlichster Beschleunigung Mitteilung zu machen haben. Stellt sich auf diesem Wege heraus, daß von verschiedenen Direktivbehörden über dieselbe Ware verschiedene Auskünfte erteilt sind, so hat das Reichsschatzamt dafür Sorge zu tragen, daß diese Verschiedenheiten mit größter Beschleunigung beseitigt werden.

Der BRBeschl. ist veranlaßt durch eine Resolution des Reichstags, welche der Abgeordnete Dr. Hammacher beantragt hatte[1]). Das neue Zolltarifgesetz enthält die Bestimmung, daß in jedem Steuerdirektionsbezirk eine Behörde zu errichten ist, die auf Verlangen über die Zolltarifsätze Auskunft zu geben hat, zu welchen bestimmte Waren oder Gegenstände im deutschen Zollgebiete zugelassen werden[2]). Die Bestimmung darf nicht, wie es in der Presse wohl hier und da geschehen ist, dahin verstanden werden, als hätte das Gesetz etwas neues schaffen und die Zahl der Zollbehörden in jedem Direktivbezirk um eine weitere vermehren wollen. Zweck der durch die Reichstagskommission in das Gesetz gebrachten Vorschrift ist vielmehr nur gewesen[3]), für den BRBeschl. von 1898 nachträglich eine gesetzliche Grundlage

---

[1]) StenB. 1895/1897, 5 Aktenst. Nr. 622.

[2]) § 2 d. G.

[3]) KommB. 4336. Vgl. auch StenB. d. RT. 1903/1905 Aktenst. 624 Ziff. 3 und Verhandlungen 4722/4723.

zu schaffen. Auskunftsbehörde bleibt also nach wie vor die Direktivbehörde selbst.

Die Darlegungen dürften zeigen, daß Handel und Verkehr, auch wenn ein Reichstarifamt nicht geschaffen wird, mit dem bestehenden Zustand ganz wohl auskommen können. Dagegen wäre es mit Freude zu begrüßen, wenn der § 12 eine Fassung erhielte, die Zweifel darüber ausschlösse, in welchem Umfange der ordentliche Rechtsweg für ausgeschlossen zu erachten ist. Solche Zweifel, wie sie mehrfach aufgetreten sind, können namentlich dadurch entstehen, daß der 1869 geltende Vereinszolltarif manche Vorschriften enthielt, die seit 1879 im Zolltarifgesetz untergebracht sind[1]).

Eine interessante Fortbildung hat das Tarifrecht auf diesem Gebiete durch die neuen Handelsverträge erfahren. Es ist nämlich

1. durch die Verträge mit Italien und Rumänien ausgesprochen, daß trotz des Vorliegens einer endgültigen Entscheidung letzter Instanz in einer einzelnen Tarifsache eine nochmalige Erörterung und eventuelle abweichende Entscheidung des Falles durch dieselbe Instanz möglich sein soll. Vorausgesetzt ist, daß die Beschwerde binnen sechs Monaten nach amtlicher Bekanntgabe der ersten Entscheidung auf diplomatischem Wege unter Beifügung von Gutachten Sachverständiger oder sonstiger berufener Stellen eingereicht wird. Die auf diese Beschwerde ergehende neue Entscheidung ist unanfechtbar.
2. Nach einer in allen neuen Verträgen mit Ausnahme des russischen enthaltenen Vereinbarung sollen ferner Meinungsverschiedenheiten über die Auslegung der Vertragstarife und der Zusatzbestimmungen dazu, sowie der Zollsätze der von den Vertragsstaaten mit dritten Staaten vereinbarten Vertragstarife durch Schiedsgerichte entschieden werden. Jeder Teil bestimmt dazu einen Angehörigen seines Landes, die beiden Ernannten wählen als Obmann einen Angehörigen eines befreundeten dritten Staates. Das Schiedsgericht soll im ersten Streitfalle seinen Sitz im Gebiete des beklagten Teiles, im zweiten in dem des anderen, und so fort abwechselnd haben. Der betreffende Staat bestimmt die Stadt,

[1]) Entsch. in Zivilsachen **5** 34, **16** 37, Neue Folge **2** 158, vgl. oben 7. 153.

in der die Verhandlungen stattfinden. Das Schiedsgericht, in dem der Obmann den Vorsitz führt, entscheidet mit Stimmenmehrheit. Endlich haben sich

3. die italienische und die rumänische Regierung bereit erklärt, sobald als möglich Bestimmungen zu treffen, durch die es den Einbringern ermöglicht werden soll, auf amtlichem Wege über die Zollbehandlung von Waren bei deren Einfuhr nach Italien und nach Rumänien Auskunft zu erhalten[1]).

Was die Wirkung der Vereinbarungen anbetrifft, so würde nach Lage unseres Verfassungsrechts[2]) in den zu 1. erwähnten Fällen ein Zwang auf die letzte Instanz der Bundesstaaten dahin, infolge einer auf diplomatischem Wege eingereichten Beschwerde eine Entscheidung in einem Spezialfalle wieder aufzuheben oder abzuändern, nicht ausgeübt werden können. Es kämen nur bundesfreundliche Vorstellungen seitens des Bundesrats in Frage, eventuell eine Erledigung in der Art, daß der zuviel erhobene Betrag aus Billigkeitsrücksichten erstattet und für die Zukunft der neuen Entscheidung durch Bundesratsbeschluß Rechnung getragen wird. Über die Wirkung der Vereinbarnngen zu 2 hat sich ein Regierungsvertreter in der Kommission zur Vorbereitung der Handelsverträge dahin ausgesprochen, daß sich der Schiedsspruch immer nur auf den jeweilig vorliegenden Einzelfall beziehen kann und generelle Entscheidungen eines Schiedsgerichts für die ganze Dauer der Verträge deutscherseits nicht anerkannt werden würden[3]). Die Vereinbarungen zu 3. endlich stellen sich als der erste Schritt zur Erreichung eines Zieles dar, welches aus Handelskreisen wiederholt als erstrebenswert bezeichnet ist: die Vorteile des Tarifauskunftswesens, welche bei uns auch dem Ausländer zu gute kommen, dem deutschen Kaufmann durch Schaffung entsprechender Einrichtungen im Auslande daselbst ebenfalls zuteil werden zu lassen.

---

[1]) StenB. d. RT. 1903/1905, Aktenst. 543 A. 7, 8, D. 6 (zu 1), A. 6, 7, 19, 20, B. 4 ff., D. 4, 7, 8, E. 3, 4, 9, F. 8, 10, G. 3, 10, Denkschrift 2 (zu 2), A. 17, D. 7 (zu 3).

[2]) Vgl. oben 211.

[3]) StenB. d. RT. 1903/1905 zu Aktenst. 623 I b.

Fünfter Abschnitt: Strafvorschriften des Tarifrechts.

Kein Zoll- und kein Steuergesetz ist ohne Strafvorschriften, und so kann auch eine Darstellung des Tarifrechts einer Behandlung des Strafrechts dieses Rechtsgebietes nicht entbehren. Das umfassende Gebiet des allgemeinen Zollstrafrechts liegt dieser Darstellung fern, da dasselbe ja die strafrechtlichen Folgen der Verletzung allgemeiner Zollvorschriften zum Gegenstand hat. Allerdings soll nicht unerwähnt bleiben, daß einer der wichtigsten Grundsätze des allgemeinen Zollstrafrechts durchaus tarifrechtlicher Natur ist, nämlich der, daß die Strafe der Defraudation in einem Vielfachen des hinterzogenen Zollbetrages besteht, also in jedem Falle von der Höhe des Zollsatzes abhängig ist. Hier haben wir es nur zu tun mit Strafbestimmungen, die speziell die Verletzung tarifrechtlicher Vorschriften bedrohen.

Zunächst ist hier eine besondere Vorschrift in dem wichtigen § 11 des neuen Gesetzes[1]) zu erwähnen. Die ohne Genehmigung der Zollbehörde erfolgende Veräußerung von ausländischen oder anderen Ölfrüchten, welche zur Aufnahme in eine mit Mühlenkonto ausgerüstete Ölmühle zollamtlich abgefertigt und in die zur Lagerung ausländischer Ölfrüchte der Behörde angemeldeten Lagerräume eingebracht sind, in unverarbeitetem Zustande ist mit einer Geldstrafe bis zu 1000 M. bedroht. Abgesehen hiervon gibt es nur noch eine allgemeine Strafvorschrift im Tarifrecht. Sie ist im § 14 des neuen Gesetzes enthalten und setzt eine Ordnungsstrafe bis zu 150 M. fest für Zuwiderhandlungen gegen die Bestimmungen des Gesetzes oder gegen die zu seiner Ausführung erlassenen und öffentlich bekannt gemachten Vorschriften insoweit, als nicht nach dem vorhin besprochenen § 11 oder den §§ 135 ff. VZG., also nach dem allgemeinen Zollstrafrecht, eine höhere Strafe verwirkt ist. Nach diesem Paragraphen wäre also beispielsweise ein Waren-Einbringer zu behandeln, der es, entgegen dem § 9 des neuen Gesetzes, unterließe, den von ihm geforderten Nachweis darüber anzutreten, in welchem Lande die eingebrachte Ware hergestellt ist.

Im alten Gesetz fehlt eine dem neuen § 14 entsprechende Vorschrift. Dagegen ist in den allgemeinen Ausführungsvorschriften

---

[1]) Vgl. oben 199 ff. (Einfuhrscheine, Transitläger usw.), § 11 Ziff. 4 Abs. 1 d. G.

zu dem die Einfuhrscheine, Transitläger und Mühlenkonten behandelnden § 7 des alten Gesetes für Fälle der Zuwiderhandlung die Anwendung des § 152 VZG., welcher die Ordnungsstrafen enthält, angedroht. Die Anwendbarkeit dieser Strafbestimmung auf derartige Fälle ist indessen nicht zweifellos. Denn § 152 spricht nur von Zuwiderhandlungen gegen Vorschriften des VZG. und die „infolge derselben öffentlich bekannt gemachten Verwaltungsvorschriften". Der Zusammenhang jener Ausführungsvorschriften mit dem VZG. ist aber mindestens fraglich. Diese Bedenken haben bei der Vorbereitung des neuen Gesetzes dazu geführt, die jetzige Vorschrift des § 14 in den Entwurf aufzunehmen.

Sachregister.

(Die Zahlen geben die Seiten an, A. bedeutet Anmerkung.)

GPSR Compliance

The European Union's (EU) General Product Safety Regulation (GPSR) is a set of rules that requires consumer products to be safe and our obligations to ensure this.

If you have any concerns about our products, you can contact us on ProductSafety@springernature.com

In case Publisher is established outside the EU, the EU authorized representative is:

Springer Nature Customer Service Center GmbH
Europaplatz 3
69115 Heidelberg, Germany

Batch number: 10844623

Printed by Printforce, the Netherlands